25

HABILIDADES & ESTRATÉGIAS

25

HABILIDADES & ESTRATÉGIAS

Essenciais para o Profissional da Análise do Comportamento

Jon S. Bailey
Mary R. Burch

ALTA BOOKS
GRUPO EDITORIAL
Rio de Janeiro, 2024

25 Habilidades e Estratégias Essenciais para o Profissional da Análise do Comportamento

ISBN: 978-85-508-2386-7

Alta Books é uma Editora do Grupo Editorial Alta Books.

Translated from original 25 Essential Skills and Strategies for the Professional Behavior Analyst © 2022 by Jon Bailey, Mary Burch. ISBN 978-0-415-80068-6. This translation is published and sold by Routledge - Taylor & Francis Group, the owner of all rights to publish and sell the same. PORTUGUESE language edition published by Starlin Alta Editora e Consultoria Eireli, Copyright © 2024 by STARLIN ALTA EDITORA E CONSULTORIA LTDA.

Impresso no Brasil — 1ª Edição, 2024 — Edição revisada conforme o Acordo Ortográfico da Língua Portuguesa de 2009.

Dados Internacionais de Catalogação na Publicação (CIP)
(BENITEZ Catalogação Ass. Editorial, MS, Brasil)

B188v
1.ed. Bailey, Jon
25 habilidades e estratégias essenciais para o profissional da análise do comportamento / Jon Bailey, Mary Burch ; tradução Centro de Diagnóstico e Intervenção do Neurodesenvolvimento (CEDIN). - 1.ed. - Rio de Janeiro : Alta Books, 2024.
224 p.; il.; 15,7 x 23 cm.

Título original: 25 essential skills and strategies for the professional Behavior analyst.
Bibliografia.
ISBN 978-85-508-2386-7

1. Análise de comportamento. 2. Ética profissional. 3. Prática profissional - Organização e administração. 4. Satisfação no trabalho. 5. Terapia comportamental - Método. I. Centro de Diagnóstico e Intervenção do Neurodesenvolvimento. II. Título.
CDD 616.89
10-2024/18 WM-20

Índice para catálogo sistemático:
1. Análise comportamental : Metodologia : Ciências médicas 616.89
Aline Graziele Benitez - Bibliotecária - CRB-1/3129

Grupo Editorial Alta Books

Produção Editorial: Grupo Editorial Alta Books
Diretor Editorial: Anderson Vieira
Editor da Obra: José Ruggeri
Vendas Governamentais: Cristiane Mutüs
Gerência Comercial: Claudio Lima

Produtor Editorial: Thiê Alves
Tradução: CEDIN
Copidesque: Ellen Andrade
Revisão: Carlos Bacci; Catia Soderi
Diagramação: Joyce Matos

ALTA BOOKS
GRUPO EDITORIAL

Rua Viúva Cláudio, 291 — Bairro Industrial do Jacaré
CEP: 20.970-031 — Rio de Janeiro (RJ)
Tels.: (21) 3278-8069 / 3278-8419
www.altabooks.com.br — altabooks@altabooks.com.br
Ouvidoria: ouvidoria@altabooks.com.br

Editora **afiliada à:**

Dedicado a W. Scott Wood, PhD, que devotou toda sua carreira acadêmica modelando comportamentos profissionais para o resto de nós. Ele foi um excelente colega, um mestre em ensinar e um pesquisador elegante. Ele foi nosso amigo, e sentimos muita falta dele.

Sumário

Agradecimentos		ix
Prefácio		xi
Seção Um	Habilidades Essenciais de Negócios	1
Capítulo 1	Etiqueta Empresarial	3
Capítulo 2	Assertividade	11
Capítulo 3	Liderança	18
Capítulo 4	Networking	25
Capítulo 5	Relações Públicas	33
Capítulo 6	Competência Total em Análise do Comportamento Aplicada e em Sua Especialidade	40
Capítulo 7	Ética no Dia a Dia	46
Seção Dois	Repertório Básico de Consultoria	53
Capítulo 8	Comunicação Interpessoal	55
Capítulo 9	Persuasão e Influência	64
Capítulo 10	Negociação e *Lobby*	71
Capítulo 11	Falar em Público	80
Seção Três	Aplicando Seu Conhecimento Sobre Comportamento	89
Capítulo 12	Lidando com Pessoas Difíceis	91
Capítulo 13	A Função de Pensar	100
Capítulo 14	Utilizando Eficazmente a Modelagem	106
Capítulo 15	Você Pode me Mostrar Isso? *A Chave para a Consultoria Eficaz*	112
Capítulo 16	Gestão de Desempenho	119

Seção Quatro Hábitos de Trabalho Vitais 131

Capítulo 17 Gestão de Tempo do Procedimento Comportamental 133

Capítulo 18 Torne-se um Profissional Confiável 140

Capítulo 19 Aprenda a Lidar com o Estresse de Maneira Comportamental 147

Capítulo 20 Saber Quando Pedir Ajuda (e Como Receber Feedback) 154

Seção Cinco Estratégias Avançadas de Consultoria 161

Capítulo 21 Pensamento Crítico 163

Capítulo 22 Resolução Criativa de Problemas e Correção de Falhas 170

Capítulo 23 Entendendo e Usando o Poder 177

Capítulo 24 Treinamento, Coaching e Mentoria 182

Capítulo 25 Curiosidade Agressiva 188

Conclusões: Plano de Ação para Analistas do Comportamento 195

Posfácio 197

Apêndice: Avalie Suas Habilidades Profissionais 199

Referências e Leituras Recomendadas 201

Índice 207

Agradecimentos

Gostaríamos de agradecer a Amanda Prestemon pelas muitas horas que passou revisando este manuscrito. Com quase dez anos de experiência em análise do comportamento aplicada, Amanda foi capaz de identificar lacunas no conteúdo e locais onde explicações adicionais eram necessárias. Como estudante de pós-graduação em um programa de mestrado em Análise do Comportamento Aplicada, Amanda também forneceu excelente feedback sobre se os novos analistas de comportamento seguiriam ou não os conselhos específicos oferecidos nos capítulos. Maxin Reiss, Mary Riordan e Ken Wagner forneceram importantes contribuições sobre consultoria comportamental no mundo real. Inúmeros outros indivíduos apresentaram cenários e participaram de entrevistas esclarecedoras e informativas. Os estudantes de pós-graduação nos programas de mestrado e doutorado da Universidade Estadual da Flórida educaram o primeiro autor por quase quarenta anos sobre o potencial que nossa área tem para fazer o bem em nossa cultura. Eles foram a inspiração para escrever este livro. A contribuição de Aubrey Daniels para a área de consultoria em gestão de desempenho é histórica, e sua influência é imensa. Aubrey é um modelo de comportamento profissional impecável em todos os momentos e estabelece um padrão de produtividade incomparável. Ele é um herói moderno. Finalmente, gostaríamos de agradecer ao nosso editor, George Zimmar, que acreditou neste livro desde o início e viu a necessidade de uma obra complementar ao nosso livro *Ethics for Behavior Analysts* [sem publicação no Brasil].

Prefácio

Chego em casa após trabalhar no Centro de Transtornos do Desenvolvimento duas vezes por semana, deito-me no sofá, e simplesmente começo a chorar. Não sei o que há de errado comigo. Acho que eles não gostam de mim e não confiam em mim. Sinto-me uma intrusa. Tenho clientes que amo, e gosto do desafio de resolver problemas. Sou bem paga em minha empresa de consultoria, mas no CTD não me respeitam e não me escutam. Disseram-me que meu gestor fala mal de mim pelas costas. Eles preferem usar medicamentos para tratamento em vez de meus planos comportamentais. . . não posso admitir para meu supervisor que estou com problemas. Realmente não sei o que fazer. Sou certificada pelo Board e realizei o curso de ética do Dr. Bailey, mas isso não está me ajudando nesta situação.

Essa declaração emocional e comovente chegou até nós na forma de um telefonema desesperado de Kimberly, uma analista do comportamento recém-certificada pelo Board. Uma estudante de pós-graduação extremamente brilhante, entusiasmada e decidida, ela tinha um desejo tão intenso de trabalhar em seu primeiro emprego e começar a ajudar clientes com necessidades comportamentais, que ninguém conseguiria prever que se encontraria na situação depressiva em que estava.

Nós começamos a perceber que muitos outros analistas do comportamento estavam experimentando problemas similares, e tivemos uma revelação — ser um especialista em análise do comportamento *não* é suficiente para que um analista seja um consultor de sucesso. Conforme nossa área continua a crescer, é essencial que eduquemos os profissionais em relação a *todas* as habilidades necessárias para serem eficientes e fazerem a diferença na vida dos outros.

A análise do comportamento aplicada evoluiu da análise experimental do comportamento na metade da década de 1960. Nossa área de atuação foi formalizada em 1968 com a publicação da primeira edição do *Journal of Applied Behavior Analysis* sob a edição de Mont Wolf na Universidade do Kansas. O modelo para a área de atuação foi estabelecido em um artigo de referência daquela edição: *Some Current Dimensions of Applied Analysis*, escrito por Don Baer, Mont Wolf e Todd Risley (1968). Nesse artigo, foram delineadas as principais diferenças dessa nova área do conhecimento em relação ao restante da psicologia. Conforme descrito no artigo, os analistas do comportamento estavam interessados em resolver problemas aplicados por meio do uso de uma tecnologia ainda a ser desenvolvida com base na ciência do comportamento; ou seja, o condicionamento operante. Essa tecnologia seria inerentemente baseada em dados. Ela incluiria sua própria metodologia para demonstração de causa e efeito, ou seja, o delineamento de pesquisa de sujeito único, e evoluiria ao longo do tempo para nos fornecer um vasto arranjo de técnicas que mostrariam como esses procedimentos ajudariam as pessoas a melhorar sua qualidade de vida. Em 1968, os líderes do pensamento inovador que escreveram esse artigo importante não previram a gigantesca demanda pela análise do comportamento nos dias contemporâneos. Essa enorme necessidade de serviços foi desenvolvida nos últimos cinco anos, e os serviços agora são fornecidos pelo Board Certified Behavior Analysts® (Board de Certificação dos Analistas do Comportamento) em vários países.

Como resultado, os programas de mestrado têm aparecido com bastante frequência pelos Estados Unidos e, também, pelo mundo. Programas de pós-graduação com duração de dois e três anos que formam analistas do comportamento às centenas estão agora funcionando além do horário para formar profissionais que trabalhem com clientes individuais com autismo, que apresentam atrasos de desenvolvimento, danos cerebrais ou outras deficiências desse tipo. Em alguns casos, os analistas do comportamento estão trabalhando individualmente com os clientes; em outros, com equipes de paraprofissionais que estão aplicando programas comportamentais criados por um analista do comportamento.

Os analistas do comportamento também estão trabalhando em empresas dos diversos setores de atividade, no governo e em cenários organizacionais para aprimorar o desempenho humano em áreas relacionadas à segurança a fim de aumentar a produtividade, a qualidade de produtos ou os serviços. Nesses cenários, o analista do comportamento assume o papel de consultor, o conselheiro profissional que deve saber muito sobre como as organizações funcionam e como não funcionam, bem como realizar treinamentos, motivar e gerir pessoas em cenários que nunca foram criados para serem ideais para o desempenho do ser humano.

Assim, ser um especialista em análise do comportamento não proporciona todas as habilidades necessárias para ser um consultor eficaz e bem-sucedido. Os cenários em que trabalhamos frequentemente já contaram com a presença de outros consultores sem nenhum treinamento comportamental que, com seu senso apurado de etiqueta empresarial, habilidades sociais e o dom da conversa, tornaram difícil para o analista do comportamento especializado em tecnologia do comportamento tomar a frente. O alto escalão de organizações de serviços humanos e CEOs de grandes corporações agora têm uma expectativa de qualidade de interação difícil de ser adquirida em programas de pós-graduação que ofertam somente cursos em condicionamento operante aplicado, metodologia de pesquisa, análise funcional, coleta de dados e experiência de prática individual com crianças com autismo. E acontece que, para trabalhar como consultor em um centro de tratamento, em uma sala de aula para crianças com distúrbios comportamentais ou com pais que precisam aprender a lidar com seus filhos indisciplinados, é necessário que o analista do comportamento interaja com uma grande variedade de pessoas sintomáticas, um rol incrível de comportamentos de contenção e obstrução que são capazes de frustrar o consultor comportamental desavisado e despreparado.

Isso se tornou óbvio quando o primeiro autor deste livro foi contatado pelo supervisor de um aluno recém pós-graduado — um indivíduo trabalhador e brilhante que estava falhando em suas primeiras tarefas de consultoria. Esse analista do comportamento era mais um jovem profissional que se encontrava em um dilema muito parecido com aquele que Kimberly descreveu para nós (no início do prefácio). De acordo com o supervisor, o analista do comportamento novato perdera as pistas iniciais de que estava com problemas e, quando finalmente entendeu isso, não pediu ajuda. A tendência dele foi culpar a equipe de cuidados diretos pela ineficiência e pela falha em cumprir os programas que ele criou. Após uma investigação mais aprofundada, ele não estava preparado para um ambiente escolar semi-hostil que falava, da boca para fora, sobre querer uma consulta comportamental, mas que, na verdade, estava preso ao método tradicional.

Em vez de repreender ou culpar o novo consultor, o primeiro autor deste livro tentou determinar o que deu errado em seu treinamento. Isso levou a inúmeras entrevistas com estudantes antigos e atuais, supervisores de consultores, treinadores de consultores e CEOs de empresas que contrataram analistas do comportamento. Além disso, foi perguntado a consultores sênior uma série de questões sobre suas experiências lidando com problemas difíceis em uma variedade de cenários, como os resolveram e o que aprenderam a partir disso. Quando possível, esses consultores e supervisores recebiam a tarefa de fornecer cenários de trabalho que descreviam, de forma concisa, a natureza dos problemas encontrados.

Por meio dessas entrevistas e cenários escritos, desenvolvemos mais de seis meses de palavras-chave e descrições de habilidades e estratégias. Nessa etapa, cerca de cem termos descritivos emergiram como habilidades importantes e estratégias para analistas do comportamento bem-sucedidos. Esse número de habilidades era claramente muito alto para tentarmos descrever ou ensinar. Começamos a pesquisar fontes de conhecimento que pudessem preparar o consultor, por meio de treinamentos, para a difícil estrada que viria. Utilizando palavras-chave e o site Amazon.com, achamos que era possível determinar livros recentes que pareciam focar nas habilidades-chave que identificamos, mesmo que não fossem especificamente escritos para nosso novo tipo de profissional: o analista do comportamento consultor. Ainda que esses livros fossem escritos para profissionais de outras áreas de atuação, era claro que tinham relevância para nós. Eles denotavam e descreviam categorias gerais que eram nitidamente necessárias para todo profissional operando no cenário de outra pessoa; tópicos como etiqueta empresarial, assertividade e liderança eram comuns. Achamos que a literatura de consultoria em negócios enfatizava que os profissionais deveriam ter excelentes habilidades de comunicação pessoal e persuasão, além de muita prática em negociação, *lobing* e falar bem em público. Conforme as categorias de habilidades e estratégias começavam a englobar nossa lista original de cem, uma solução para o problema de categorização para a lista abrangente de habilidades necessárias começou a parecer possível. Revisando os cenários que havíamos reunido em termos de "Quais habilidades seriam necessárias para consertar isso?", finalmente fomos capazes de formular cinco categorias gerais de habilidades e estratégias. Além de apenas descrever as habilidades básicas, os consultores precisariam estar preparados para aplicar seus conhecimentos em análise do comportamento para lidar com o que é conhecido na literatura de negócios como "pessoas difíceis". O bom analista do comportamento deve saber como utilizar seu conhecimento sobre análise funcional, modelagem e gestão de desempenho para lidar com esses problemas e fazer perguntas pontuais sobre situações que surgem diariamente com "Posso ver isso?".

Como profissional, o analista do comportamento também deve confrontar a difícil tarefa de gerir seu próprio comportamento diariamente. Sem um monitoramento cuidadoso, até mesmo um consultor brilhante e altamente motivado pode desperdiçar tempo, tornar-se um peso para outros profissionais, estressar-se e descobrir que precisa de ajuda sem saber como proceder.

Uma área final emergiu de nossas entrevistas e coletas de cenários. Existe uma expectativa de que os consultores de comportamento cresçam conforme o tempo passa; em um período de aproximadamente cinco a sete anos, é esperado que eles tomem posições de consultor sênior. Elas envolverão responsabilidades adicionais, e a necessidade de maior sabedoria para tomar decisões pode causar um grande impacto nas organizações atendidas. Desde instituições de ensino pré-escolar até fábricas, a experiência ensina os consultores a refinar suas habilidades de pensamento crítico e a antecipar e resolver prontamente os problemas que, invariavelmente, surgem enquanto realizam consultorias em qualquer cenário. É esperado que os consultores seniores assumam papéis de treinadores, coaches e mentores ao lado de analistas do comportamento novatos e que, talvez, se engajem nessas importantes tarefas ao lado do alto e médio escalão.

Por fim, com tempo e experiência, espera-se que os consultores experientes comecem a enxergar "o quadro geral" de como o mundo funciona e a desenvolver uma apreciação pelas metacontingências maiores que controlam a sociedade e a nação. Essa análise do quadro geral, então, se expande para uma visão de mundo mais ampla na qual o consultor pode, repentinamente, começar a perceber as conexões comportamentais entre seus esforços falhos em persuadir o diretor da escola a adotar uma nova política de ensino ou a falha de uma operação de reforço humanitário de emergência em Mianmar.

O consultor que desenvolveu habilidades avançadas terá uma das mais importantes: a curiosidade agressiva. É a habilidade e a atitude em relação à ciência do comportamento que permitirá que consultores mais experientes enxerguem a beleza das técnicas de mensuração, que são robustas o suficiente para documentar os distúrbios comportamentais de um cliente com Síndrome de Prader–Willi que costuma se ausentar sem permissão, monitorar o uso de celular das pessoas em países do terceiro mundo, ou acompanhar os hábitos alimentares dos pinguins da Antártica.

Para o analista do comportamento consultor moderno, não é suficiente ser competente e bem treinado nos aspectos técnicos da análise do comportamento. Para serem bem-sucedidos e eficazes, os analistas do comportamento consultores precisam ter conhecimento em áreas críticas de competência, que agora também incluem habilidades essenciais de negócios, repertório básico de consultoria, a habilidade de aplicar conhecimento comportamental, hábitos de trabalho vitais e habilidades avançadas de consultoria.

25 Habilidades e Estratégias Essenciais para os Profissionais de Análise do Comportamento foi criado para ser utilizado como complemento ao nosso outro livro *Ethics for Behavior Analysts* (Lawrence Erlbaum Associates, 2005), em cursos que abordam assuntos éticos e profissionais em análise do comportamento, ou como um livro de cursos práticos em que os estudantes estão adquirindo e testando suas habilidades de consultoria pela primeira vez. Supervisores de analistas do comportamento recém-contratados que realizam consultoria em sistemas escolares, instalações de acolhimento ou famílias também devem achar a taxonomia útil para falar sobre suas expectativas acerca de representação profissional na empresa de consultoria. Por fim, consultores experientes devem achar que as referências à literatura sobre consultoria profissional e as checklists são valorosas para aprimorar suas próprias habilidades

A consultoria comportamental é extensivamente a arte de praticar a ciência do comportamento humano. Esperamos que este livro transmita a empolgação e os desafios que nossos novos colegas enfrentam à medida que se tornam profissionais analistas do comportamento.

John Bailey e Mary Burch

Seção

Um

Habilidades Essenciais de Negócios

1 Etiqueta Empresarial

O CEO de uma grande empresa de consultoria afirmou:

> *Eles devem se adaptar. Honestamente, não me importo se eles mostram suas tatuagens quando estão com seus amigos, mas tatuagens e aparatos faciais não aparecerão em nosso ambiente corporativo, onde um terno executivo é considerado uniforme para os homens. Encerrei abruptamente uma entrevista com um jovem quando ele apareceu com uma argola na sobrancelha. Nós cobramos cerca de US$5 mil por dia, nossos clientes têm certas expectativas profissionais. Nossos consultores devem saber como deixar as pessoas tranquilas. Não importa o quanto você é esperto se não for capaz de causar uma boa primeira impressão e vender nossos serviços para um parceiro de negócios em potencial.*

Nos últimos quarenta anos, nossa área evoluiu para uma profissão plena. Se formos nos analisar objetivamente, devemos afirmar que temos um serviço "*high-touch, high-tech*" para entregar que é único*: *Mudança de Comportamento por Demanda* é a maneira com que um erudito na conferência nacional recentemente descreveu nosso potencial. Em vários aspectos, o que temos a oferecer é comparável a outros serviços profissionais premium, como excelente aconselhamento legal e representação, medicina e cuidados odontológicos de primeira linha, e suporte de TI quatro estrelas de uma companhia de software pontocom. Ainda não estamos cobrando tanto quanto os advogados, mas, em algumas partes do país, existe certa comparação nas cobranças entre mestres analistas do comportamento, psiquiatras e psicólogos clínicos com doutorado.

NOSSA IMAGEM ATUAL

Temos um longo caminho a percorrer quando se trata de nossa imagem. Hoje, se a análise do comportamento aplicada é comparada diretamente a outros serviços profissionais premium em termos de como nos apresentamos para nossos consumidores, muitas

* *High touch* significa que nossos serviços são muito personalizados para cada cliente. É claro que, às vezes, nós sensibilizamos nossos clientes quando realizamos orientação graduada ou aplicamos alguns procedimentos como o time-out. *High tech* significa que aplicamos uma tecnologia com base em ciência do comportamento; os procedimentos são altamente refinados e estritamente controlados por meio de protocolos que foram aprovados por especialistas da área. [N. do A.]

pessoas veriam um grande contraste. Nossos "representantes de serviços", os Analistas do Comportamento Certificados pelo Board®, frequentemente são pessoas jovens com atitude casual e vestimenta ainda mais casual. Muitos se referem uns aos outros pelo primeiro nome, e essa conduta casual se estende para o modo com que se apresentam para outros profissionais.

Os analistas do comportamento estão em uma intensa competição com pessoas de outros serviços profissionais e, mesmo que esse venha sendo o caso há algum tempo, muitos consultores comportamentais não parecem estar cientes dessa situação. A grande pressão parece estar, surpreendentemente, na área de tratamento do autismo. É meio difícil de acreditar nisso, porque, segundo as evidências, não há competição. Nenhum outro tratamento disponível atualmente tem a amplitude e profundidade da pesquisa aplicada mostrando mudanças de comportamento clinicamente relevantes. Infelizmente, a imagem apresentada ao público — nossos consumidores em potencial — por muitos representantes de nossa área de especialização é de um bando de *geeks* comportamentais que soltam termos comportamentais que parecem ameaçadores e hostis: *controle, delineamento de reversão, contingências, manipulação e intervenção*, não parecem muito amigáveis. Além do mais, quando usadas para descrever como podem ser utilizadas no tratamento de uma criança com autismo, essas expressões podem ser bem assustadoras. Uma criança com autismo é o filho ou filha, o amorzinho, o bebezinho, de alguém. O que os pais querem ouvir de um profissional é: "Vamos extinguir esse comportamento do Bradley." Pais amorosos querem que nós ajudemos Bradley, não que o extingamos.

"Nenhum outro tratamento disponível atualmente tem a amplitude e profundidade da pesquisa aplicada mostrando mudanças de comportamento clinicamente relevantes."

Compare isso com a fala leve e tranquila de um competidor bem preparado, perfeitamente treinado, mais maduro e experiente e você verá um grande contraste. Para nosso mérito, a nova geração de analistas do comportamento é altamente treinada e mais bem preparada do que o grupo anterior. Esses entusiasmados profissionais são tecnicamente habilitados, e têm um foco claro em resultados, tendo garra e tenacidade para trabalhar com uma criança. Porém, como repetiremos inúmeras vezes neste livro, ser tecnicamente competente não é mais o suficiente, por si só, para o *profissional* de análise do comportamento.

Primeiras impressões contam, e a primeira das 25 habilidades profissionais que precisa ser abordada é a etiqueta empresarial. E tais habilidades vão desde chegar na hora certa para cada reunião até realizar uma revisão geral com o administrador antes de sair do local. Frequentemente, significa enviar um cartão de agradecimento escrito à mão. Vamos olhar para as especificações que compõem a etiqueta empresarial moderna.

A PRIMEIRA IMPRESSÃO CONTA

Nossos serviços são muito "*high-touch, high-tech*" [de alto nível] e nos aproximamos não somente de nossos clientes, mas também de suas famílias, médicos e professores; por isso existem diversas primeiras impressões que têm que acontecer de maneira perfeita. O exemplo a seguir é uma *primeira impressão* que realmente precisa ser boa: "Dr. Samuel, esta é a analista do comportamento da Becky. Pedi para que ela viesse comigo hoje porque queremos avaliar as medicações da Becky para verificar se a estão ajudando na escola." A analista não pode parecer que acabou de sair de um parquinho infantil caso vá determinar se as prescrições do médico são eficazes para aprimorar o comportamento da Becky realizando as tarefas. Ou então, considere uma apresentação do supervisor da analista do comportamento para a diretora da escola: "Bom dia, Srta. Hanover. Gostaria de apresentá-la à minha nova analista do comportamento, que trabalhará com a senhora este ano. Gretchen conquistou seu mestrado em análise do comportamento aplicada na Caldwell College, e também tem formação em educação especial com habilitação em desenvolvimento infantil." Se Gretchen estiver parada, mascando chicletes e usando uma blusa com a barriga à mostra, podemos dizer que haverá um problema com a credibilidade dela no comitê do PEI (Plano Educacional Individualizado). Ainda que os analistas do comportamento não precisem de um código restrito de vestimenta para sua aparência pessoal, existem algumas sugestões gerais que podem prevenir situações constrangedoras.

QUEM VIU UM, VIU TODOS

Vista-se de maneira aceitável para líderes e/ou supervisores no ambiente no qual irá trabalhar. No mundo corporativo, para analistas do comportamento de gestão de desempenho, ternos e vestidos serão a vestimenta mais provável. Costuma ser bem claro qual será o código de vestimenta [em inglês, "dress code"] de cada cenário corporativo.

Para os analistas do comportamento que trabalham em escolas e ambientes terapêuticos, certifique-se de que não está violando o código de vestimenta da instituição na qual está trabalhando. Por exemplo, algumas escolas proíbem os colaboradores de vestirem calçados abertos (sandálias). Conheça as regras no que diz respeito ao código de vestimenta onde você está prestando serviços. Ainda que geralmente possamos falar "não use jeans", pode haver algumas situações nas quais se espera que um analista do comportamento se sente na areia ou na terra. Nesses casos, se você for a uma reunião mais tarde, deve levar uma muda de roupas dentro do carro. Não compareça a uma reunião esperando que as pessoas entendam o motivo pelo qual você está usando roupas apropriadas para um parquinho.

As vestimentas aceitáveis para as mulheres no dia a dia de trabalho como analistas do comportamento incluem o que é citado geralmente como traje "business casual": camisas em tecido Oxford, malhas, echarpes, blusas, coletes, blusas ou vestidos tipo suéter e blazers, ou casacos casuais com calças cáqui, ou calças soltas e saias e vestidos business casual. Caso sua empresa de consultoria tenha uma camisa polo com a logomarca, também está ótimo.

Exemplos de vestimentas inaceitáveis incluem trajes sugestivos, sensuais ou reveladores, tecidos muito transparentes, agasalhos do tipo moletom e camisetas, roupas para praticar esportes, salto agulha, suéteres largos demais, vestidos de alto verão, cropped e blusas que deixam a barriga à mostra ou muito curtas, blusinhas sem alças, regatas, segunda pele, blusas de flanela, minissaias, blusas e vestidos de alcinha, calças de moletom, jeans, leggings, calças elásticas, calças largas que se transformam em bermudas e shorts, calças cargo, calças justas demais (não precisamos saber que você está usando uma calcinha fio dental), nada de elastano e Lycra, conjuntos esportivos de nylon, botões customizados, bonés, joias muito chamativas e itens similares de vestimentas casuais que não transmitem uma aparência profissional.* Você pode tender a pensar que jeans e camisetas são ok em cenários como salas de aula pré-escolares "porque é assim que os colaboradores se vestem", mas lembre-se de que você está tentando se firmar como profissional e "roupas de estudante" não o ajudarão a ganhar o respeito e a credibilidade de que necessita.

Para os homens, camisas em tecido Oxford, camisas polo limpas e bem passadas e blazers ou casacos casuais com calças cáqui, ou calças folgadas no estilo business casual geralmente serão aceitáveis. Peças que não são bem-vistas: jeans, camisetas, tênis e calças muito folgadas com roupa de baixo à mostra. Para os homens, é esperado que estejam com a barba muito bem-feita. Para ambos os sexos, uma aparência conservadora em geral é altamente recomendada, sem nenhuma tatuagem ou joia facial visível.

Para reuniões e apresentações, é desejável aumentar o nível de formalidade de sua vestimenta. Para os homens, recomenda-se o uso de paletó para reuniões importantes, com o diretor da escola ou um médico, por exemplo. As mulheres que vão a uma reunião em que precisam marcar presença devem optar por trajes tradicionais de negócios em vez da camisa polo com a logomarca da empresa usada no dia a dia e as calças folgadas usadas para trabalhar com crianças.

APRESENTANDO-SE

Se você estiver conhecendo alguém pela primeira vez, é uma boa ideia realizar sua tarefa de casa para que você possa saber alguma coisa sobre essa pessoa. Dizer "Muito prazer em conhecê-la, Srta. Hanover. Sei que sua escola esteve no ranking das 10% melhores da região no ano passado" é muito melhor do que dizer "Prazer em conhecê-la". Nem é preciso dizer que chegar um pouquinho antes da hora marcada para as reuniões é uma boa ideia (dez minutos é o tempo recomendado), e que chegar com atraso nunca é aceitável. Se chegar dez minutos antes, terá tempo de ir ao banheiro verificar sua aparência e seu hálito uma última vez, além de praticar seu sorriso.

Algumas recomendações padrão para uma *ótima* primeira impressão incluem realizar contato visual, mas não de forma assustadora, e ter um aperto de mão firme; apertos de mãos frouxos e o "beijo no rosto" definitivamente não devem ser usados, exceto em alguns contextos culturais específicos. O uso de gírias, palavrões ou expressões que os substituam, como "caramba" também devem ser evitados.

Certifique-se de utilizar o título correto da pessoa e falar o nome dela na reunião. Se você tiver uma tendência a esquecer nomes, é melhor desenvolver uma estratégia ou fazer anotações rápidas discretamente. Quando existirem muitas pessoas importantes em uma reunião, anote tudo o que puder sobre os presentes. Outra estratégia é perguntar para a pessoa "Você tem um cartão de visita?" enquanto você entrega a ela o seu.** Guar-

---

* Esta lista foi compilada de diversos sites de recursos humanos para cenários de varejo e profissionais. [N. do A.]

** Caso sua empresa não forneça cartões de visita, faça-os você mesmo. É possível encontrar papéis com moldes de cartões de visita na maioria das lojas de material de escritório, os quais podem ser utilizados em sua própria impressora. Eles não precisam ser elaborados; seu nome, escolaridade, título de Analista do Comportamento Certificado pelo Board, número de telefone e endereço de e-mail são suficientes. [N. do A.]

de esses cartões e registre no banco de dados de seu computador para que você possa usá-los como referências rápidas em futuras reuniões.

ETIQUETA DURANTE REUNIÕES

Muitas reuniões são breves, encontros em pé, às vezes em um corredor ou na parte de fora do escritório nos arredores de uma escola ou de uma empresa. Mas se você estiver se dirigindo para o escritório de alguém e ficará sentado, preste atenção no modo como se senta. Supondo que você é o visitante, faça uma pequena pausa para verificar se o anfitrião sinaliza onde você deverá se sentar. Um bom anfitrião perceberá essa pista e irá posicioná-lo no lugar onde deseja que você se acomode. Se parecer que tanto faz o lugar onde as pessoas irão se sentar, posicione-se em um local em que poderá realizar bom contato visual com as pessoas principais da reunião. Esteja confortável e pronto para fazer anotações.

Caso você não conheça o anfitrião da reunião, assim que entrar na sala, sorria, cumprimente-o e se apresente. Se precisar apresentar alguém que trouxe junto para participar da reunião (como seu supervisor), certifique-se de que você sabe fazer boas apresentações. Além dos nomes, esteja preparado para falar os títulos dos cargos e algumas breves palavras sobre o que as pessoas fazem.

Em situações nas quais bebidas e alimentos parecem ter sido comprados pensando especialmente em você, aceite-os quando forem oferecidos. Não é educado recusar alimentos e bebidas quando seus anfitriões tiveram tanto trabalho. Você não precisa beber ou comer muito, mas deve demonstrar que apreciou o gesto. Não demonstre muito seus gostos pessoais para comida ou bebida. Agora não é hora de você afirmar que é um degustador de café que prefere beber o café de uma franquia específica que custa US$6 por xícara ou que você só usa leite semidesnatado em seu café e que nada mais o satisfaz.

Como Dale Carnegie afirmou há mais de setenta anos (Carnegie, 1936), a coisa que as pessoas mais gostam é de falar sobre si mesmo. Você será uma pessoa muito popular se focar sua atenção em quem está conhecendo. Fazer perguntas com base naquilo que consegue observar no escritório deles é uma ótima maneira de mostrar que você se importa com eles e que é observador. Dizer "Que crianças lindas, em que ano elas estão?" ou "Este é seu cachorro? É um maltês? Amo cachorros" comunica às pessoas que você notou as fotografias na mesa delas. Se possível, na primeira reunião, tente encontrar alguma coisa em comum com a pessoa que está conhecendo, por exemplo, se vocês gostam dos mesmos esportes, torcem pelo mesmo time, frequentaram a mesma escola, e assim por diante. No entanto, lembre-se de manter essas conversas "quebra-gelo" breves e prossiga rapidamente para os negócios.

REFEIÇÕES DE NEGÓCIOS

Pedimos desculpas aos entusiastas de comida e vinho, mas os analistas do comportamento não estão no topo da lista dos profissionais que frequentam bons jantares com bons vinhos. Muitos analistas do comportamento que trabalham com clientes PcD ficam gratos quando têm alguns minutos para comprar um hambúrguer enquanto correm de uma escola a outra em um dia cheio. Consultores que trabalham com negócios têm uma tendência maior a serem convidados para almoços e jantares de negócios.

A principal coisa para se saber em relação a refeições de negócios é que, em alguns casos, a impressão negativa causada por maneiras inadequadas à mesa pode fazer com que um consultor não seja efetivado, um contrato não seja assinado ou um analista do comportamento não seja contratado. Existem vários livros e sites sobre boas maneiras. Se você irá participar de alguma refeição de negócios, pegue um desses livros e leia sobre especificações de etiqueta em jantares, como quanto você deve dar de gorjeta, quais utensílios usar e quando usá-los, como escolher vinho, onde colocar seu guardanapo, como fazer um brinde e que itens alimentícios devem ser evitados (dica: cuidado com aquele pedaço de espinafre em seu dente e aperitivos que fazem muita sujeira).

QUANDO EM ROMA

Os analistas do comportamento estão encontrando empregos e participando de conferências pelo mundo todo. Se você pensa em trabalhar como analista do comportamento em outro país, adquira um livro de boas maneiras corporativas sobre o país que visitará ou converse com alguém que possa aconselhar você sobre os costumes locais e as diferenças culturais. Nos Estados Unidos, encorajamos os analistas do comportamento a dar feedback direto. Em alguns países, uma pessoa que dá feedback direto para outras pode ser vista como rude ou agressiva. Se você for trabalhar em outro país, seja sensível em relação a diferenças culturais e aprenda o que você precisa saber para manter a boa reputação da análise do comportamento mundo afora.

BOAS MANEIRAS EM RELAÇÃO A CELULARES E MENSAGENS DE TEXTO

Assim como a tecnologia continua a evoluir, as boas maneiras relacionadas ao uso de novos equipamentos também o fazem. Há não muito tempo, somente algumas pessoas tinham celulares, que eram quase tão grandes quanto um sapato. Agora, parece que todas as pessoas dos Estados Unidos maiores de 10 anos têm um. Correção — já vimos crianças de 6 e 7 anos em restaurantes usando celulares. Uma mãe disse que queria que seu filho de 6 anos pudesse ligar para ela em caso de emergência. Ela afirmou sentir muita paz em saber que, caso seu filho fosse sequestrado, poderia ser rastreado por seu celular (supondo, nós pensamos, que o sequestrador fosse idiota o bastante para deixá-lo ficar com o aparelho). Então, os celulares estão aqui para ficar, e os futuros analistas do comportamento estão aprendendo a enviar mensagens de texto para seus amigos antes mesmo de aprenderem a soletrar.

Quando você está trabalhando com um cliente, seu celular deve estar desligado (não em modo silencioso ou vibrar — DESLIGADO). As pessoas podem deixar uma mensagem e você poderá retornar a ligação assim que a sessão for encerrada. Quando você estiver em uma reunião, seu aparelho deverá estar desligado; você não precisa receber um olhar frio, de um administrador, porque o *seu* celular interrompeu a reunião dele.

Caso você esteja fornecendo serviços, o cliente e/ou agência deve receber atenção total. Desculpar-se porque tem que ir até o corredor atender uma ligação de sua mãe ou do namorado é inaceitável. As mesmas regras se aplicam para as mensagens de texto. Quando você está no trabalho, seu emprego, seus clientes e os profissionais com quem você está trabalhando devem receber atenção não compartilhada.

A confidencialidade se aplica quando você estiver falando ao celular — não fale sobre sua empresa, equipe ou clientes quando outras pessoas estiverem por perto. Isso significa não ir almoçar ou sentar-se na sala de espera de um médico e falar ao telefone sobre um cliente. Se alguém puder ouvir o que você está falando, é violação de confidencialidade.

Novidade para os usuários ávidos de celular: pessoas em restaurantes, no transporte público e em salas de espera não querem ouvir suas conversas. Nós simplesmente não estamos interessados. O primeiro autor deste livro modela rotineiramente o comportamento de usuários de celular que estão se envolvendo em produzir poluição sonora. Ele caminha até elas e fala gentilmente: "Por favor, você poderia atender sua ligação lá fora? Nós não queremos saber sobre os problemas do carro do Frank". Elas costumam parecer aterrorizadas com o fato de alguém ter ouvido o que estavam falando, e rapidamente vão para o lado de fora com seu aparelho.

Não estamos sozinhos na promoção de boas maneiras para os usuários de celular. Os cinemas tentam ganhar certo controle antecedente, mostrando um lembrete na tela antes do filme começar, que pede para a audiência colocar seus telefones no modo silencioso e levar seus bebês chorando para o lado de fora das salas. Além do mais, o mês de julho foi designado o Mês Nacional de Cortesia ao Celular. Conforme um número crescente de locais públicos está regulamentando como e quando os aparelhos podem ser utilizados, os usuários de celulares são encorajados pelas indústrias de comunicação a utilizar seus telefones de maneira responsável e com consideração pelas outras pessoas para prevenir futuras restrições de uso.

GERENCIAMENTO DA IMPRESSÃO

Além de ter boas maneiras e mostrar consideração pelas outras pessoas ao vestir-se profissionalmente, chegar na hora certa e não interromper uma reunião com suas ligações pessoais ao celular, em cada reunião *inicial* é importante deixar a pessoa com uma boa impressão sobre você. Quando possível, faça sua tarefa de casa e pesquise a respeito da pessoa que conhecerá. Fazer um comentário do tipo "Ouvi dizer que você é o administrador responsável por iniciar o Programa NewStart" pode ajudar a conhecer a pessoa. Se quiser que os pais saibam o quanto você se importa com o filho deles, deve falar isso de forma explícita. Dê exemplos específicos de como você se importa e, talvez, conte uma história sobre si mesmo que mostre claramente que você se importa com crianças (e com o filho dessas pessoas em particular), tendo o cuidado de não sugerir um apego inadequado. Caso sua intenção seja deixar o médico com a impressão de que você é competente na avaliação de remédios para crianças, dê um exemplo de algo que fez recentemente para demonstrar isso. Por exemplo, pode dizer que acabou de completar um estudo na Escola Monroe com cinco crianças que tomam Ritalina. Quando estiver lidando com profissionais com tempo limitado para encontrá-lo, não se deixe levar por conversações longas e desnecessárias sobre séries de televisão, uma estrela pop ou um debate recente entre candidatos políticos. Se estiver lidando com pais de crianças com transtorno do deficit de atenção/hiperatividade, professores de alunos com transtornos de desenvolvimento, supervisores de segurança de incêndio, líderes de análise de processo ou executivos corporativos, sua meta em se reunir com pessoas é criar a impressão de que você é um profissional sério e altamente qualificado. Boas habilidades de etiqueta empresarial ajudarão a tornar sua mensagem convincente: você é um analista do comportamento bem treinado e competente; você *pode* fazer a diferença e está aqui para ajudar.

RESUMO

Os analistas do comportamento concluem um rigoroso curso de estudos para adquirir o conhecimento e as habilidades necessárias para compreender e modificar o comportamento. Mas para que se tornem profissionais respeitados, ter somente competências técnicas não é suficiente. Analistas do comportamento que desejam ser bem-sucedidos como consultores devem desenvolver conjuntos de habilidades gerais de boas maneiras empresariais. Vestir-se para o sucesso, utilizar linguagem realista que os clientes sejam capazes de compreender, saber se apresentar e ter etiqueta adequada para reuniões e boas maneiras quanto ao uso do celular são comportamentos práticos relacionados ao trabalho que podem ajudar o analista do comportamento que deseja ser um consultor profissional bem-sucedido.

PARA LEITURA ADICIONAL

BIXLER, S.; DUGAN, L.S. *5 steps to professional presence*. Avon, MA: Adams Media, 2001.

CARNEGIE, D. *How to win friends and influence people*. Nova York: Pocket Books, 1936.

DETZ, J. *It's not what you say, it's how you say it*. Nova York: St. Martin's Griffin, 2000.

MCINTYRE, M.G. *Secrets to winning at office politics*: how to achieve your goals and increase your influence at work. Nova York: St. Martin's Griffin, 2005.

WHITMORE, J. *Business class*: Etiquette essentials for success at work. Nova York: St. Martin's Press, 2005.

2

Assertividade

Sem mencionar nomes, um diretor de programa descreveu uma candidata:

> *Ela parecia fabulosa no currículo, suas notas eram maravilhosas, era a melhor de sua classe, e passou no exame para BCBA (Analista do Comportamento Certificado pelo Board®) na primeira tentativa com uma pontuação alta. Todos estávamos desejando entrevistá-la, porque ela era tudo o que precisávamos. Mas quando ela veio para a entrevista, estava acanhada. Tudo começou com um aperto de mão fraco e, depois isso, foi só ladeira abaixo; nós quase não conseguíamos ouvi-la quando falava. Uma questão que eu sempre faço é: "Você pode descrever uma situação em que precisou mostrar assertividade para cumprir uma meta para um cliente?" Ela fez uma pausa, então, fez mais uma pausa e respondeu: "Eu geralmente só mostro alguns dados, eles falam por si." Depois que ela foi embora, nossa equipe entrou em consenso de que ela teria bastante dificuldade para gerir nossa equipe ou ganhar o respeito dela.*

Nos ambientes terapêuticos e educacionais em que são prestados serviços de análise do comportamento, existem muitas situações nas quais um tratamento sob consideração não é o mais interessante para um cliente individual. Os analistas do comportamento frequentemente se encontram na posição de serem os profissionais na equipe de tratamento que precisam conversar com o cliente e defender programas comportamentais de qualidade.

"Ser assertivo requer um conhecimento profundo sobre as pessoas com quem estamos lidando, e é adequado somente em circunstâncias específicas. Saber como e quando ser assertivo é uma habilidade importante para analistas do comportamento eficazes."

Às vezes, um supervisor ou colega pode pedir para o analista do comportamento implementar um procedimento imprudente ou injustificado baseado no status do cliente ou nas circunstâncias ambientais. Como cientistas comportamentais, fomos treinados para analisar comportamentos, fazer as perguntas corretas, coletar dados, encontrar suas funções e apresentar nossos resultados de maneira lógica para que todos possam tomar a decisão que seja melhor para o cliente. Essa é uma abordagem de "boas práticas" e, na maior parte das vezes, o resultado final é que os membros da equipe de tratamento ajudarão na implementação sistemática do plano comportamental desde a análise funcional até os dados de seguimento. Mas, ocasionalmente, existem profissionais na equipe de tratamento que tentarão resistir, rejeitar a abordagem comportamental ou as sugestões do analista. Quando ocorrerem resistência e "recuos", o profissional terá que considerar a ideia de ser mais assertivo para influenciar as decisões que serão tomadas em relação ao tratamento de um cliente.

Utilizar uma abordagem assertiva é difícil para analistas do comportamento que não têm experiência em jogar o que é comumente chamado no mundo corporativo de "jogo duro". Assertividade é algo arriscado. Ser assertivo requer um conhecimento profundo sobre as pessoas com quem estamos lidando, e é adequado somente em circunstâncias específicas. Saber como e quando ser assertivo é uma habilidade importante para analistas do comportamento eficazes.

ASSERTIVIDADE EM BENEFÍCIO DO SEU CLIENTE

Uma das ocasiões mais frequentes para ser assertivo é quando uma decisão de grupo está para ser tomada e você contribuiu como analista do comportamento. Em reuniões de equipe, haverá ocasiões em que alguém do grupo defenderá uma ação que, na sua opinião, não vale a pena. Você pode ter determinado que, por essa pessoa ter tomado uma posição convicta e a apresentado de maneira inflexível e emocional, todos tendem a concordar. As pessoas frequentemente seguem um plano ruim simplesmente porque é o mais fácil a se fazer. Além do mais, haverá algumas pessoas na mesa que estão motivadas por pensamentos como "Por que complicar e deixar tudo mais lento?", "Se nos apressarmos, poderemos ir almoçar mais cedo", ou "Eu não quero deixar esta mulher brava; tenho que trabalhar com ela em diversas escolas". Como um analista do comportamento ético, antes de decidir que é hora de ser assertivo em uma situação, *tenha certeza de que você está certo* e que sua proposta para o grupo melhorará o bem-estar do cliente. Lembre-se: para ser eficaz, você não precisa ser assertivo em *todos* os problemas, somente em alguns. Tenha certeza de que este é *o problema* pelo qual você está disposto a insistir.

COMPORTAMENTOS ASSERTIVOS EM REUNIÕES

Quando você estiver pronto para ser assertivo em uma reunião, terá que fazer diversas coisas simultaneamente. Primeiro, sente-se em uma posição ereta, posicione suas mãos em frente a você sobre a mesa, entrelaçando-as com calma. Durante sua vez, apresente sua informação de maneira lógica, organizada e concisa. Quando faz isso, as pessoas tendem a concordar com você. Mas, às vezes, haverá um profissional que não está de acordo e, além disso, que pensa que a abordagem dele é a única que deve ser considerada. É quando você deverá utilizar suas melhores habilidades de assertividade.

Faça contato visual bom e forte com a pessoa que está incomodando o grupo para que pense de maneira similar a ela. Em suas próprias palavras, fale alguma coisa que basicamente transmita a seguinte mensagem: "Com todo respeito a Sue, preciso dizer que discordo do que está sendo proposto aqui. Estou preocupado que o [nome do cliente] não será bem atendido com o que vamos fazer. Aqui estão alguns problemas em relação a essa abordagem..."

Se você não for bem-sucedido após explicar por que pensa que a abordagem recomendada apresenta problemas, precisará ser um pouco mais assertivo: "Eu não posso concordar em levar isso para frente. A meu ver, parece que vocês decidirão utilizar a solução que exige menos esforço. A maneira fácil não é a correta neste caso. Vamos desacelerar esse processo e reconsiderar nossas opções."

Conforme você fala, olhe de uma pessoa a outra pela mesa. Não aumente o volume da voz, não fale em tom estridente, não estreite os olhos nem os role, não emita grunhidos altos de indignação e tampouco faça caretas. Por via de regra, *não* peça desculpas por aquilo que está dizendo. Então, reapresente ao grupo sua estratégia para obter a solução — a certa. Comece utilizando suas habilidades de reforço diferencial de outros comportamentos (DRO) a fim de reconhecer as partes da decisão com as quais concorda. Dê ênfase à maneira como seu plano beneficia seu cliente, foque essa mensagem e não se desvie falando sobre outros benefícios.

AFETO ASSERTIVO

Para ser eficaz, você também precisa se certificar de que, além das palavras que está dizendo, os outros aspectos da mensagem que está emitindo estejam corretos. Provavelmente, o mais importante que pode fazer ao ser assertivo em favor de seu cliente, é ter certeza de que seu corpo e sua voz estão em sincronia e que você está mostrando força. Fale com uma voz forte, e evite o "*up speech*", que é quando suas frases terminam com um aumento no tom e um ponto de interrogação. Se você for um analista do comportamento mais jovem, guarde o vocabulário comum e atual dos jovens para quando estiver com seus amigos. Dizer "Então, meu cliente, ele estava, tipo, tendo uma birra pra valer? Tipo como se ele estivesse zangado, sabe?" não é adequado em uma reunião.

"Provavelmente, a coisa mais importante que pode fazer ao ser assertivo em favor de seu cliente é ter certeza de que seu corpo e sua voz estão em sincronia e que você está mostrando força."

Você não pode relaxar sua postura na cadeira e ser assertivo, assim como não pode sentar de maneira ereta e ficar olhando para seus papéis, e ainda ser assertivo. Sua voz forte — nem lamentosa, nem nervosa, mas firme e controlada — é sua principal arma para ser assertivo.

Você receberá perguntas dos participantes da reunião. Responda-as diretamente, com o mesmo olhar e voz firme com que apresentou sua opinião profissional. Dê respostas diretas, e não deixe as pessoas o deixarem sem respostas — elas *tentarão* fazer isso. Não reforce comentários do tipo "Você está apenas tentando fazer isso do seu jeito". Você deve fazer uma pausa entre as questões, e então voltar para a proposta. Tenha certeza de que sua proposta é franca. Continue a descrever maneiras de como a abordagem que está sugerindo melhorará a vida do cliente e como poderá ser avaliada quanto à sua eficácia. Ofereça abandonar a estratégia se ela provar estar errada. Afinal, você é uma pessoa que confia em dados e que, neste caso, também está advogando em favor de seu cliente. Posteriormente, algumas pessoas comentarão: "Eu não sabia desse seu lado." Ou: "Isso foi maravilhoso. Eu não fazia ideia de que você estava tão empenhado nesta decisão." Quando chegar o dia em que você receber comentários como esses, saberá que sua resolução está reforçada e que você está mais comprometido do que nunca em ser um bom defensor de seu cliente.

ASSERTIVIDADE EM BENEFÍCIO PRÓPRIO

A segunda principal maneira em que precisará ser assertivo será com você mesmo. Isso é muito importante quando se é novo em um emprego e os pedidos para fazer isto e aquilo estão voando em sua direção e, aliás, apresse-se, porque nós precisamos disto para ontem.

Os primeiros noventa dias em um novo emprego costumam vir com um período em que você poderá fazer perguntas que, mais tarde, parecerão estar na categoria de "perguntas idiotas", mas que, no início, são consideradas adequadas para um novato. Então, sua primeira ação de assertividade no novo trabalho será fazer muitas perguntas sobre como sua empresa funciona e o que, exatamente, é esperado de você. Se alguma pessoa lhe pedir para fazer algo que você não tem certeza se sabe, comece a ser assertivo. Fale "Não entendi", e refaça a frase com o que foi pedido e veja se isso resulta em uma descrição melhor. Quando estiver fazendo perguntas sobre um pedido que lhe foi feito, deverá utilizar um tom de voz firme. Não pareça estar se lamentando nem que está tentando se livrar da situação; pois não quer, apenas deseja compreender o que esperam de você. Os primeiros noventa dias é quando você pode perguntar sobre a organização para que possa compreender qual é a estrutura de poder da instituição. Se o profissional de enfermagem for o principal tomador de decisões, você deverá ficar sabendo. Após noventa dias, você precisará usar sua melhor autocrítica: "Desculpe, sei que deveria saber como este relatório deveria estar formatado, mas, de alguma maneira, perdi aquele arquivo que você me enviou."

Um analista do comportamento iniciante nos deu um excelente exemplo de uma situação que poderia ter sido evitada com um pouco de esclarecimento sobre o trabalho:

> *Muitos dos comportamentos desafiadores exibidos pelos clientes de quem cuido são mantidos por dor ou desconforto associados a doenças, ferimentos ou efeitos colaterais das medicações. No entanto, muitos enfermeiros com quem trabalho não se encontram na mesma página que eu. Sinto que preciso falar sobre variáveis médicas que podem estar relacionadas com os comportamentos antes de aplicar procedimentos comportamentais restritivos. Frequentemente, a enfermeira fala para mim que o Cliente A "só faz isso" ou "está só se fazendo de bobo". Eu acho que o Cliente A pode estar batendo em sua própria bochecha porque tem um dente incomodando e precisa de tratamento; ele tem um histórico de problemas dentários e comportamentos que estão associados com isso. A enfermeira acha que ele está agindo assim porque sim. Ela é a profissional que estaria autorizada a telefonar para o médico a fim de saber se algum remédio para dor ou outra intervenção médica poderia ser ministrada até que o cliente possa visitar um dentista, mas, em vez disso, ela apenas ignora minhas sugestões. Ela deixa claro que quer que eu aplique restritores de pulso nele para lidar com o problema. É um fim de semana, por isso, não posso falar dessa situação com nenhum superior. É o que geralmente acontece comigo neste trabalho.*

Esse analista do comportamento bem treinado deveria ter sido mais assertivo em seus primeiros noventa dias, fazendo perguntas sobre como decisões são tomadas, a quem ele deve responder, e como ter acesso ao supervisor em situações de emergência. E certa assertividade nas reuniões de equipe em que são tomadas decisões sobre os cuidados do cliente teria sido útil. No caso do cliente que muito provavelmente apresenta dores de dente agudas, a resposta assertiva adequada seria: "Não, não posso fazer um pedido de emergência para restrições de pulso; não é o correto, e infringe meu código de ética. Acho que nós deveríamos ligar para o administrador. Isso é muito importante."

APENAS DIGA "NÃO"

Aprender a dizer "não" é uma parte crítica da assertividade para qualquer analista do comportamento. Nossas entrevistas com esses profissionais dos Estados Unidos indicam que saber dizer "não" é uma das habilidades mais difíceis de desenvolver, especialmente para os novatos e jovens analistas do comportamento que querem agradar seus novos contratantes.

Um analista do comportamento novato com quem conversamos descreveu sua frustração com um programa de tratamento para clientes com ferimentos na cabeça. Parece que ele foi levado a acreditar que a orientação do programa era comportamental. No entanto, logo ficou claro que a equipe queria que ele desse autorização a programas "enlatados" que vinham de um banco de dados de clientes anteriores. O analista do comportamento queria realizar análises funcionais individualizadas, mas lhe falaram que "já sabemos a causa do comportamento. Apenas entre com o nome dele e assine embaixo". Quando ele usou sua assertividade e disse "não", o administrador o demitiu durante seu período de experiência sem justa causa. Cerca de seis meses depois, a instituição fechou após ser investigada devido às práticas de cobrança e falsificação de dados. Ser assertivo em seu emprego, mesmo na fase de entrevistas, pode salvar você de estar em um emprego indesejado, ou, pior ainda, de ser demitido logo no início da carreira.

COMO DIZER "NÃO"

Uma canção clássica de Paul Simon descreve "*50 Ways To Leave Your Lover*" ["50 maneiras de deixar seu amante", em tradução livre]. Ainda que não listemos aqui todas as maneiras de dizer "não", pensamos que, provavelmente, há pelo menos cinquenta boas maneiras de dizê-lo.

Quando sugerimos que você fale "não", é claro que não estamos pedindo que diga apenas "não" e nada mais: "Você pode me ajudar com este programa para um cliente?" "Não." "Nós vamos ter uma reunião de equipe — você pode apresentar os dados do James?" "Não." "Nosso departamento irá realizar um piquenique no próximo mês. Você consegue ir?" "Não." Respostas contundentes e enigmáticas como essas nos farão lhe enviar um cartão pelo correio escrito: "Foi muito bom ter você na área da análise do comportamento, até você ser demitido do seu primeiro emprego."

Explique-se, Por Favor

Às vezes, para dizer "não", será bom *incluir uma explicação.* Por exemplo, quando alguém convida você para um evento social de trabalho, é possível se abster do convite de maneira educada. Esse "não" inclui uma explicação como: "Muito obrigado pelo convite, mas estarei fora da cidade este fim de semana." Ou "Muito obrigado por me convidar, mas tenho filhos pequenos, por isso gosto muito de ficar em casa aos fins de semana."

Se alguém pedir algo que você simplesmente não tem tempo para fazer, é perfeitamente aceitável deixar a pessoa saber que você está ocupado: "Eu adoraria dar treinamentos para sua equipe, mas estou totalmente comprometido com três projetos importantes pelos próximos meses."

Se você é bom naquilo que faz, as pessoas contarão com você como sendo alguém que consegue cumprir as tarefas. Então poderá receber pedidos para trabalhar em projetos que estão fora de seu conjunto de habilidades. Uma maneira de negar um pedido para serviços que você não foi treinado para fornecer é falar: "Obrigado, John, eu aprecio mesmo seu apoio, mas acho que não sou a melhor pessoa para liderar este projeto em particular. Eu realmente não tenho experiência de trabalho com adultos infratores."

Educando os Outros

Existem situações nas quais o "não" precisa vir acompanhado por algumas palavras que *educarão as pessoas*, como uma resposta para alguém da equipe de tratamento que fala: "Deveríamos utilizar cigarros e sorvete como reforçadores no programa comportamental do Bob, porque ele gosta muito disso." Um analista do comportamento deveria dizer: "Mesmo que o Bob goste muito de fumar e de comer 'besteiras', quando utilizados frequentemente esses itens entram na categoria de reforçadores prejudiciais, por isso não acho que seja uma boa ideia."

Uma versão de "não" muito mais forte é adequada em situações como a seguinte: "A equipe de revisão está vindo, e nós realmente não temos todos os dados necessários. Tenho certeza de que você geralmente consegue se lembrar como os clientes se comportaram nas últimas semanas. Você pode preencher estas fichas de dados para que não arrumemos problemas?" Esse "não" deve ser alto e claro. A função dele é alertar as pessoas de que *você não participará de conduta antiética ou inadequada:* "Não, eu não posso fazer isso. É antiético e, provavelmente, ilegal. Eu sigo as Diretrizes de Conduta Responsável da minha área de atuação."

Como membro da equipe de tratamento, haverá muitas situações em que você deverá dizer "não" para uma sala repleta de profissionais: "Com todo o respeito a Janice, acredito que não devemos seguir sua sugestão de que o foco principal do tratamento deveria ser estimulação sensorial. Não existem dados que apoiem essa abordagem como um meio de reduzir comportamentos mal-adaptativos. O primeiro passo lógico aqui seria conduzir uma análise funcional." Esse é o "não" que você utilizará para *advogar a favor do uso de procedimentos comportamentais* que têm base em evidências.

Que Tal Isto no Lugar Daquilo?

Quando você se encontra numa posição de ter que dizer "não", às vezes, uma boa estratégia é oferecer uma alternativa: "Eu não me encontro numa posição de assumir a consultoria de mais uma escola no momento, mas conheço um ótimo analista do comportamento que poderia ajudar você." Isso deixa claro que deseja ajudar, mesmo que não esteja apto a fornecer os serviços você mesmo. Se o problema for tempo e os compromissos atuais, você pode dizer: "Estou muito ocupado agora, não tenho como ajudá-lo com isso. Devo ter tempo no fim do mês — se puder me ligar nesse período, ficarei feliz em ajudá-lo."

É Difícil Dizer "Não"

Lembra das respostas que você recebeu quando era criança e pediu para fazer alguma coisa? "Podemos ir comprar sorvete?" "Talvez mais tarde." "Podemos ir ao lago nadar no sábado?" "Vamos ver." "Podemos ter um cachorro?" "Quando não estivermos tão ocupados." Todas essas respostas foram dadas por alguém que queria ser gentil, sem dizer "não". Você provavelmente ouvirá algumas dessas respostas nos cenários em que está prestando serviços comportamentais. Analistas do comportamento devem ter integridade. Tenha certeza de ser sempre honesto e direto quando disser "não".

PEÇA AQUILO QUE VOCÊ QUER

Outro aspecto importante da assertividade é *pedir aquilo que você quer*. Se não pedir, provavelmente não terá o que precisa ou o que deseja, porque quem está tomando as decisões não é capaz de ler sua mente e não sabe o que é importante para você. Pedidos como um dia de folga ocasional ou uma chance de frequentar uma conferência estadual ou nacional anual sobre comportamento podem ser concedidos, especialmente se você for altamente valorizado por suas ideias criativas e fizer o pedido com bastante antecedência.

COMO ESTOU ME SAINDO?

"Pedir feedback, no mínimo trimestralmente, é uma forma de assertividade que compensará ao longo do tempo."

Outra forma de assertividade é pedir feedback frequente sobre sua atuação. Ainda que pareça que você esteja buscando reforçadores ou procurando encrenca, o feedback regular pode ajudar a melhorar seu desempenho. Com frequência, é política da empresa que você receba uma revisão anual de desempenho. Como behavioristas, sabemos que receber feedback no fim de um ano por algo que você fez há onze meses é muito tardio para surtir qualquer efeito. Não seja insistente, mas pedir feedback, no mínimo trimestralmente, é uma forma de assertividade que compensará ao longo do tempo. Caso seu supervisor não deseje perder tempo escrevendo o feedback em forma de texto, você pode resumir sua reunião e enviar as anotações por e-mail para ele, para que haja documentos de registro. Ao pedir feedback regular, você poderá mostrar aos supervisores que tem bastante vontade de ser um excelente funcionário. Isso o colocará em uma boa posição quando precisar dizer um "não" ocasional para um pedido.

RESUMO

Assertividade é uma habilidade essencial para os analistas do comportamento que desejam se tornar defensores eficazes de seus clientes e serviços comportamentais. Para os profissionais que trabalham em todos os tipos de cenário comportamental, saber quando e como ser assertivo em relação aos clientes e a si próprios em reuniões é uma habilidade do dia a dia. Ser capaz de dizer "não" de maneira firme, porém gentil, pedir aquilo que você deseja e precisa, e solicitar feedback de rotina são habilidades de assertividade adicionais que levarão você ao sucesso.

O analista do comportamento que apresenta habilidades de assertividade bem desenvolvidas e adequadas será uma pessoa que pode fazer a diferença de verdade na equipe de tratamento e na vida do cliente.

PARA LEITURA ADICIONAL

DETZ, J. *It's not what you say, it's how you say it*. Nova York: St. Martin's Griffin, 2000.

MCQUAIN, J. *Power Language: Getting the most out of your words*. Nova York: Houghton Mifflin, 1996.

PACHTER, B.; MAGEE, S. *The power of positive confrontation*. Nova York: Marlowe, 2000.

3 Liderança

A função mais importante da liderança é a de criar um foco para o comportamento do grupo.

Aubrey Daniels

A literatura relacionada à liderança é enorme. Existem mais de mil livros recentes no mercado que tratam de liderança, e uma pesquisa na Amazon.com por livros contendo a palavra *liderança* no título mostra uma seleção surpreendente de mais de 266 mil livros.

Iniciando com os escritos do general militar chinês Sun Tzu (544–481 AC) e passando para publicações de 2008, como *Administração de Alto Impacto: Como os melhores gestores alcançam resultados extraordinários*, de Gottfredson e Schaubert, parece haver um consenso sobre o que constitui um bom líder.

A maioria dos livros afirma que bons líderes são inteligentes e motivados. Eles têm excelentes habilidades sociais e lideram pelo exemplo. As pessoas costumam afirmar que bons líderes são confiantes, não têm medo de correr riscos e sabem como superar obstáculos. Estabilidade emocional é outra característica frequentemente listada para bons líderes. Quando o andamento das coisas fica difícil e existe uma frustração enorme no local de trabalho, bons líderes estão sempre equilibrados. Eles inspiram confiança, têm integridade e empoderam as pessoas que estão a seu redor. Bons líderes têm visão, enxergam o "quadro geral" e sabem como conduzir um departamento ou uma organização.

Certamente, essas características gerais tornam a leitura extremamente interessante, mas os analistas do comportamento que desejam desenvolver habilidades de liderança sabem que, para ser eficaz, devem traduzir esses atributos para comportamentos observáveis. Conforme você for realizando consultorias de análise do comportamento, poderá adotar alguns comportamentos específicos que irão ajudá-lo a desenvolver e até assumir um papel de liderança.

"Para se preparar para ser líder na organização, você precisa observar os atuais líderes em ação."

COMPORTAMENTOS DE LIDERANÇA: COMO COMEÇAR

Aqueles que são escolhidos por uma administração para serem líderes, claramente têm a confiança das pessoas que estão atualmente na hierarquia de liderança. Se os gestores escolheram você, significa que deram uma boa olhada no seu repertório e acreditam que você apoia a organização, compreende a missão e tem os mesmos valores que eles. Para se preparar para ser líder na organização, você precisa observar os atuais líderes em ação e determinar se os seus valores combinam com os deles. Caso combinem, você deverá explorar maneiras de demonstrar que é, de fato, capaz de ser um líder.

Voluntariar-se para um projeto que precisa ser finalizado em um curto prazo é uma boa maneira de testar a si mesmo e ganhar um pouco de experiência. Como líder de um projeto, você conduzirá outras pessoas para completar tarefas dentro do prazo e de maneira coordenada. Esse tipo de atividade de sua parte sinaliza para a liderança presente que você deseja subir na organização. Experiências de liderança de curto prazo também fazem com que você aprenda a nivelar seus colegas e outros voluntários rapidamente, além de estabelecer como utilizar melhor suas habilidades. Todas essas qualidades caracterizam um bom líder.

Trabalhar em projetos voluntários também aperfeiçoará as habilidades necessárias para que você motive as pessoas. Pelo fato de que seus colegas não são seus subordinados (você não os supervisiona), você acaba enfrentando uma restrição a mais. Não poderá simplesmente lhes dizer o que devem fazer; em vez disso, aprimore suas habilidades de liderança por meio de controle antecedente e reforço positivo. Controle antecedente é o que a literatura sobre liderança chama de "visão", ou a habilidade de descrever uma tarefa ou projeto de modo que as pessoas possam "se envolver" nela, a fim de produzir um resultado desejado. Isso pode ser realizado utilizando termos sublimes, como no discurso de Martin Luther King Jr., "Eu Tenho um Sonho", mas os detalhes também devem ser expostos. Em nossa linguagem de análise do comportamento, você também precisará realizar a análise de tarefas. Ser capaz de descrever como, utilizando a análise de tarefas como guia, o objetivo será alcançado é claramente um elemento-chave para a liderança.

O controle antecedente adicional vem na forma de seu entusiasmo visível em relação ao projeto em questão; você não pode esperar que seus seguidores fiquem empolgados com um projeto se nem você está. E a empolgação que você demonstrar também serve de exemplo para o comportamento que você adotará conforme o projeto avançar, ou seja, ela mostra aos membros do grupo que você é alguém altamente propenso a ser generoso em aprovar e elogiar o trabalho deles.

"O modelo de 'coach como líder' sugere claramente uma pessoa com integridade, a qual está conduzindo uma equipe para obter um resultado de sucesso com uma visão, análise de tarefas, entusiasmo óbvio e quantidades generosas de reforço contingente."

Outra característica de líderes que é indispensável para o sucesso é a integridade, um comprometimento com um conjunto de valores que é inabalável na hora de enfrentar pressão de todos os lados. John Wooden realizou um trabalho como treinador na UCLA em dez campeonatos nacionais da National Collegiate Athletic Association durante doze anos, obtendo um destaque nunca antes alcançado na história do basquete. Quando perguntaram sobre seu sucesso, ele descreveu dois conjuntos de regras ensinadas por seu pai e seus irmãos que o guiaram durante sua carreira de quarenta anos como treinador de basquete universitário: "Nunca minta; nunca trapaceie; nunca roube. Não choramingue; não reclame; não invente desculpas." (Wooden e Jamison, 2005, p. 71).

Conforme você for trabalhando para se estabelecer como líder, precisará adotar um código de ética para guiá-lo em sua carreira de profissional de análise do comportamento. John Wooden foi um treinador de basquete que entrou para o Hall da Fama, um incrível sucesso durante quatro décadas na UCLA, e ele era claramente um líder. Talvez seja apropriado apontar que a palavra *coach* ["treinador", em inglês] é utilizada frequentemente como uma metáfora para um tipo de liderança que pode ser muito bem-sucedida em cenários nos quais os esforços acumulados de muitas pessoas precisam ser aproveitados para alcançar determinado resultado. Líderes *burocráticos* ou *autocráticos* operam dentro de um modelo antigo de "autoridade" que não é muito popular atualmente, mas o modelo "coach como líder" sugere claramente uma pessoa com integridade, a qual está conduzindo uma equipe para obter um resultado de sucesso com uma visão, análise de tarefas, entusiasmo óbvio e quantidades generosas de reforço contingente (Daniels e Daniels, 2005).[1]

LIDERANÇA VISÍVEL: PARTICIPANDO E CONDUZINDO UMA REUNIÃO

Para o consultor em análise do comportamento, uma das oportunidades mais frequentes para demonstrar habilidade de liderança estará nas inúmeras reuniões que acontecem em qualquer organização. Sendo um novo funcionário, você provavelmente será chamado para participar dessas reuniões nas quais poderá observar como funciona a organização e como a liderança se conduz. Inicialmente, não será exigido que você faça muita coisa, sendo adequado observar e tomar notas. Reuniões podem proporcionar uma oportunidade para que você pratique sua etiqueta empresarial (ver Capítulo 1), mostrar assertividade (ver Capítulo 2) e demonstrar suas habilidades de liderança recém-adquiridas.

Uma dica em relação a seu comportamento durante reuniões, é entender o protocolo de tempo. É recomendável que você sempre chegue um pouco mais cedo; dez minutos está bom para um novo funcionário. Sabendo disso, você provavelmente será a primeira pessoa dentro da sala e poderá escolher um lugar para se sentar. É ideal escolher um lugar onde poderá fazer contato visual com o responsável pela sessão, mas não muito perto, para não parecer que está "puxando o saco". Você poderá praticar suas habilidades sociais ao cumprimentar as pessoas que vão chegando. Se não as conhece, apresente-se; elas apreciarão o gesto e isso deixará outros novatos à vontade. Por exemplo, fale: "Me chamo Jim Harper, sou o novo analista do comportamento. Trabalho para a Jane no projeto educacional que ela está lançando." É adequado oferecer cartões de visita às pessoas nesse momento. Se elas também tiverem cartões, você poderá pegar um de cada pessoa. No caso das que não tiverem, certifique-se de anotar informações sobre elas (nome, local de trabalho, título profissional, o que fazem).

---

1 Em seu livro *Measure of a Leader* (2005, p. 185–190), os autores listaram "50 coisas que você pode fazer para aumentar o impacto de sua liderança". [N. do A.]

Quando o responsável pela reunião chegar, sente-se no lugar que escolheu e observe o que acontece conforme ele dá início à reunião. Procure boas habilidades de liderança. As pessoas param imediatamente de conversar e começam a prestar atenção? A equipe precisa fazer "shhh" para que a sala fique em silêncio? Existe um cronograma? (O ideal seria que ele fosse compartilhado via e-mail 24 horas antes). Observe se o responsável estabelece um limite de tempo para a reunião (um bom sinal). Muitas empresas querem um registro do que aconteceu, e um bom responsável atribuirá alguém para verificar o tempo da reunião.

Pode ser difícil lidar com pessoas em reuniões. Elas desviam do foco, falam demais, são vagas em suas ofertas ou sugestões, não se manifestam e começam a brigar entre si. A responsabilidade por manejar tudo isso cai nas costas do responsável. Como novo funcionário, você pode perceber quais pessoas apresentam determinados problemas. Bons líderes são diretos em relação aos objetivos no que diz respeito aos resultados e aos comportamentos em reuniões: "Tenho cinco tópicos para discutirmos hoje e quero sair daqui dentro de uma hora, então, por favor, permaneçam focados e me ajudem a conduzir esta reunião. Nosso primeiro tópico é..." Algumas grandes empresas, de ritmo acelerado, como o Google, projetam a imagem de um grande relógio em uma tela que mostra uma contagem regressiva do tempo estipulado a fim de manter todos focados.

INTRODUÇÃO À LIDERANÇA: PRIMEIROS PASSOS

Supondo que você queira passar para uma posição de liderança em algum momento, aprender a participar de maneira eficaz de uma reunião é o primeiro passo que você deve dar. Além de chegar dez minutos mais cedo e apresentar-se para todos, é desejável tomar notas e procurar oportunidades de participar de alguma maneira. Um bom jeito de começar é voluntariar-se para realizar uma pequena tarefa na qual você mostra habilidades relevantes. Isso chamará a atenção da liderança para você e irá colocá-lo em contato com seus colegas. Você parecerá estar a bordo da organização e solidário em sua abordagem — duas boas qualidades para um funcionário novo. Não assuma uma tarefa que não é capaz de completar; isso não será bom, além de não causar boa impressão para sua mudança de cargo dentro da organização.

Além do voluntariado, o próximo comportamento mais importante tem a ver com o uso da reunião como oportunidade de reforçar seus colegas por suas ideias, sugestões e contribuições. Se deseja que as pessoas entrem em contato com você no futuro, comece dando reforçadores. Tome cuidado para que seu elogio não seja visto como gratuito, falso ou imaturo. Seja sutil; às vezes, apenas um aceno de cabeça no momento certo é o suficiente para fazer com que seus colegas saibam que você aprecia a contribuição deles. Se o cronograma incluir tópicos pelos quais você é responsável, certifique-se de ter realizado sua tarefa de casa e esteja preparado. Procure a melhor maneira de fazer seus apontamentos, e tenha certeza de agradecer a todas as pessoas que ajudaram você.

"Se deseja que as pessoas entrem em contato com você no futuro, comece dando reforçadores. Tome cuidado para que seu elogio não seja visto como gratuito, falso ou imaturo."

Se parecer que você tem quinze minutos de sobra no cronograma, planeje sua apresentação para que seja encerrada em dez minutos, com tempo de sobra para as perguntas. *Não ultrapasse seu tempo!* No fim da reunião, discuta brevemente com as pessoas com quem você trabalhará no projeto em que se voluntariou. Você pode agendar uma data para se reunirem e, se adequado, conversar sobre tarefas iniciais.

Enquanto o responsável sai da sala, tente fazer contato elogiando algum aspecto da reunião. Pouquíssimas pessoas fazem isso, e você será notado pela sua assertividade e a apreciação que demostrou pelo difícil trabalho de administrar uma organização.

AGORA É A SUA VEZ: LIDERANDO UMA REUNIÃO

Em algum momento, seja no processo de ser notado pela organização, ou por seus esforços como voluntário, você estará liderando uma reunião. Agora é sua chance de realmente demonstrar suas capacidades de liderança e colocar suas habilidades em prática. Você precisa ser um líder que envia o cronograma com 24 horas de antecedência. Na hora de criá-lo, é importante que leve em consideração cada tópico com cuidado e anote no memorando ou no início da reunião a quantidade de tempo que deve ser distribuída para cada item. *Não* coloque muita coisa para não ultrapassar o tempo. Isso frustrará a todos e fará com que você pareça incapaz.

O QUE VOCÊ ACHA? FAZENDO COM QUE AS PESSOAS PARTICIPEM

Bons líderes são capazes de motivar as pessoas para que contribuam com suas ideias e seus esforços para cumprir metas em comum dentro da organização. Um bom analista do comportamento pode enxergar isso como sendo um exercício de modelagem (ver Capítulo 14). Ter certeza de reforçar as pessoas por oferecerem sugestões e fazerem comentários construtivos movimentará o cronograma. Líderes que não são treinados em análise do comportamento não fazem ideia do valor dos elogios e aprovação social para encorajar a criação de mais e melhores ideias, por isso podem se frustrar facilmente. Falar coisas como "O que tem de errado aqui? Algum de vocês tem alguma sugestão de como podemos reverter essa lacuna?" não é propenso a gerar boas soluções. Outra estratégia que líderes sem treinamento em análise do comportamento usam é punir boas ideias ao fazer com que a pessoa que deu a sugestão leve-a adiante. Dizer "Boa ideia, Jane. Por que você não entra em contato com o pessoal da Initech para ver se eles estão dispostos a patrocinar esse evento junto com a gente?" *reduzirá* a probabilidade de ela participar futuramente.

"A área da análise do comportamento está crescendo tão depressa que muitos analistas do comportamento recém pós-graduados estão pulando degraus na escada da carreira de terapeutas para terapeutas líderes, para diretores de programas enquanto o discurso de formatura ainda está fresco em suas memórias."

VOCÊ NÃO PODE FAZER TUDO: A IMPORTÂNCIA DE DELEGAR

Aprender a delegar tarefas para outras pessoas é outra habilidade-chave que os bons líderes possuem. Para serem eficazes, bons líderes devem nivelar sua posição ao engajar associados como parceiros na empresa, essencialmente guiando-os para assumirem suas próprias responsabilidades de liderança. Aprender a deixar claro quais são as vantagens de se trabalhar em determinado projeto, junto com construir um histórico de reconhecer publicamente as pessoas que assumiram responsabilidades adicionais, cria o cenário ideal para que funcionários e colegas de trabalho possam se voluntariar ativamente quando necessário.

LIDERANÇA NO LOCAL DE TRABALHO

Pelo fato de nosso público-alvo leitor incluir muitos analistas do comportamento que estão ingressando na carreira, neste capítulo focamos em *habilidades de liderança em reuniões*, porque esse tipo de liderança pode ser praticado nessas ocasiões primeiro. No entanto, a área da análise do comportamento está crescendo tão depressa que muitos analistas do comportamento recém pós-graduados estão pulando degraus na escada da carreira de terapeutas para terapeutas líderes, para diretores de programas, enquanto o discurso de formatura ainda está fresco em suas memórias. Outras regras de liderança para analistas do comportamento incluem trabalhar com famílias, professores e assistentes, paraprofissionais e profissionais não comportamentais. Habilidades de liderança também serão necessárias ao lidar com comitês, como comitês de direitos humanos ou de revisão de programas comportamentais. Analistas do comportamento que apreciam a ideia de trabalhar sozinhos podem optar por abrir sua própria empresa, e precisarão de uma liderança visionária para encontrar um nicho no mercado, encontrar os recursos necessários, contratar as pessoas certas e direcionar as atividades de consultoria da empresa.

Caso um analista do comportamento se torne bem-sucedido como consultor, deve estar preparado para assumir um papel de liderança em várias situações dentro de um curto período. Isso pode incluir ser contratado para preencher um cargo recém-aberto de líder de equipe ou abrir uma filial da empresa em um novo mercado em uma cidade maior.

LIDERANÇA INVISÍVEL

A característica mais difícil de se medir que os líderes devem apresentar é a habilidade de conceber novas ideias criativas que atrairão seus colegas para mover a empresa em uma nova direção. Todas as habilidades comportamentais, tais como grandes habilidades de modelagem e reforçamento de participação e envolvimento, não levarão você a lugar nenhum se a visão for mundana ou falha. Em sua preparação para as responsabilidades de liderança, ao lado de sua prática para reuniões de comitê, será útil aumentar muito seu acesso ao mundo das ideias em áreas talvez não relacionadas. Ler alguns jornais nacionais, como [nos EUA] o *New York Times* e o *USA Today*, todos os dias, bem como revistas semanais norte-americanas que mostram um panorama geral, como *BusinessWeek, Time* ou *Newsweek*, ajudarão a trazer a perspectiva que você precisa para pensar fora da caixa (para saber mais sobre isso, veja o Capítulo 25, "Curiosidade Agressiva"). A habilidade de pensar de forma criativa e ampla é uma característica de todos os líderes, e você pode se ensinar a ser um pensador mais criativo (consulte de Bono, 2008).

RESUMO

Líderes são inteligentes, confiantes e entusiasmados. Eles masterizaram habilidades de liderança críticas e práticas, incluindo conduzir uma reunião eficaz, delegar tarefas e prover feedback para as pessoas, utilizar excelentes habilidades sociais e motivar as pessoas a participarem de conversações e projetos. O desenvolvimento de habilidades de liderança pode começar com pequenos passos, como se voluntariar para liderar um projeto com algumas outras pessoas. Com o passar do tempo, ao praticarem comportamentos de liderança e ao continuarem a aprender sobre o mundo fora da área comportamental, os líderes desenvolvem a visão e a capacidade de pensamentos criativos e abrangentes.

PARA LEITURA ADICIONAL

DANIELS, A. C.; DANIELS, J. E. *Measure of a leader*: An actionable formula for legendary leadership. Atlanta, GA: Performance Management 2005.

DE BONO, E. *Creativity workout*: 62 exercises to unlock your most creative ideas. Berkeley, CA: Ulysses Press, 2008.

GOTTFREDSON, M.; SCHAUBERT, S. *The breakthrough imperative*: How the best managers get outstanding results. Nova York: HarperCollins, 2008.

WOODE, J.; JAMISON, S. *Wooden on leadership*. Nova York: McGraw-Hill, 2005.

4

Networking[1]

Ron era um analista do comportamento bem treinado, que se mudou para uma cidade grande em um estado do outro lado do país. Seu objetivo era trabalhar por conta e desenvolver sua própria lista de clientes. E, por fim, ele gostaria de contratar outros consultores para trabalharem para ele.

Um ano depois que ele se mudou, nós o vimos em uma conferência e ficamos maravilhados em ver como as coisas estavam indo bem para ele. Perguntamos ao Ron qual era o segredo. Ele respondeu, sorrindo:

> *Duas coisas. Primeira, eu sou um bom analista do comportamento, e segunda, networking... Networking é o que tive que fazer para ser bem-sucedido por conta própria. Eu me associei à Câmara de Comércio. Também vou todos os meses à reunião de nossa associação local de análise do comportamento e frequento eventos onde posso encontrar profissionais de escolas, grupos de pais e agências estatais. Tenho trabalhado muito nisso, e muitas pessoas me conhecem agora.*

Conforme nossa cultura se adapta à rapidez dos tempos atuais, em muitas áreas, incluindo a análise do comportamento, o networking é essencial para o sucesso profissional. Se você, hoje, trabalha como analista do comportamento, há uma grande chance de já estar realizando networking com seus colegas, mesmo não percebendo.

Para algumas pessoas, em especial indivíduos que tendem a ser sociáveis, o networking é sua segunda natureza. Se você for alguém que gosta de conhecer pessoas novas, conversar com elas e descobrir o que fazem, você faz networking naturalmente.

"Conforme nossa cultura se adapta à rapidez dos tempos atuais... o networking é essencial para o sucesso profissional."

Nem todos têm boas habilidades de interação social. Você deve ter notado que algumas pessoas, no trabalho, são tímidas ao se apresentarem. Incertas sobre o que falar ou fazer, parecem ter medo de cometer um erro e passar vergonha. Essas tendências

1 Em sentido estrito, ou seja, uma rede de relacionamento social virtual entre profissionais de uma mesma área. [N. da R.]

podem ser problemáticas para os analistas do comportamento, de quem se espera que trabalhem bem com famílias, outros analistas e profissionais de diferentes instituições. Um analista do comportamento tímido deve trabalhar para superar sua timidez em um grupo de pessoas pequeno e familiar o mais rápido possível e, depois, avançar para desenvolver um conjunto sólido de habilidades de networking.

AFINAL, O QUE É NETWORKING?

Basicamente, networking é um método sistemático para conhecer pessoas, descobrir informações sobre elas e manter contato. Haverá momentos em que você será capaz de fornecer assistência (na forma de consultorias, serviços, sugestões de recursos etc.) para alguém com quem você fez networking e haverá momentos em que as pessoas poderão ajudá-lo. A parte sistemática do networking envolve ter um plano organizado para encontrar oportunidades de fazer networking e procurar pessoas que você acha que podem ajudá-lo em algum momento no futuro.

"A parte sistemática do networking envolve ter um plano organizado para encontrar oportunidades de fazer networking e procurar pessoas que você acha que podem ajudá-lo em algum momento no futuro."

As companhias telefônicas entendem o conceito de networking para famílias e amigos. Você já viu os anúncios sobre adicionar alguém a seu "círculo de amigos" e em seus "contatos favoritos". Há muito o que aprender sobre networking e há muitas habilidades novas para adquirir se você deseja ser bem-sucedido.

COMO O NETWORKING PODE BENEFICIAR VOCÊ

Vamos começar com suposições. Vamos supor que você é um analista do comportamento recém-treinado, talvez começando em seu primeiro emprego em uma cidade nova. Existe uma boa chance de que você tenha conseguido seu emprego através de networking — você conhecia alguém que conhecia alguém que estava procurando um analista do comportamento e essa pessoa lhe passou a informação. Você fez contato, se candidatou, foi entrevistado e conseguiu o cargo.

Estima-se que aproximadamente 60% dos empregos são gerados com o networking, para você ver como ele é importante. Aqui vai outro exemplo de plano de networking organizado. Suponhamos que você seja um estudante de pós-graduação fazendo um curso de ética e problemas profissionais e esteja interessado em adquirir as habilidades necessárias para se tornar um consultor de sucesso. Conforme você se aproxima do final do curso, irá querer conhecer várias pessoas que podem ajudar a espalhar que você está procurando um emprego e é muito talentoso, esforçado e confiável. Para ser eficaz na criação do seu network, primeiro você deve ter essas qualidades, deve impressionar algumas pessoas importantes e precisa começar a construir seu network de pessoas que falariam seu nome caso soubessem de uma vaga. Desejará frequentar conferências para que saibam que você é um analista do comportamento bem treinado à procura de traba-

"Para o networking ter algum poder, é necessário existir confiança e integridade de ambos os lados."

lho e, é claro, enviará cartas e e-mails e fará ligações telefônicas para todos que estão dentro de seu círculo de networking.

O networking é impulsionado pela mágica das *referências* de um conhecido que está disposto a atestar por você e, é claro, você deve estar disposto a fazer o mesmo. Para o networking ter algum poder, é necessário existir confiança e integridade de ambos os lados. Durante uma recente conferência da Association for Behavior Analysis International em Chicago, o primeiro autor encontrou um ex-estudante para um café da manhã. Em poucos anos, o aluno se tornou consultor sênior de uma grande empresa de consultoria. Como membro confiável e respeitado da organização, ele agora estava em uma posição na qual poderia fazer sugestões sobre quem a organização contrataria para uma nova vaga. Em algum momento perto da segunda xícara de café, um dos alunos atuais do primeiro autor deste livro entrou na sala. O aluno foi apresentado, foram trocados cumprimentos e, então, ele foi até sua própria mesa. Uma breve oportunidade de networking tinha aparecido e o primeiro autor deste livro aproveitou-a: "Ele é um de meus melhores alunos, muito brilhante, muito confiável, muito trabalhador e mostra iniciativa. Eu o recomendaria daqui a um ano como um grande consultor em potencial." Esse tipo de comentário dentro do network pode resultar em alguém ganhando o emprego dos sonhos, no entanto, só é eficaz se a pessoa recomendada tiver uma performance como esperada. Se você cometer algum erro e recomendar alguém que não cumpriu as expectativas, sua credibilidade irá por água abaixo.

DOIS TIPOS DE NETWORKING PARA ANALISTAS DO COMPORTAMENTO

Os analistas do comportamento devem estar preparados para se engajar em dois tipos de networking. O primeiro será com pessoas não comportamentais; o segundo, com profissionais de análise do comportamento.

Networking Com Pessoas Não Comportamentais

Frequentemente, as pessoas não comportamentais com as quais os analistas farão networking serão outros tipos de prestadores de serviços, donos de empresas ou clientes em potencial. Clientes podem ser indivíduos, instituições ou organizações.

Quando realizar networking com pessoas não-comportamentais, você precisará desenvolver um "discurso de elevador" especial, que não seja técnico e voltado para pessoas leigas. Um discurso de elevador é aquele que você consegue dar do início ao fim se tiver que transmitir sua mensagem no tempo usado para subir vários andares em um elevador. Basicamente, você precisa ser capaz de explicar em noventa segundos ou menos o que é análise do comportamento, o que você faz e que serviços sua empresa oferece. Evite utilizar termos técnicos, e tente inserir ao menos uma narrativa pessoal memorável que capture o cerne daquilo que você faz. Ainda mais importante, você precisa utilizar suas habilidades de escuta e reforço para descobrir alguma coisa do novo contato, algo que vocês têm em comum, alguma coisa sobre o trabalho que a pessoa faz, a qual organização ela pertence, e assim por diante.

"Você precisa ser capaz de explicar em noventa segundos ou menos o que é análise do comportamento, o que você faz e que serviços sua empresa oferece."

Networking Com Outros Analistas do Comportamento

O segundo tipo de networking é com outros analistas. São colegas em sua organização ou em organizações similares dentro de sua área geográfica. Pelo fato de eles já saberem o que é análise do comportamento, sua meta é que eles o conheçam e vice-versa, afim de conseguir criar uma rede forte de pessoas que possam apoiá-lo. O tipo de apoio vindo do network de analistas pode variar desde ajudá-lo a pensar em um caso em que está tendo dificuldades, a conduzir uma situação delicada com alguém do trabalho e, até, lhe dar uma força para conseguir um novo emprego.

Você pode decidir que precisa focar em adicionar algumas pessoas novas em sua rede de contatos. Na análise do comportamento, temos oportunidades de networking em nossas associações locais, estaduais e nacionais. Por exemplo, na Flórida, existem cinco filiais locais da associação estadual que engloba, em tamanho, de quinze a cinquenta membros. Essas filiais, geralmente, se reúnem mensalmente em um ambiente casual em que um palestrante faz uma apresentação seguida por uma oportunidade deliberada de networking. Em eventos como filiais locais de análise do comportamento, sair imediatamente após ouvir a palestra é um grande erro. Esse é um momento social em que você pode praticar suas habilidades de networking e adicionar novas pessoas em sua própria rede de amigos.

A reunião anual da Association for Behavior Analysis da Flórida (realizada anualmente em setembro) reúne cerca de mil membros de toda Flórida e outros estados. Palestrantes de todas as partes dos Estados Unidos são convidados para que os analistas do comportamento possam expandir suas redes, desde aqueles que trabalham na Flórida Central até novos amigos de Michigan, Carolina do Sul, Geórgia, Louisiana, Califórnia e Oregon.

Outros lugares como Califórnia, Nova York e Texas têm associações estaduais similares. Em nível nacional, aquela associação realiza encontros anuais perto do fim de semana do Memorial Day. A participação nessa conferência é de aproximadamente 5 mil analistas do comportamento dos Estados Unidos e de muitos outros países. Descrever uma grande conferência internacional como uma *fantástica oportunidade de networking* não é exagero.

COMPORTAMENTOS DE NETWORKING

"Ponha um sorriso no rosto, respire fundo algumas vezes, fique com a coluna ereta, coloque os ombros para trás e entre na sala, mostrando confiança e uma atitude casual e relaxada."

Aparência

Se o objetivo é causar uma impressão positiva em alguém, você precisa começar por sua aparência. Todas essas dicas do Capítulo 1 sobre etiqueta empresarial se aplicam aqui. Em qualquer oportunidade de networking, você deve estar bem-arrumado e vestido adequadamente para a ocasião (casual para o Behavioral Bash na conferência da Association for Behavior Analysis International, business casual para uma reunião de boas-vindas, formal para o jantar de uma empresa em um restaurante elegante).

Atitude

Se você for novo em análise do comportamento e uma dessas pessoas que não faz networking naturalmente, a animação e antecipação do networking podem lembrá-lo de quando você tinha 6 anos e estava se arrumando para uma festa de aniversário. Você não sabe o que vem pela frente, mas sabe que será legal. Ponha um sorriso no rosto, respire fundo algumas vezes, fique com a coluna ereta, coloque os ombros para trás e entre na sala, mostrando confiança e uma atitude casual e relaxada. Uma vez na sala, pare um minuto para observar a reunião. Como quebra-gelo, você pode começar conversando com alguém que já conhece. Depois, faça um esforço para se movimentar pela sala e apresente-se para algumas pessoas novas.

Equipamento

Você não precisa de muito equipamento para ser bem-sucedido no networking, mas precisará de cartões de visita dentro de um porta-cartões elegante, uma caneta e um bloco de notas pequeno ou alguns cartões 3x5.

A maioria dos eventos de networking fornecerá etiquetas com o nome de cada pessoa. Você deve ter notado que as pessoas tendem a colocar sua etiqueta no lado esquerdo do peito, como se desejassem colocar seu nome logo acima do coração. Para propósitos de networking, nós precisamos lançar uma nova tendência. *Coloque sua etiqueta no lado direito do peito* porque é o lugar mais lógico e que será facilmente visto quando você for dar apertos de mão nas pessoas.

Networking é um negócio sério, você não está na sala simplesmente para sorrir, conhecer pessoas e fazer com que elas se sintam bem. Uma meta maior é encontrar algumas que nunca viu antes e que podem fazer parte de sua rede. Devem ser pessoas com quem você tem algo em comum e com quem poderá entrar em contato nos próximos dias. Pegue os cartões de visita delas e, se possível, algumas informações adicionais para poder manter contato. Pedir um cartão de visita para alguém é considerado parte da etiqueta empresarial. Se você nunca fez isso antes, parece ser vergonhoso, mas tenha certeza de que é uma prática comum. Você não precisa pedir um cartão de visita para todos, somente para as pessoas com quem gostaria de manter contato depois.

Durante uma oportunidade de networking, se você prometer para uma pessoa que enviará um artigo via e-mail, tenha certeza de anotar isso em sua lista de afazeres. Entrar em contato é a primeira maneira de provar para a pessoa que você é confiável e responsável. Muitos são tão precários nisso que parece que a pessoa ficará surpresa se você se lembrar do que prometeu.

Especificações do Networking Comportamental

À medida que você se aproxima de alguém, coloque um sorriso amigável no rosto, os ombros para trás, posicione sua mão para um aperto de mãos e apresente-se. Depois, faça uma pergunta não controversa e aberta que fará com que a conversa seja iniciada: "Este é um grande evento, como você ficou sabendo dele?" "Em que você trabalha?" "Esta conferência é maravilhosa. Você assistiu a alguma palestra boa hoje?" "Adorei sua gravata. Estou procurando uma assim para meu marido." A velha regra de se manter longe de política e religião é uma boa ideia que pode evitar que você ofenda alguém. Assim que conseguir identificar a pessoa com quem deseja conversar, você pode reforçar e demonstrar suas grandes habilidades de escuta. Deve ser sincero, natural, e não forçado. Se você for um analista do comportamento, esperamos que goste de pessoas e gostará de verdade de ouvir um novo amigo se abrir e falar sobre hobbies, uma viagem recente ou uma área de interesse particular dentro da análise do comportamento.

É importante ser um bom ouvinte, mas você não irá querer que a interação termine com você sendo tão bom ouvinte que acabou não dizendo uma palavra sequer. Quando for o momento certo, espere uma abertura para falar algo sobre o que você faz. Lembre-se de que está procurando algumas coisas em comum, algo que ligará essa pessoa a você ou a alguém que conhece. Você pode não estar procurando emprego, mas um amigo ou conhecido podem estar, por isso, é possível iniciar seu networking ajudando alguém.

Duas regras ajudarão a guiar suas atividades para qualquer evento: seja curioso e seja um conector.

Seja Curioso Não tenha medo de fazer perguntas sobre o que as pessoas fazem e seus hobbies, viagem, filhos ou cães. Se parecer que eles estão mudando de assunto ou escolhendo não se estender em um assunto em particular, você precisa *reparar nas pistas subjetivas e responder adequadamente*. Por exemplo, muitas pessoas gostam de falar de suas famílias. No entanto, haverá situações em que existe disfunção em uma família, e sua nova amiga não desejará contar para você que os filhos dela têm dificuldades, sua mãe só reclama da vida e seu marido a traiu com a secretária.

Seja um Conector Como um bom networker, você deveria tentar juntar as pessoas sempre que puder. Se for bem-sucedido, ambas as partes ficarão gratas e retribuirão o favor algum dia.

Durante sua conversa, se achar que a pessoa com quem está conversando deveria conhecer mais alguém em comum, ofereça fazer a apresentação. Diga: "Há alguém que eu gostaria que você conhecesse." Leve a pessoa até seu amigo. Faça uma boa apresentação para cada um: "Sarah, esta é Charlotte. Ela é a nova diretora de RH da Bright Kids." O objetivo é realizar uma impressão amigável, encontrar uma conexão para você e para outra pessoa, pegar cartões de visita e partir para a próxima. Você não deve monopolizar o tempo da pessoa que acabou de conhecer, porque há muito mais pessoas para conhecer, e elas também. Para encerrar a conversa, seja tão educado quanto foi no início e lembre-se de que as impressões finais também contam. Para finalizar uma interação, você pode dizer: "Eu realmente adorei conhecer você. Aproveite a conferência." Idealmente, você será capaz de incluir mais alguém na conversa para não ter que deixar a pessoa completamente sozinha.

Sequência do Networking

Este aspecto do networking não é discutido com muita frequência, mas aqui é onde se encontra a recompensa do networking. Após o evento (ex.: hora social, momento informal para conversar após uma reunião), mais tarde na mesma noite ou cedo na manhã seguinte, reveja os cartões de visita que você acumulou e as anotações que fez. Conforme os folheia, relembre das conversas e decida se existe uma conexão válida em potencial, tanto para você quanto para a outra pessoa. Caso tenha prometido enviar um link de um site para uma pessoa, ou um artigo para ela ler, definitivamente cumpra sua promessa.

Em alguns casos, é preferível entrar em contato por telefone, ou então, um e-mail pode servir. Para uma conexão que parece promissora, um e-mail sugerindo um almoço para se reunirem seria adequado. Assegure-se de lembrar a pessoa de onde vocês se conheceram e do que você pensa sobre a conexão: "Nós nos conhecemos na Association for Behavior Analysis de Bay Area na terça-feira à noite e espero que possamos continuar nossa conversa sobre..."

Networking Virtual

Talvez a forma mais intrigante de networking seja a virtual. É aí que você conhece alguém online, em uma sala de bate-papo ou de um blog e, em seguida, mantém contato via mensagem de texto ou iChat (sistema de vídeo online Apple Inc.)[2] Se você utiliza o Google, pode customizar sua página inicial para que ela pesquise palavras-chave de blogs nos quais você pode ter interesse. Se der sorte, poderá manter contato com a pessoa e iniciar uma conversa que pode levar a algum lugar.

Networking Intencional do Jeito Moderno

A maior parte dos networkings que descrevemos é o do tipo ao acaso, como na situação na qual você vai para um evento onde espera encontrar alguém que possa ser uma grande conexão. O networking é incerto, e você deve frequentar de quatro a cinco reuniões ou conferências antes de encontrar uma boa combinação com alguém que apresenta interesses em comum. Outra opção é a internet, e esse método é muito mais propenso a produzir alguns contatos. São sites no estilo do Facebook, porém profissionais (opostamente ao social), nos quais as pessoas se inscrevem especificamente para fazerem networking com gente de pensamento parecido com o delas. O LinkedIn é um exemplo (www.linkedin.com). O Facebook é o site original de networking e também fornece grupos de negócios e profissionais. Você pode criar uma rede para sua organização entrando em www.ning.com [conteúdo em inglês], em que você pode customizar uma página para atender suas necessidades e convidar seus colegas ou qualquer pessoa com interesses similares para se inscrever. Novamente, estamos falando de interesses profissionais, como interação com outros analistas do comportamento que trabalham com crianças com autismo em idade pré-escolar. Existem muitos sites feitos com o propósito de ajudar a encontrar o amor de sua vida, e esta seção é sobre networking relacionado à sua carreira.

Recompensa

O objetivo do networking é encontrar pessoas com interesses em comum que podem dar suporte uma à outra. Se você conseguir fazer isso, será procurado por outros, e suas conexões farão a diferença na vida das pessoas. Aqui vai um exemplo. O primeiro autor deste livro leu um artigo no jornal local a respeito de uma pesquisa sobre comportamento humano sendo conduzida no aeroporto. Ele usou o Google e outros sites para rastrear a empresa e a pessoa nomeada no artigo. Depois, entrou em contato com o pesquisador principal (networking

"O objetivo do networking é encontrar pessoas com interesses em comum que podem dar suporte uma à outra."

2 Visite www.apple.com/macosx/features/ichat.html para mais informações. [N. do A.]

virtual). Foi agendada uma entrevista para uma reunião presencial e realizada uma conexão pessoal. Isso resultou em uma oferta para auxiliar nos esforços de pesquisa. O autor tinha um aluno de mestrado que precisava de um tópico para dissertação e o estudante acabou se envolvendo no projeto. Mais reuniões foram realizadas para selar o acordo. Muitos meses escrevendo propostas e recebendo aprovações do Institutional Review Board (IRB) seguidos por muito mais meses e centenas de horas desgastantes de observações diretas, incluindo um turno noturno para coleta de dados que terminou às 2h. Assim que a pesquisa começou a render resultados de observações diretas, o networking com outras pessoas da área foi iniciado. Isso resultou em um contato com uma grande empresa de consultoria de Washington, D.C., que conduziu uma pesquisa de alta segurança sobre comportamento humano patrocinada em nível federal. O diretor daquela empresa era um colega de muitos anos do primeiro autor deste livro (resultado de networking tardio). O colega de anos atrás foi convidado a dar uma palestra para a universidade, na qual uma conexão direta com o estudante de mestrado aconteceu (excelente networking presencial). Um ano depois, com o estudante defendendo sua dissertação, a empresa de consultoria tinha uma oferta de emprego para o novo PhD. Networking de todos os tipos, desde palestras a enviar e-mails e fazer ligações telefônicas até realizar visitas pessoalmente, valem muito a pena na hora de criar oportunidades fantásticas de pesquisa e a chance imperdível de um emprego.

Ética de Networking

Infelizmente, algumas pessoas neste mundo são aproveitadoras. Elas irão se engajar em networking em cenários profissionais para tentar ganhar acesso a seus próprios reforçadores, como refeições grátis, vinho ou ingressos para eventos esportivos ou culturais. Esse não é o propósito do networking profissional, e deve ser evitado.

RESUMO

Nós podemos usar o networking para conhecer novos colegas, avançar na carreira, ganhar recursos e serviços para clientes, apresentar pessoas não comportamentais para nossa área (lembre-se de ter um discurso de elevador pronto) e promover uma organização. Networking é a habilidade que nos auxilia a nos tornarmos parte da comunidade comportamental.

PARA LEITURA ADICIONAL

DARLING, D. C. *The networking survival guide*: Get the success you want by tapping into the people you know. Nova York: McGraw-Hill, 2003.

5

Relações Públicas

Comportamento robótico, falta de emoção e inabilidade para usar habilidades treinadas fora da escola são algumas das críticas atribuídas à ABA (Análise do Comportamento Aplicada). Um menino que aprendeu a jogar jogos da Nintendo em um site especializado, por exemplo, em casa regride para só conseguir ligar e desligar o jogo...

CTC [Celebre as Crianças, em tradução livre] enfatiza a expressão do pensamento emotivo e espontâneo. Em vez de trabalhar em uma habilidade altamente específica, atividades DIR (Diferença Individual de Desenvolvimento) tendem a incluir interações sociais complexas que constroem muitas habilidades de uma vez.

Claudia Wallis

Relações Públicas — os meios pelos quais manejamos o fluxo de informações positivas — e análise do comportamento são praticamente dois estranhos. Como área de atuação, fizemos um trabalho absolutamente terrível de levar nossa história ao público. As frases acima são de um artigo de 2006 na revista *Time* e mostram resultados devastadores. Não há questionamentos, a *Time* é uma das revistas estadunidenses de notícias mais conhecidas. Além de seu total de mais de 4 milhões de leitores por semana nos Estados Unidos, a *Time* tem uma audiência global.

Mesmo que um programa comportamental possa ser excelente, quando uma publicação de notícias com a estatura da *Time* afirma que a impressão que os analistas do comportamento causam em nosso público-alvo é de que somos frios, sem emoção e nossos métodos analítico/comportamentais produzem robôs, alguma coisa está muito errada.

Fazer com que a comunidade saiba o que estamos fazendo, é claro, tem importância vital para o avanço de nossa profissão. Precisamos de ampla aceitação do público se vamos causar um grande impacto na cultura. A próxima geração de analistas deve estar preparada para aceitar o desafio de aumentar nossa exposição à mídia. Todos os dias, surgem histórias nos jornais e revistas, na televisão e na internet sobre outras abordagens para o comportamento humano que não são sequer minimamente baseadas em coletas de dados e, com frequên-

> **"Precisamos de ampla aceitação do público se vamos causar um grande impacto na cultura."**

cia, somos menosprezados ou mal representados por nossos competidores. Isso é, com certeza, prejudicial. A percepção do público acerca da análise do comportamento é criticamente importante, porque a maior parte das pessoas aprende sobre nós por meio da mídia em vez de periódicos, livros ou cursos universitários. Um único artigo como esse na edição de maio de 2006 da revista *Time* pode alcançar mais de 4 milhões de leitores, resultando em 4 milhões de pessoas que agora podem ter uma concepção completamente errada de nossa área de atuação e sobre o que podemos oferecer. É hora de nos defendermos, mas só poderemos fazer isso se compreendermos nossa meta de relações públicas e se tivermos um plano para nos dirigir aos cidadãos.

Muitos programas de pós-graduação não preparam os estudantes para exposição à mídia nem explicam como funciona o processo das relações públicas modernas. Historicamente, repórteres e jornalistas mantiveram seus olhos bem abertos e procuraram por acontecimentos interessantes em suas comunidades, pesquisaram histórias, monitoraram fontes e conduziram entrevistas, e quando encontraram alguma coisa na qual seus leitores teriam interesse ou, mais importante, encontraram uma informação que poderia chocar ou elucidar a população, eles escreveriam sobre isso. Esses dias estão no passado. A realidade da cobertura midiática é bem diferente. Os repórteres tendem a ficar em seus escritórios, inundados por comunicados de imprensa e sobrecarregados com telefonemas e e-mails que rendem leads [texto resumido que expressa o essencial do assunto tratado] que foram habilmente preparados por publicitários. Quando os repórteres encontram algo que se adapta a seus desejos, podem realizar entrevistas telefônicas ou engajar os diretores em uma troca de e-mails. Em raras ocasiões eles podem visitar um local, conduzir entrevistas pessoalmente e, de fato, se aprofundar em uma história.

Para quebrar esse sistema e saber sobre o que nós fazemos, o analista do comportamento bem-sucedido precisa ter um plano de ação. Dois profissionais, analistas do comportamento acadêmicos, os Drs. Sharon e Ken Reeve, da faculdade de ABA da Caldwell College em Nova Jersey,[1] têm sido bem-sucedidos em conseguir cobertura midiática precisa para o programa deles e forneceram algumas dicas excelentes para analistas do comportamento.[2] O modelo para relações públicas de análise do comportamento que eles desenvolveram é tão incrível que, com a permissão deles, incluímos a maior parte de suas sugestões na lista a seguir. Eles começam utilizando uma ferramenta gratuita que está disponível para todos: o Google.

- A primeira coisa que você deve fazer é criar um Google Alert (www.google.com/alerts). Esse serviço [disponível em português] fornecido pelo Google permite que você escolha quais palavras-chave deseja saber nas notícias, blogs ou sites. Ele envia links para quaisquer menções na internet dessas palavras-chave para seu e-mail. Muitas de nossas estratégias descritas mais tarde são assistidas pelo recebimento de Google Alerts.

---

1 Drs. Sharon e Ken Reeve podem ser contatados no Psychology Department, Applied Behavior Analysis Graduate Programs, Caldwell College, Avenida Bloomsfield, 120, Caldwell, NJ, 07006; telefone: (973) 618-3315, escritório 6-330; http://faculty.caldwell.edu/sreeve [conteúdo em inglês].

2 Ver *A Master's in Self-Help. New York Times*, 20 abril de 2008, p. M213.

- Faça uma pesquisa sobre você mesmo no Google todos os dias para saber se você ou seu programa são mencionados. Às vezes, encontramos alguém que está postando em um blog algo que você escreveu ou falou. Quando achamos isso, podemos comentar sobre o que está sendo falado naquele blog mesmo. Em uma ocasião, alguns pais estavam debatendo os méritos de serem treinados em ABA, e o programa de ABA da Caldwell College foi citado. Infelizmente, foi mal caracterizado (mesmo que não tenha sido de maneira cruel). Nós usamos a parte de comentários para falar sobre o que estava sendo dito. Isso nos levou diretamente até dois pais que decidiram se matricular em nosso programa.
- Envolva-se com comitês locais de ABA e grupos de autismo locais. Você se surpreenderá com a quantidade de conexões importantes que pode fazer enquanto participa de comunidades profissionais e de pais. Frequentemente, você participará de comitês que podem afetar as políticas públicas e que podem ganhar a atenção de novas fontes.
- Se ouvir falar de qualquer conferência sobre autismo (ou descobrir através do Google Alerts), tente ser convidado para que o lado da ABA possa ser representado. Muitas vezes, ninguém está presente nessas reuniões para promover intervenções com base em evidências. As pessoas desejarão ouvir o que você tem a dizer. É claro que se você tiver outras áreas de interesse especiais, como segurança comportamental, você adaptará a abordagem para estar alinhada com sua área de interesse.
- Convide-se para qualquer conferência oficial governamental de imprensa. Apresente-se para os participantes importantes. Não é raro que você consiga ser convidado se mostrar sua credencial para o assistente do governante. Atualmente, temos relações com vários governantes locais como resultado dessa tática.
- Se você administra um programa de qualidade, como um programa escolar ou de autismo, convide autoridades públicas para visitá-lo.
- Fique de olho nas redes sociais de políticos locais para ver se eles estão apoiando alguma lei sobre autismo. Se estiverem, tente entrar em contato com eles e oferecer serviços como um especialista. Você pode ter a chance de mudar as políticas públicas. Checar redes sociais de organizações de ativismo de qualidade, como a COSAC, que mantém uma descrição atualizada da legislação sobre autismo e ABA em suas redes sociais.[3]
- Apresente palestras para o máximo de grupos de pais e de apoio que puder. Os pais frequentemente estão ansiosos para ouvir um profissional, e muitos deles têm contatos no rádio, TV e jornais. Se você for merecedor, pode ser recomendado para contar sua história. Conte algo de sua biografia quando fizer essas apresentações.
- Ofereça-se para dar uma palestra em sua biblioteca local sobre tratamentos para autismo e ABA. Esse pedido é suscetível de receber uma resposta positiva durante abril, que é o Mês de Conscientização sobre Autismo.

3 O Centro de Apoio e Serviços para a Comunidade Autista de Nova Jersey (www.njcosac.org) [conteúdo em inglês].

- Escreva um panfleto de recursos para sua biblioteca local. Fizemos isso, e fomos convidados para trabalhar em um projeto com a biblioteca sobre como as pessoas com autismo poderiam obter melhor acesso aos recursos da biblioteca. Isso nos levou a dar palestras nessa biblioteca e em outras nos arredores. Essas palestras tinham destaque em nosso jornal local. Então, as pessoas começaram a entrar em contato com a universidade para saber sobre nosso programa de ABA.
- Em sua cidade, pesquise os arquivos dos jornais para saber se existem algumas histórias sobre ABA ou autismo. Se existirem, entre em contato com os repórteres que escreveram essas histórias, cumprimente-os sobre colunas passadas, e então arrume algumas histórias novas para eles (é isso que fizemos para que a nossa fosse divulgada no *New York Times*).
- Configure sua própria rede social ou blog para uma audiência popular que tenha links para fontes e descrições sobre o que é ABA. Inclua também sua biografia atual para que qualquer pessoa da mídia de notícias que tiver interesse possa ver (e utilizá-la para se referir a você em qualquer história que escreverem a seu respeito). Se pertencer a uma universidade, pode colocar isso na rede social dela.
- Escreva artigos para revistas populares sobre autismo, como a *Autism Spectrum Quarterly* ou a *Autism Asperger's Digest Magazine*.
- Ministre um workshop em uma universidade local. Muitas universidades alugam espaço, e você pode ficar com os lucros depois de pagar pelo local. Algumas universidades podem até deixar você usar o espaço gratuitamente se os convencer de que o workshop terá um tópico sobre serviço público. Nesse caso, você não cobrará taxa dos participantes.
- Sugira um curso sobre ABA e autismo em sua universidade local. Ofereça-se para criar o currículo da aula. Encaminhe isso para a direção do departamento de psicologia ou educação especial. Então, dê a aula, e ensine bem. Peça para estudantes que têm interesse (cinquenta é um bom número) que escrevam para o diretor da universidade sugerindo que a instituição oferte um programa de certificação em ABA. Se ofereça para criar o programa para a universidade com o auxílio de seus colegas que já têm um programa aprovado pelo Board de Certificação em Análise do Comportamento (BACB). Se a universidade aprovar, pergunte sobre a possibilidade de ter uma posição dentro dela.
- Se você trabalha em uma universidade ou faculdade, estabeleça uma relação com o profissional de relações públicas ou órgão de avanço institucional para discutir como assuntos ligados ao tratamento do autismo podem ser utilizados para promover a universidade. Organize passeatas de estudantes pelo autismo. Escreva histórias sobre ABA ou autismo para o jornal da universidade. Trabalhe ao lado dos alunos de psicologia para que façam projetos para escolas locais de educação para alunos com autismo.
- Organize um e-mail em massa (com o maior número possível de colegas, amigos e familiares) para um jornal local pedindo para que ele cubra uma história, conferência ou evento específicos.

- Visite a Amazon.com e crie listas de leituras recomendadas. Um repórter com quem conversamos tinha lido a lista do Dr. Ken Reeve, a qual ele postou em fontes recomendadas sobre ABA e autismo.
- Escreva uma biografia para consumo popular com conquistas e frases sobre o que você é capaz de fazer: "Consigo falar sobre encontrar tratamentos efetivos para o autismo." "Sou capaz de separar tratamentos de modismo de tratamentos reais." Ou: "Consigo fornecer uma descrição do tratamento de análise do comportamento aplicada."
- Pessoas da mídia disseram que preferem ter pessoas com experiência em mídia como entrevistadoras, então você deveria incluir em sua biografia todas as suas atividades, com especificações como: "Entrevistado pelo WFFM 1020 em 10 de agosto de 2008 sobre a controvérsia das vacinas."
- Assim que tiver algo publicado em uma mídia popular, tire cópias para dar para qualquer pessoa que tiver interesse no que você tem a dizer, mas não pode passar muito tempo com você (repórteres a trabalho, pessoal legislativo sobrecarregado). Nós fizemos um artigo sobre autismo e ABA para uma revista de ex-alunos que é nosso material padrão "para distribuir", porque ele menciona nosso trabalho de desenvolvimento do programa de ABA em Caldwell.
- Ao se preparar para trabalhar com repórteres, aprenda a falar frases de efeito. Faça descrições fáceis de entender, com vinte segundos de duração, sobre o que é autismo, o que é ABA, o que é tratamento com base em evidências, por que a ABA é necessária na medicina e por que ela deve ser coberta pelos planos de saúde. Por exemplo: "Na análise do comportamento aplicada, nós dividimos habilidades em partes mais fáceis de aprender, damos às crianças bastante orientação e feedback positivo enquanto elas estão aprendendo e fazemos observações frequentes para ter certeza de que estamos trabalhando com eficácia." Filme-se e peça para seus colegas fazerem críticas sobre sua performance.
- Se um repórter fizer uma citação falsa sobre algo que você falou ou distorcer sua história, não deixe que isso o impeça de continuar lutando. Atualmente, aparecemos em publicações impressas, mas nunca ficamos completamente contentes com os resultados. No entanto, parece que quanto mais eficazmente traduzimos ABA para o público popular, menor é a tendência de que sejamos descaracterizados.
- Quando você estabelecer um relacionamento com os repórteres, ofereça-se para dar conselhos a eles sobre outros contatos ou fontes dentro de nossa área de atuação. Frequentemente, alguém tem um parente com autismo.
- E, finalmente, *nunca* cancele uma reunião com um repórter. Isso fará com que seu nome seja colocado na lista de "Não Entrar em Contato".

Dr. Bobby Newman é outro analista do comportamento com vasta experiência na representação da ABA para o público em geral.[4] Ele, generosamente, deu algumas sugestões para apresentar a questão ao público.

- Conheça seu público, vista-se e aja de acordo com ele. A mesma roupa que fará com que você seja respeitado por um público, pode não surtir o mesmo efeito com outro. Vestir jeans e falar sobre danos que você sofreu ao longo dos anos durante seu trabalho na área clínica, utilizando vocabulário do dia a dia, é adequado para uma apresentação para alguns grupos de paraprofissionais, por exemplo.
- Esteja preparado para discutir literatura científica de maneira profissional quando for adequado; por exemplo, quando conversar com pais que são bem instruídos sobre ABA.
- Utilize histórias e estudos de caso. Eles são mais convincentes para quem não é profissional da área do que gráficos e dados. Quando apresentar para pais, destaque que você leva a literatura e a metodologia para a mesa de trabalho, e eles ajudam ao falar sobre as especificidades de seus filhos. Você nunca poderia saber tanto quanto eles sobre as crianças, e isso é uma parceria.
- Seja verdadeiro e não tenha medo de demonstrar emoção quando comemorar casos de sucesso ou lamentar condições anteriores difíceis de falar. Se estiver dando um exemplo com base em coisas que seu falecido pai lhe disse um dia, não tenha medo de demonstrar um pouco de emoção sobre o quanto você ama seu pai.
- Não tenha medo de compartilhar informações pessoais sobre sua vida. Entenda que as pessoas do público criarão uma imagem sua na cabeça delas de um jeito ou de outro. Elas não poderão projetar imagens em uma tela totalmente vazia.
- Leve o assunto, não você, a sério. Sinta-se à vontade para fazer piadas sobre si mesmo e fazer apontamentos sobre tolices que cometeu em sua vida fora da prática clínica.
- Destaque metas em comum, depois fale sobre ABA como uma ferramenta para alcançá-las. Sempre preste atenção nos interesses e objetivos compartilhados, não nas personalidades.
- Faça referências frequentes ao Código de Ética do BACB. As pessoas precisam saber por que você faz o que está fazendo e que existe uma autoridade ética para sua prática.
- Não tenha medo de inserir humor nos exemplos, sinta-se livre para fazer piadas de seus próprios reforçadores, por exemplo.
- Esteja ciente de objeções comuns contra a ABA, e prepare-se para argumentar eficazmente contra elas, destacando como a ABA tem como objetivo construir autonomia e escolhas individuais.

4 Dr. Bobby Newman pode ser contatado em www.room2grow.org [conteúdo em inglês].

- Fale com carinho das pessoas que o treinaram e de outros profissionais da área que você respeita. Especialmente de consumidores e clientes que você respeita de verdade.
- Tente representar a área de atuação de uma maneira que todos possam ter orgulho, incluindo ser um cidadão responsável do mundo. A cada mês de fevereiro, por exemplo, eu reúno o "Time ABA", que realiza um "mergulho de urso polar" (mergulho em águas congelantes) e arrecada dinheiro para a Fundação Make-A-Wish. Precisamos de mais esforços como esse para mostrar que somos membros do mundo que se importam.

AUXÍLIO DE SUA ASSOCIAÇÃO NACIONAL

Ainda que você possa ser bem-sucedido com muitos de seus esforços de relações públicas, haverá muitas vezes em que o problema é grande demais para um único analista do comportamento. Lembre-se de que as organizações profissionais nacionais têm a responsabilidade de ajudar com relações públicas para a área de análise do comportamento. A Association of Professional Behavior Analysts (APBA) e a Association for Behavior Analysis International (ABAI) estão em posição de enviar informação para a imprensa e alertas para a mídia quando os esforços de relações públicas são necessários em larga escala. Se você for um membro dessas organizações, pode pedir a assistência delas para relações públicas.

RESUMO

Como analistas do comportamento, temos um grande desafio à frente. Em práticas que competem, outros indivíduos e organizações vendem curas milagrosas, práticas questionáveis que enganam o público, e isso vem sendo muito veiculado na mídia. Na maior parte, as vantagens que esses indivíduos e organizações têm com a imprensa é a de que são novos e não têm escrúpulos para oferecer resultados fantásticos e sensacionais. Para limpar essa névoa de desinformações, precisamos trabalhar fortemente para alcançarmos a mídia de todas as maneiras que Sharon, Ken Reeve e Bobby Newman sugeriram. Se você tivesse um filho com deficiência, pense nos serviços que escolheria. Ainda que seja necessário que haja compromisso com nossa abordagem científica e baseada em evidências, precisamos destacar nossas metas subjacentes de uma melhor qualidade de vida, maiores chances de liberdade de consequências restritivas e, o mais importante, independência e autonomia para nossos clientes.

PARA LEITURA ADICIONAL

HALL, P. *The new PR*: An insider's guide to changing the face of public relations. Potomac, MD: Larstan, 2007.

LAERMER, R. *Full frontal PR*: Building buzz about your business, your product, or you. Princeton, NJ: Bloomberg Press, 2003.

6

Competência Total em Análise do Comportamento Aplicada e em Sua Especialidade

Sangue jorrava da orelha e da parte de baixo da bochecha de Tim. Foi quando percebi que estava no meu limite.

Anônimo, um analista do comportamento novato, com mestrado e Certificado pelo Board®

A análise do comportamento nos oferece um conjunto de princípios básicos para explicar uma ampla gama de comportamentos. Nossa área de trabalho é suficientemente forte na oferta de tratamentos para o espectro completo de clientes, de crianças a idosos, de indivíduos com deficiências severas e profundas a atletas de alto desempenho e CEOs da Fortune 500. O *Journal of Applied Behavior Analysis* (JABA) tem nos proporcionado mais de 40 anos de estudos bem conduzidos que apontam para uma metodologia precisa de mensuração, um sistema completo de análise funcional e um protocolo replicável e confiável que preenche os requisitos do sonho de B.F. Skinner de uma ciência do comportamento validada, que possa ser colocada a serviço do benefício da humanidade.

Essa base forte e científica obviamente nos coloca em uma posição ideal para fazer uma contribuição significativa para a sociedade. A desvantagem é que, em algumas circunstâncias, podemos aumentar as expectativas de nossos consumidores e não estarmos aptos a atendê-las — não porque não temos a tecnologia, mas porque nosso pessoal não é suficientemente perito nos detalhes de cada população.

Resumindo, problemas surgem quando analistas do comportamento não são totalmente competentes em uma área na qual são escalados para prover tratamento. Um analista que se especializou em tratamento de autismo pode não saber exatamente como trabalhar com pacientes com Alzheimer, e alguém que teve treinamento prático em uma instituição de ensino pré-escolar pode não saber como tratar um adolescente com transtorno de desenvolvimento e comportamento autolesivo severo. Nossas Diretrizes de Conduta Responsável esclarecem que os analistas do comportamento não devem realizar práticas fora de sua área de competência, mas isso não evita que gestores, supervisores, pais ou outros peçam ajuda em tais casos.[1] O analista cuidadoso e compassivo pode ter dificuldades em dispensar pedidos assim, em especial se não parece houver mais nenhum profissional qualificado por perto.

COMPETÊNCIA TOTAL EM ANÁLISE DO COMPORTAMENTO APLICADA

Ser totalmente competente em análise do comportamento aplicada significa que você ultrapassou os requisitos mínimos para ser aprovado no exame do Behavior Analyst Certification Board (BACB). Além disso, é amplamente conhecido que o exame é um teste de competências *mínimas* para que a pessoa possa praticar na área. Há um entendimento de que *assistentes* certificados pelo Board devem ser supervisionados pelo Board Certified Behavior Analysts®. Passar no exame do BACB, no entanto, não significa que você está qualificado para trabalhar com *qualquer* caso que aparecer. A expectativa dos líderes da área de atuação é de que você continue a ler por conta própria e participe de educação continuada enquanto for um membro dessa gloriosa nova profissão.

Expandir seu conhecimento sobre análise do comportamento significa estar atualizado sobre os novos livros que estão sendo lançados a cada ano, frequentar a conferência anual da Association for Behavior Analysis International (ABAI) e assistir as sessões de sua especialidade e de áreas de escopo. A ABAI iniciou a Série de Palestras de B.F. Skinner na qual acadêmicos e pesquisadores indiretamente relacionados com a análise do comportamento são convidados para apresentar seus dados mais recentes e suas teorias inovadoras relacionadas a comportamento. Por exemplo, na conferência de 2008, você poderia participar de sessões intituladas "Medidas Empíricas de Processamento de Informações Sociais", "Neurobiologia da Autoadministração de Cocaína", ou "Não Apenas Através dos Genes: Como a Cultura Transformou a Evolução Humana." Cada uma dessas sessões foi uma experiência enriquecedora, em que o analista do comportamento na plateia era desafiado a formular uma visão mundial da análise do comportamento que fosse intrigante, complexa e empolgante. Pensar que nossa perspectiva sobre análise do comportamento é levada a sério por cientistas do comportamento de todos os tipos é gratificante, e começar a entender como tudo se encaixa é desafiador, para dizer o mínimo. Participar de conferências e sessões levará sua competência para outro nível.

Outra maneira de permanecer competente em análise do comportamento é engajar-se em diálogos regulares com colegas sobre os assuntos do dia. Você pode partir de artigos do *The Behavior Analyst, The Analysis of Verbal Behavior, JABA* ou do novo jornal *Behavior Analysis in Practice* e reunir-se com seus colegas para discutir e debater tópicos como "a natureza da depressão clínica" ou "psicoterapia analítica/funcional culturalmente sensível". É por meio dessas discussões que você pode se manter afiado e atualizado em relação aos assuntos teóricos que são fundamentais em nossa área de atuação. Estar atualizado com as pesquisas aplicadas inclui revisitar suas anotações da matéria de metodologia de pesquisa e dar uma olhada em tópicos de compilações como a "utilidade da variabilidade de resposta induzida por extinção para a seleção de mandos". Especialistas da área leem os periódicos profissionais regularmente, refletem sobre os

1 Ver BAILEY, J. S.; BURCH, M. R. **Ethics for behavior analysts**: A practical guide to the behavior analyst certification board guidelines for responsible conduct, Mahwah, NJ: Lawrence Erlbaum Associates, 2005, p. 227–252.[N. do A.]

artigos e pensam em maneiras de aplicar as teorias e dados em suas práticas diárias. Se você deseja estar no meio dos especialistas algum dia, trabalhará para desenvolver esses hábitos tão valorizados.

COMPETÊNCIA TOTAL EM SUA ESPECIALIDADE

Dentro da análise do comportamento aplicada, existem inúmeras áreas de especialidade. Começando com autismo e indo até o trabalho que é realizado em zoológicos, podemos afirmar que as especialidades da área do comportamento variam de A a Z. Tais áreas incluem, sem estar limitadas a áreas tão diversas quanto comportamento animal, autismo, gerontologia comportamental, medicina comportamental, segurança comportamental, análise do comportamento clínico e de desenvolvimento, deficiências de desenvolvimento, instrução direta, prática com base em evidências, análise experimental do comportamento, saúde e esportes, gestão do comportamento organizacional, treinamento de pais, gestão de desempenho, terapia sexual e comportamento verbal.

"Competência total também exige que você complete as horas necessárias de educação continuada e leia os materiais adicionais que ajudarão você a estar atualizado dentro de sua especialidade."

Competência total dentro de uma especialidade significa que, primeiramente, você definiu sua área de especialização no que ela se relaciona ao trabalho que você escolheu e às experiências práticas que teve. Competência total também exige que você complete as horas necessárias de educação continuada e leia os materiais adicionais que ajudarão você a estar atualizado dentro de sua especialidade. Se deseja ser competente dentro de uma área de especialidade, provavelmente precisará assinar dois ou três periódicos especializados, além de sua leitura usual. Por fim, para desenvolver competência total, são necessários anos de experiência trabalhando na área sob uma variedade de circunstâncias que vão desde cenários clínicos bem conduzidos até localidades comunitárias.

Dentro de sua área de especialização, conforme for ganhando anos de experiência, estará apto a determinar quais casos poderá assumir com segurança e quais terá que encaminhar para outro profissional. A lista a seguir pode ser utilizada para determinar se você é totalmente competente em sua área de especialização em particular:

- Li os estudos mais recentes nos melhores periódicos que tratam do assunto.
- Tenho em minha estante os livros considerados como os trabalhos pioneiros no assunto, e já os li.
- Participei de workshops sobre esse assunto específico durante o último ano.
- Fui pessoalmente treinado por um Analista do Comportamento Certificado pelo Board®, o qual é qualificado para tal especialidade.
- Consigo identificar os especialistas nesse assunto. Eu os conheci e posso entrar em contato com eles por telefone, se necessário.
- Durante minha prática, os colegas costumam me consultar em casos que envolvem minha especialidade.

- Realizei palestras sobre esse tópico em reuniões de análise do comportamento estaduais ou nacionais.

MONITORANDO SUA PRÓPRIA PRÁTICA

Além de se manter em dia com suas leituras e participar de conferências, a próxima maneira mais importante de permanecer totalmente competente é monitorar cuidadosamente sua própria prática. Isso inclui conduzir uma checagem ética antes de aceitar cada caso (ver Capítulo 7) e a cada passo envolvido no processo terapêutico. Você deve coletar dados desde a linha de base até a fase de acompanhamento para poder determinar a eficácia de seu programa comportamental. Essa é a única exigência de nossa área de atuação (Diretrizes 2.09, 4.04) que claramente nos separa de outros serviços humanos, e desejamos nos certificar de que a cumprimos com integridade. Procurar colegas para revisar seus dados é outro importante aspecto de competência. Isso cai na categoria de revisão por pares. Uma coisa é olhar para seus próprios dados e considerá-los "sólidos", outra coisa é mostrá-los para um profissional independente para receber uma opinião. Se você tiver um comitê de revisão por pares organizado em sua área, pode usar a revisão e feedback de seus membros para manter suas habilidades. Essa revisão por outros analistas do comportamento competentes garantirá que você permaneça dentro da tecnologia de ponta de nossa área de trabalho. Você pode até mesmo elevar o nível de seus colegas de trabalho, educando-os sobre algumas técnicas novas que aprendeu em uma conferência ou leu nas edições mais recentes da *JABA* ou *Behavior Analysis in Practice*.

SABER QUANDO RECUSAR UM CASO

Na frase de abertura deste capítulo, o "Anônimo" percebeu que estava em seu limite quando observou sangue pingando do ouvido de seu novo cliente. Ele assumiu um caso que envolvia um cliente com comportamento autolesivo (SIB) sem perceber sua seriedade. Situações perigosas como essa podem ocorrer quando analistas do comportamento impulsivos e jovens tentam mostrar que são capazes, aceitando um caso sem examinar as informações com cuidado e sem revisar objetivamente suas próprias competências.

Uma prática de um semestre em uma casa de acolhimento para clientes ambulatoriais com deficiências severas não representa preparo ideal para lidar com indivíduos que estão em cenário residencial. O SIB nesse caso pode envolver clientes que, vez ou outra, se mordem ou ameaçam bater em suas cabeças. Porém, quando um cliente profundamente comprometido está em um cenário residencial, os problemas comportamentais costumam ser mais pronunciados e o cliente provavelmente apresenta um histórico de comportamentos extremos. O analista do comportamento (autor da afirmação do início deste capítulo) descobriu somente após ter assumido o caso, que Tim (o cliente) batia na cabeça com o punho fechado e que, em algum momento de seu passado recente, quebrou

"Se um cliente sofrer lesões sob sua supervisão, você deverá ser responsabilizado. Se acontecer de você realmente não estar qualificado para o caso, ele pode voltar para assombrar você."

uma janela com a cabeça. Ele foi levado para a sala de emergência e levou quase doze pontos.

Nosso analista do comportamento novato se colocou em uma situação de risco na qual, sob algumas circunstâncias, sua carreira profissional poderia ter sido bruscamente interrompida. Ter *competência total em sua especialidade* significa entender as complexidades do comportamento em sua área de especialização. Isso engloba saber o que procurar nos arquivos de um cliente, incluindo a seção médica e compreender suficientemente a terminologia médica para determinar a severidade da condição. Saber a diferença entre *lacerações, abrasões* e *contusões*, por exemplo, e ter um histórico profissional para investigar os incidentes comportamentais mais recentes do cliente, bem como as condições em que as lesões ocorreram, indicam que você está completamente consciente do que encontrará quando assumir um caso. Esse nível de competência é necessário não apenas para autopreservação, mas também para garantir o melhor interesse de seu cliente. Se um cliente sofrer lesões sob sua supervisão, você deverá ser responsabilizado. Se acontecer de você realmente não estar qualificado para o caso, ele pode voltar para assombrar você.

DESENVOLVENDO COMPETÊNCIAS EM UMA NOVA ÁREA

Em um caso relacionado a competência em gestão de desempenho (GP), uma analista do comportamento recém-formada no programa de mestrado e com experiência básica em GP teve a oportunidade de participar de uma entrevista de emprego envolvendo segurança comportamental em mineração a céu aberto e indústria siderúrgica. O emprego era em outro país, então ela pediu conselho para seu professor de mestrado. "Eu não sei nada sobre mineração ou produção de aço, mas sempre desejei viajar e esse emprego é perfeito para mim", disse ela com animação. Depois de revisar a descrição do cargo, o professor perguntou: "Eles estão procurando alguém que aprenda rápido e seja capaz de se comunicar com pessoas que usam botas com ponta de aço, chapéus e capacetes. Você consegue fazer isso?" "Com certeza" foi a resposta. "Ok, então aceite a entrevista e enfatize que você é uma estudante que aprende rápido e adora conhecer pessoas novas. Fale sobre as experiências que teve em diversas situações do mundo dos negócios. E não esqueça de mencionar que se preparou durante seis meses para competir em uma maratona para arrecadar fundos e ficou entre os cem melhores corredores, arrecadando mais de US$3 mil para a caridade. Por fim, não se esqueça de fazer perguntas sobre como será treinada e a natureza de sua supervisão."

A recém-graduada achou seu emprego dos sonhos. Mesmo não sendo competente na área de mineração em campo aberto, ela se sentiu confortável em aceitar o emprego porque sua empresa de consultoria deixou bem claro que ela receberia treinamento extensivo e supervisão antes de começar a trabalhar. Em seis meses, ela era inteiramente responsável por dois clientes e estava pronta para treinar outro novo consultor da empresa. Ela afirmou: "Eles me deram pastas com informações de 10cm de espessura e disseram que eu teria que ter fluência naquele material em uma semana. Fui capaz de demonstrar que sou uma aprendiz rápida e meu treinamento no mestrado realmente me beneficiou nesta situação."

RESUMO

Tornar-se competente em análise do comportamento aplicada e em sua área de especialização é de extrema importância para manter os padrões de excelência em nossa área de trabalho. Ler a literatura indicada, assistir a conferências, interagir com colegas da área comportamental, desenvolver sistematicamente todas as habilidades relevantes para sua área de especialização e ser aprovado no exame de certificação do BACB, tudo isso garantirá que você permaneça proficiente em sua prática profissional.

PARA LEITURA ADICIONAL

Behavior Analysis in Practice. Kalamazoo, MI: Association for Behavior Analysis International.

BEHAVIOR ANALYST CERTIFICATION BOARD. *Guidelines for Responsible Conduct*. Tallahassee, FL: BACB, 2004.

Behavioral Interventions. Nova York: John Wiley & Sons.

Journal of Applied Behavior Analysis. Bloomington, IN: Society for the Experimental Analysis of Behavior.

Journal of Organizational Behavior Management. Filadélfia, PA: Taylor & Francis Group.

SKINNER, B. F. *Science and human behavior*. Nova York: Macmillan, 1953.

7
Ética no Dia a Dia

Após algumas semanas no emprego, ficou claro para mim que os dados que a equipe estava anotando estavam sendo inventados. O supervisor negou que isso era um problema e o administrador também não fez nada para ajudar.

Anônimo, um analista do comportamento certificado pelo Board Certified Assistant Behavior Analysts Board® com mestrado e um ano de experiência

Todos os dias, analistas do comportamento, durante a realização de seu trabalho, confrontam problemas éticos. E ao lidar com essas questões, devem tomar decisões que podem produzir consequências sérias para seus clientes, terceiros e para eles mesmos.

Você deve ter passado por situações como, por exemplo, uma professora curiosa pedindo informações confidenciais que pertencem à família de uma criança; um colega rotineiramente anotando mais horas do que ele realmente trabalha; o pai de um cliente dando de presente para você uma garrafa de vinho caro em agradecimento por seus serviços, ou, então, descobrir que dados (coletados por outras pessoas) utilizados para tomar decisões importantes sobre o plano comportamental de um cliente não são válidos. A forma com que você responde a essas e outras inúmeras situações éticas que surgem a cada semana, pode colocá-lo em uma situação na qual a preocupação mais importante, que é "não causar dano", é desafiada.

Em *Ethics for Behavior Analysts* (Bailey e Burch, 2005), existem explicações detalhadas sobre as Diretrizes de Conduta para analistas do comportamento. Quando interpretadas adequadamente e seguidas à risca, essas diretrizes devem proteger você e seus clientes. Quando conduzimos workshops diários sobre ética pelos Estados Unidos, notamos que algumas questões éticas são frequentemente reportadas. Se elas (listadas a seguir) não forem resolvidas de maneira adequada, podem resultar em sérias complicações para o analista do comportamento.

DESAFIOS ÉTICOS DIÁRIOS

Integridade

Conforme discutido no Capítulo 5, um dos desafios mais importantes à conduta diária do analista do comportamento é a integridade dos serviços prestados (Diretriz 1.05).

Quando o objetivo é passar confiança para nossos clientes, é essencial que eles nos vejam como fontes de informação verdadeiras e confiantes sobre comportamento e como ele pode ser modificado. Analistas do comportamento éticos não prometem o que não podem cumprir, não mascaram a verdade, não fazem afirmações exageradas nem hesitam frente a um compromisso. Eles certamente *obedecem* à lei. Promessas importam e até onde um analista do comportamento é capaz de cumprir exatamente aquilo que foi prometido, a tempo e sem desculpas, é como ele será visto como ético. Uma pessoa com integridade é alguém que não pode ser persuadido a tomar uma posição diferente apenas porque esta é popular, fácil ou até mesmo imediatamente recompensadora.

Um dilema corrente apresenta um excelente exemplo de desafio à integridade do analista do comportamento, ou seja, uma multiplicidade de serviços "alternativos" ofertados aos pais de crianças com autismo. Analistas do comportamento nos contam que pais ou professores perguntam a eles quase que diariamente sobre tratamentos com câmara hiperbárica de oxigênio, dietas livres de caseína e de glúten, integração sensorial, integração auditiva e similares. Os pais querem saber sua opinião e, frequentemente, desejam que você lhes diga que está tudo bem se engajar nos serviços de alguém ofertando tratamentos sem base em evidências. No entanto, nosso código de ética afirma que você deve informar o cliente sobre nosso comprometimento firme com as abordagens com base em dados. *Integridade significa manter altos princípios morais* e nesse aspecto, nós temos três: (a) responsabilidade para com todas as partes afetadas por nossos serviços; (b) comprometimento com tratamentos com base em evidência e, principalmente, (c) não causar danos.

"Analistas do comportamento éticos não prometem o que não podem cumprir, não mascaram a verdade, não fazem afirmações exageradas nem hesitam frente a um compromisso."

Competência

Conforme descrito no Capítulo 6, a preocupação principal dos analistas do comportamento é que não realizem práticas fora de sua área de competência (Diretrizes 1.03, 3.04). Não está escrito em detalhes nas diretrizes, exatamente como alguém determina os "limites das competências", mas é pressuposto que uma abordagem conservadora seja melhor. Se essas diretrizes forem seguidas à risca, analistas do comportamento cuidadosos não colocarão seus clientes ou sua reputação profissional em risco.

Confidencialidade

Durante as interações diárias com clientes, o analista do comportamento entra em contato com uma grande quantidade de informações de natureza privada sobre os clientes. Frequentemente, através de conversas, revisão de registros ou observações diretas na casa, o analista do comportamento é capaz de determinar os detalhes íntimos da vida de uma pessoa. Se compartilhado com outras pessoas, esse conhecimento poderia destruir relacionamentos importantes, prejudicar a carreira de alguém ou sua posição na comunidade. Por essas e outras razões, os analistas do comportamento são aconselhados a "tomar precauções sensatas para respeitar a confidencialidade" dos clientes com quem trabalham.

Relacionamentos Duais

A natureza de nosso trabalho com clientes nos coloca bem no meio da vida deles. Nós ajudamos pessoas a se adaptarem a ambientes complexos, as ensinamos a reagir melhor às situações que vêm pela frente, arranjamos contingências para que aproveitem melhor a vida e aprimorem seus relacionamentos com outras pessoas. Por isso, os clientes e suas famílias estão sempre gratos e desejam mostrar apreciação de maneiras tangíveis. Isso pode incluir ofertas de presentes ou convites para participar de eventos de família, como festas de aniversário. Tornar-se amigo do cliente ou da família é frequentemente o início de um caminho complicado que pode minar o julgamento profissional do analista do comportamento. A Diretriz 1.07 aconselha a não entrar nesses relacionamentos duais devido à possibilidade de comprometer o julgamento do profissional ou interferir na "habilidade do analista do comportamento de realizar suas funções de maneira eficaz" (Bailey e Burch, 2005, p. 229–230).

Avaliação Funcional

Um cenário que frequentemente pega as pessoas de surpresa em nossos seminários sobre ética (Bailey e Burch, 2005, p. 269) inicia com o seguinte exemplo: "Kevin continua a bater a cabeça quando tenta ganhar a atenção de seus pais e professores." Em seguida, o cenário descreve uma série de outras tentativas de tratamento, incluindo "pressão profunda" de um terapeuta ocupacional e linguagem de sinais recomendada por um fonoaudiólogo. Perguntam para os analistas do comportamento: "Até quando as intervenções devem continuar acontecendo até que seja considerado medicação ou terapia de choque?"

De certo modo, essa é uma pergunta difícil, pois uma leitura mais cuidadosa indica que não se sabe a função do comportamento. "Quando tenta ganhar a atenção" é somente uma descrição, portanto, é inadequado continuar com *qualquer* um dos tratamentos.

"Quase todos os dias, o consultor analista do comportamento será confrontado com uma decisão sobre o tratamento mais adequado para o cliente em que as alternativas envolvem tratamentos da moda, efeitos placebo requentados ou fraudes sendo empurradas, como se pensamento positivo e esperança fosse tudo o que importa."

Em muitos casos, um encaminhamento vem com uma sugestão de intervenção: "Meu filho de 2 anos resmunga e chora, arruinando nosso jantar quando estamos fora de casa com nossos amigos. O que posso fazer para ele parar?" Parece haver esperança nessa pergunta de que o analista do comportamento seja capaz de prover uma consequência mágica e fácil para parar os resmungos e os choros mesmo se a *causa* do comportamento for desconhecida. Falar "Tente isto..." seria altamente inadequado e antiético. A criança pode estar chorando por atenção, é possível que os jantares sejam somente para adultos e totalmente inadequados para o nível de desenvolvimento de uma criança de dois anos, que pode estar querendo dizer: "Estou muito cansada de ser arrastada a restaurantes para longos jantares."

Direito ao Tratamento Eficaz e Menos Restritivo

O tratamento com abordagem em coleta de dados utilizado na análise do comportamento nos coloca em uma posição única em relação a outros serviços humanos. Quase todos os dias, o analista do comportamento consultor será confrontado com uma decisão sobre o tratamento mais adequado para o cliente em que as alternativas envolvem tratamentos da moda, efeitos placebo requentados ou fraudes sendo empurradas, como se pensamento positivo e esperança fosse tudo o que importa. Em nossa área de trabalho, temos uma orientação rígida em relação a essas curas milagrosas da noite para o dia, poções e elixires, e nossas diretrizes indicam que nós "somos responsáveis por revisar e analisar todos os tratamentos alternativos, incluindo aqueles fornecidos por outras disciplinas" (Bailey e Burch, 2005, p. 233). Como analistas do comportamento, precisamos assegurar que nossos tratamentos sejam fundamentados em pesquisa aplicada revisada por pares (Bailey e Burch, 2005), devendo ser constantemente avaliados enquanto estão sendo aplicados (Diretriz 4.04). Nossas diretrizes especificam que evitemos reforçadores nocivos (Diretriz 4.03), que recomendemos reforço em vez de punição (Diretriz 4.02) e eliminemos as condições que possam dificultar a implementação adequada de programas comportamentais (Diretriz 3.02). Esta última diretriz é parte essencial da conduta ética de profissionais em nossa área de trabalho. Uma vez que confiamos em mediadores para conduzir os programas que escrevemos, precisamos ter certeza de que eles estão qualificados para fazê-lo (Diretriz 5.08). Também precisamos treiná-los até adquirirem as competências e monitorar sua performance (Diretrizes 5.09, 5.10).

COLETA CONTÍNUA DE DADOS

Nossas origens da análise experimental do comportamento nos deram uma teoria do comportamento que afirma que grande parte dele é proveniente das consequências no ambiente. Por meio de nossas raízes experimentais, também desenvolvemos uma metodologia de mensuração e intervenção. Um aspecto distinto dessa metodologia é a exigência de coleta contínua de dados. Uma vez que uma linha de base estável é coletada e a intervenção é iniciada, a coleta de dados não é encerrada. Ela continua dentro do programa comportamental, garantindo que a avaliação em andamento determine a eficácia do programa. Coletar uma quantidade suficiente de dados provou ser um desafio constante para analistas do comportamento que trabalham em nossa área porque eles, muitas vezes, não têm as fontes para fazer avaliações online de boa qualidade. Às vezes, os analistas do comportamento podem ser influenciados pelas afirmações dos clientes de que estão melhorando e que *o problema deles* está indo embora, mas essas narrativas não substituem dados confiáveis e objetivos. Como profissional, você pode argumentar que precisa continuar avaliando suas intervenções porque é exigido por nosso código de ética (Diretriz 4.04). Um assunto muito relatado é fazer modificações em um programa comportamental. As diretrizes afirmam que qualquer mudança tenha base nos dados (Diretriz 4.05). Saber todo e cada programa que você cria não é apenas uma estratégia essencial para analistas do comportamento eficazes, mas também é exigência de nossas Diretrizes para Conduta Responsável.

ENCERRANDO COM CLIENTES

Um assunto que vem à tona repetidamente em nossos workshops de ética diz respeito à maneira como os analistas do comportamento encerram um caso. É claro que é antiético apenas dispensar um cliente (Diretriz 2.15). O procedimento mais ético é transferir o cliente para outro profissional se você não puder continuar trabalhando no caso. Se completou seus objetivos com um cliente, é absolutamente adequado encerrar os serviços. No entanto, isso não pode ser uma surpresa para o cliente. Deve ser feito um plano de "pré-encerramento de serviços adequado" (Diretriz 2.15d).

Uma exceção a essa regra geral é a "conduta do cliente", na qual é assumido que houve alguma mudança dramática no status do relacionamento que poderia tornar sua continuação perigosa. Um caso recente envolvendo uma mãe solo de uma criança com deficiências de desenvolvimento foi descrito para nós. A criança estava recebendo serviços comportamentais em casa. A jovem mãe arranjou um namorado que, aparentemente, era traficante de drogas. Quando o analista do comportamento chegou na casa, a mãe estava sob efeito de substâncias, o namorado tinha se trancado no quarto e estava ameaçando aos gritos alguém por trás da porta, e havia evidências de uso de drogas ilícitas na casa. A analista do comportamento saiu da casa imediatamente e informou sua supervisora de que ela não voltaria mais para aquela casa. Compreendendo sua obrigação com seu cliente e "com todas as partes" (Diretriz 2.02), ela recomendou que funcionários do serviço social investigassem a situação para que a criança fosse removida daquela casa.

LIDANDO COM COLEGAS

Analistas do comportamento profissionais trabalham com colegas de duas categorias: outros analistas do comportamento e pessoas de outras profissões correlatas (médicos, enfermeiros, professores, assistentes sociais, fisioterapeutas etc.).

Colegas Comportamentais

Mesmo que pareça fora do comum, de tempos em tempos, colegas que são analistas do comportamento apresentarão desafios. Por exemplo, alguns trabalham para uma agência em que existem dez ou mais analistas ou assistentes certificados pelo Board Certified Behavior Analysts® (BCBA) ou pelo Board Certified Assistant Behavior Analysts®, respectivamente. Atualmente, esses profissionais podem ter formações completamente diferentes em termos de treinamento. Alguns deles podem ter feito seu curso e prática em um programa de graduação padrão com anos de duração em uma faculdade especialmente preparada para tal. Outros podem ter feito a maior parte de seu curso online e recebido suas horas de supervisão depois. A exposição ao treinamento de ética para ambos os grupos pode variar de poucas palestras até um curso inteiro com mais de cem horas de carga horária dentro de um semestre padrão de quinze semanas. Se você fosse um estudante de graduação que se esforçou durante as aulas semanais durante esse período, cenário após cenário, tentando adivinhar qual seria a solução mais ética para um problema complexo, e depois precisasse defender sua resposta na frente de seus colegas, pode ser que isso o torne mais sensível a dilemas éticos do que um estudante que só assistiu a uma palestra pelo computador. De qualquer forma, você deve saber que nem todas as pessoas se preocupam com a conduta ética do trabalho tão seriamente quanto você.

Se você estudar com cuidado as Diretrizes de Conduta Responsável, perceberá que elas contemplam as situações que você notará que ocorrem com mais frequência. Se você trabalhar próximo a outros analistas do comportamento, poderá presenciar violações ocasionais das diretrizes e precisará decidir se age ou não. Felizmente, a Diretriz 9.01 pode dar alguma assistência a você, pois o direciona a "tentar resolver o problema, trazendo-o ao conhecimento daquele indivíduo" (Bailey e Burch, 2005, p. 249). Em que ponto se deve delimitar uma violação ética não está claramente especificado, mas o compromisso priorizando a integridade (Diretriz 1.05) sugere que não é necessária uma infração grave para agir. Pelo fato de lidar com um colega de profissão, seria melhor começar com uma questão simples, e não acusatória, sobre o que você soube ou presenciou. Seguindo a Diretriz 9.01, peça para agendar uma reunião, explique sua preocupação e perceba a reação da pessoa. Há uma boa chance de que a resposta dela seja satisfatória, e então você pode voltar a viver sua própria vida. Se ainda tiver dúvidas se a pessoa está representando uma ameaça para o cliente, a empresa ou a profissão, você precisará deixar sua consciência ser seu guia, porque as diretrizes não especificam ações futuras que você deva tomar. Às vezes, pode ser uma boa ideia pedir um conselho para seu supervisor ou para o supervisor da outra pessoa.

Em um caso recente, um BCBA pensou ter visto o que parecia ser um conflito de interesses entre uma colega de trabalho e um pai solo. Parecia que a analista do comportamento tinha mais do que um relacionamento profissional com o cliente (recém-divorciado com custódia de uma criança com autismo). O assunto foi abordado com a colega e ela imediatamente tomou a iniciativa de transferir a criança para outro BCBA.

Em outro caso, um colega descreveu como ganhou duas garrafas de vinho caro de um cliente que apreciava muito sua consultoria em um procedimento adequado de escuta com o distrito escolar. De maneira informal e não ameaçadora, a equipe abordou o assunto sobre o deslize de receber presentes de clientes. O resultado foi um debate intenso sem nenhuma resolução ou medida tomada.

Um outro caso foi o de uma BCBA que observou um colega escrevendo dados inventados em uma ficha de dados (ela sabia que foram inventados, porque eram informações do dia anterior, quando o colega estava ausente). A BCBA se encontrou com o colega e abordou a questão diretamente. Ela descreveu a resposta como "perturbadora". "Isso acontece o tempo todo", afirmou o colega. "Para que nós possamos cobrar as horas, temos que mostrar os dados. O cliente estava aqui e eu sei o que ele fez. O que acontece é que ninguém anotou. Não vejo onde está o problema." A BCBA reportou que o comentário "não vejo problema" foi o que mais a deixou perturbada e, depois desse acontecimento, começou a observar a operação completa com mais cuidado. Ela rapidamente concluiu que essa era uma prática comum naquela agência. Lá também era comum fornecer serviços para clientes que não tinham autorização para realizar consultoria. Os serviços eram cobrados como se fossem outros clientes que tinham mais horas aprovadas "para ajudar mais pessoas". A BCBA levou o caso para seu supervisor e ouviu uma palestra sobre como ser "uma jogadora do time" e "trabalhar para um bem maior". Alguns dias depois, essa analista do comportamento ética pediu demissão e foi trabalhar em outro estado, com salário menor.

Colegas Não Comportamentais

Lidar com a conduta ética de colegas não comportamentais representa um tipo diferente de desafio, porque eles não precisam seguir *nossas* diretrizes. E existe uma boa chance de que a profissão deles não apresente nada parecido com o comprometimento que temos com a tomada de decisões com base em dados. O melhor conselho é ir devagar quando lidar com esses

"Lidar com a conduta ética de colegas não comportamentais representa um tipo diferente de desafio, porque eles não precisam seguir nossas diretrizes."

colegas e tentar estabelecer um relacionamento de trabalho (Diretriz 2.03) pensando no melhor para seu cliente. Se você já tiver se estabelecido como reforçador para esse colega não comportamental e demonstrou ser uma pessoa íntegra, você deve estar pronto para responder a perguntas ou iniciar uma discussão sobre algumas ações que você considera antiéticas. Escolha suas palavras com cuidado, certifique-se de começar algumas questões abertas e evite acusações diretas. É possível que você esteja errado e tenha interpretado mal alguma ação. Você não deseja ofender essa pessoa. Idealmente, você estará apto a mostrar para ela seu ponto de vista da situação. Sua esperança é de que essa pessoa mude de decisão ou tome um rumo diferente em direção a um tratamento eficaz.

O dilema ético que o "Anônimo" apresentou no início deste capítulo é complicado, mas deve ser resolvido por alguma ação direta por parte do analista do comportamento. Ele tem responsabilidade ética de resolver o conflito (ver Diretriz 6.06) e terá que lidar diretamente com o administrador. Em geral, aconselhamos os analistas do comportamento a levarem uma cópia das diretrizes com eles para a reunião e destacar itens em particular que sejam relevantes. Nesse caso, além de destacar a Diretriz 6.06 ("esclarecer a natureza do conflito... a fim de resolvê-lo"), o analista do comportamento poderia destacar a 1.05 (integridade) e boa parte da 2.0 (responsabilidade com os clientes). Muitos locais recebem financiamento estadual ou federal e estão sujeitos a revisão regular. É sabido que agir usando informações falsas é uma forma de fraude punível por intermédio de multas e revogação de permissão do estabelecimento. Um analista do comportamento jovem, meio tímido, talvez não leve o assunto até esse argumento, mas claramente poderia e estaria correto ao fazê-lo. O código de ética para nossa área de trabalho foi especificamente criado para dar apoio aos profissionais da área que desejam proteger o direito dos clientes por tratamento eficaz.[1]

RESUMO

No decorrer de seu trabalho diário, os analistas do comportamento devem aderir às Diretrizes de Conduta Responsável publicadas pelo Board Certified Behavior Analysts®. Também é importante que os profissionais sejam íntegros e apoiem altos padrões morais. Pessoas com integridade não prometem o que não podem cumprir. Elas não podem ser persuadidas a mudar de posição simplesmente porque tal posicionamento é popular ou irá trazer vantagens com outras pessoas. Aderindo às diretrizes, analistas do comportamento com ética reconhecerão que nossa responsabilidade é para com todas as partes afetadas por nossos serviços e, como uma área de trabalho, nosso compromisso é com tratamentos com base em evidências. Sobretudo, nós "não causamos danos". Manter a ética tanto na vida profissional quanto em nossa vida diária assegurará que sejamos considerados profissionais verdadeiros, confiáveis e seguros.

PARA LEITURA ADICIONAL

BAILEY, J. S.; BURCH, M. R. *Ethics for behavior analysts*: A practical guide to the Behavior Analyst Certification Board Guidelines for Responsible Conduct. Mahwah, NJ: Lawrence Erlbaum Associates, Inc., 2005

LATTAL, A. D.; CLARK, R. W. *Ethics at work*. Atlanta, GA: Performance Management, 2005.

1 Seis meses após o incidente, a analista do comportamento ingressou em um novo emprego em um estado diferente. [N. do A.]

Seção

Dois

Repertório Básico de Consultoria

8

Comunicação Interpessoal

Em uma reunião de admissão para um estudante de ensino fundamental que precisava de serviços comportamentais, Jason, o analista do comportamento, foi muito direto acerca da maneira que desejava que o programa fosse aplicado, os dados que desejava que os pais coletassem e os requisitos para os professores e assistentes de classe.

A equipe escolar trocava olhares enquanto ele falava; e a mãe da criança afastou sua cadeira da mesa. Jason não percebeu quando o diretor tentou interrompê-lo educadamente, então, continuava falando. Totalmente insensível em relação às reações das pessoas à sua volta, Jason estava cada vez mais em apuros.

Após a reunião, o diretor entrou em contato com o supervisor de Jason. O supervisor teria que comparecer a muitas reuniões para desfazer o dano que Jason causou com sua comunicação interpessoal desastrosa.

Houve um tempo em que os analistas do comportamento eram considerados frios e sem sentimentos, que pensavam mais em dados do que nos seres humanos cujas vidas estavam tentando melhorar. Felizmente, esses dias acabaram. Agora nós reconhecemos que ter boa, aliás, *excelente*, comunicação interpessoal é parte central para se tornar um analista do comportamento eficaz.

No decorrer de seu dia de trabalho, e também nas horas vagas, você estará interagindo com seu supervisor, colegas, subordinados diretos, amigos e, principalmente, clientes.[1]

Cada interação com essas pessoas é uma oportunidade para você aprender algo sobre elas, para que o conheçam melhor, e para que você tenha alguma influência ou deixe uma boa impressão. A base das excelentes habilidades de comunicação começa com a *simpatia*.

O QUE FAZ UMA PESSOA SER SIMPÁTICA?

Pessoas simpáticas projetam uma personalidade acolhedora. São pessoas que todos querem ter por perto. Pessoas simpáticas são amigáveis e empáticas. Elas gostam de rir e de contar histórias. São reais, não são falsas ou ameaçadoras, sorriem muito e são genuinamente interessadas nas outras. Pessoas simpáticas não aparentam ser rudes, elas perdoam e são acolhedoras.

1 Seus subordinados diretos são os funcionários que você supervisiona, os quais se reportam diretamente a você e que recebem instruções suas. [N. do A.]

Pessoas que são rígidas, irritadas, intensas, têm opiniões muito fortes, são julgadoras e frágeis, geralmente, não são apreciadas e não se dão bem no mundo da consultoria. Se você tiver alguma dúvida sobre como se apresenta para as outras pessoas, peça para um amigo realizar uma avaliação franca e honesta. Peça uma lista de comportamentos específicos que você pode ter como objetivo para aprimorar. Leve o feedback a sério e se prepare para um plano de auto-aprimoramento.

HABILIDADES INTERPESSOAIS PARA CENÁRIOS DE ANÁLISE DO COMPORTAMENTO

Análise do comportamento é uma tecnologia de modificação comportamental com base na ciência. A ciência é, com certeza, a base para aquilo que fazemos, mas a eficácia máxima da tecnologia depende das comunicações interpessoais de seus praticantes.

Caso você seja um analista do comportamento, as situações mais comuns para usar habilidades interpessoais estarão relacionadas a seu papel de implementar e gerenciar um programa comportamental em cenários terapêuticos ou um plano de consultoria em cenários empresariais. Quando analistas do comportamento pegam o caso de um novo cliente (que pode ser uma criança, agência ou organização), eles passam por sete estágios que variam de aceitar o cliente inicialmente até a finalização dos serviços. Em cada um desses sete estágios, serão necessárias habilidades de comunicação interpessoal.

"A eficácia máxima da tecnologia depende das comunicações interpessoais de seus praticantes."

Comunicações Interpessoais com Clientes

Apresentação Inicial ao Cliente O processo de pegar um novo caso é iniciado com uma entrevista ou reunião, na qual alguém pedirá serviços comportamentais para um cliente. O pedido poderia ter sido feito antes e a reunião inicial seria realizada para estabelecer os serviços. A pessoa que solicitou os serviços pode ser o supervisor do caso, os pais, o professor, o diretor, o conselheiro escolar ou o vice-presidente de recursos humanos.

Essa reunião é de extrema importância para você, porque estabelece sua posição em relação ao cliente. Sua meta é criar um bom relacionamento rapidamente (Bixler e Dugan, 2001, p. 71–80). Para ganhar confiança, deve ficar estabelecido que você respeita o cliente. Você deve ser um bom ouvinte, demostrar confiança em sua abordagem comportamental, ter uma atitude acolhedora e uma conduta amigável. Você deve manter bom contato visual com cada pessoa da reunião. Leia a linguagem corporal do cliente e dos membros da família (ou de pessoas relevantes em um cenário empresarial) e dos outros presentes (Bixler e Dugan, 2001, p. 81–89). Se necessário, conduza a conversação de volta para o assunto se as pessoas começarem a conversar por longos períodos sobre temas fora dele. Antes da reunião começar, algumas respostas para "Você foi ao jogo de futebol este fim de semana?" são aceitáveis, mas uma discussão de trinta minutos que atrasa o início da reunião não é adequada. Esteja certo de ter feito sua tarefa de casa para conseguir lidar com perguntas com facilidade. É um grande trabalho, sem dúvida. Você precisará usar suas habilidades de assertividade (Capítulo 2) e liderança (Capítulo 3) e estabelecer sua base sólida em ética, demonstrando sua integridade. É uma boa ideia revisar algumas de suas habilidades sociais antes de proceder. Sorria, use o nome da pessoa na conversa e seja um bom ouvinte.

Apresente Sua Análise Depois da introdução, você se envolverá em uma revisão sistemática de todas as informações relacionadas ao caso, em consultar pesquisas publicadas sobre o assunto e em fazer algumas observações informais. Em seguida, conduzirá uma avaliação funcional para determinar variáveis causais relacionadas ao comportamento que foi encaminhado. Em alguns casos, isso pode levar poucos dias ou até de três a quatro semanas. O próximo passo será uma reunião com o cliente ou seu representante, gestor de departamento, vice-presidente de recursos humanos ou outra pessoa adequada. Você deve manter contato com elas, por telefone ou e-mail, ao menos uma vez por semana (ou em outro intervalo pré-acordado da preferência deles). E, nesses intervalos, continue a desenvolver o relacionamento e deixe que as partes relevantes saibam que você está trabalhando muito por elas.

A reunião presencial inicial é uma das mais importantes interações que você terá com seu cliente. Aqui é quando as primeiras impressões importam, e precisa deixar as pessoas com uma ótima impressão sobre você ou pode deixá-las sentadas à mesa imaginando como substituí-lo o mais rápido possível.

Nessa reunião, comece casualmente e tranquilize as pessoas. Agora é hora de apresentar seus resultados. Baseado em suas observações informais, avaliação funcional e revisão do arquivo, apresente suas recomendações. É aqui que você deve seguir a Diretriz 1.06 das Diretrizes de Conduta Responsável, falando em linguagem simples, não técnica. É essencial bom contato visual, e uma voz firme e forte mostra para o cliente que você sabe o que está fazendo. Faça de suas recomendações um caso convincente utilizando dicas do Capítulo 9 ("Persuasão e Influência") e esteja preparado para negociar, se necessário (ver Capítulo 10).

Lembre-se de que a lógica que você está usando para fazer sua proposta comportamental frequentemente está em contradição com a ideia das pessoas sobre comportamento humano. Por esse motivo, é provável que você tenha que construir seu caso lentamente, procurando por indicadores de que as pessoas não estão seguindo suas ideias ou estão discordando de você. Sinais de que as pessoas não estão concordando com aquilo que você está falando incluem quebra de contato visual com você, deslocar a cadeira e se afastar da mesa. Se você perceber que alguém parece ter problemas com o que você está falando, é melhor lidar imediatamente com esses sinais de discordância falando: "Vamos pausar por um segundo e ver se vocês têm algum comentário." Não aponte os comportamentos que sinalizam que eles não estão concordando com você. Ao falar "Pelo jeito que você virou os olhos, percebi que tem um comentário", deixará algumas pessoas envergonhadas e não ajudará no caso.

"Lembre-se de que a lógica que você está usando para fazer sua proposta comportamental frequentemente está em contradição com a ideia das pessoas sobre comportamento humano."

Se você tiver dados para mostrar, faça com que eles sejam fáceis de ler e visualmente atrativos. Lembre-se de que muitas pessoas que não são da área comportamental podem não ser boas em ler tabelas e gráficos, por isso, eles devem ser atraentes em vez de confusos.

Mantenha o objetivo em mente: durante essa reunião, você precisa "comprar" seu cliente ou representante. Se você usar a técnica de começar com premissas que o cliente já segue e construir devagar sobre essa base, é provável que tenha sucesso Se tal premissa é uma terapia alternativa que não tem base científica, você provavelmente terá que explicar seu posicionamento, responder a perguntas e lidar com objeções ao longo do caminho. Para que haja um bom ponto de partida, note que uma coisa que todos costumam concordar é o fato de que todo mundo deseja que o cliente melhore (ou que um problema empresarial seja resolvido). Comece com isso, e trabalhe para introduzir sua abordagem de análise do comportamento.

Uma estratégia útil é fazer amplo uso de situações e histórias de suas próprias experiências. Se elas envolverem outros clientes, certifique-se de não cometer violação de confidencialidade. Muitas pessoas que não são analistas do comportamento respondem a histórias, "causos" e analogias melhor do que a dados, e dar o exemplo de um caso similar que você conseguiu conduzir com sucesso será de grande ajuda. Essas histórias também mostram que você é alguém com quem as pessoas podem conversar, e não um "nerd da tecnologia comportamental" que deseja controlar os filhos delas ou dominar suas empresas.

"Muitas pessoas que não são analistas do comportamento respondem a histórias, "causos" e analogias melhor do que a dados."

Se não houver questões ou dúvidas importantes, você pedirá para seu cliente assinar um plano de tratamento (ou, em alguns casos, um contrato empresarial). Certifique-se de ter toda a papelada necessária pronta. Haverá alguns casos em que as dúvidas expressadas na reunião farão com que você precise refazer o plano. Em ocasiões assim, a assinatura formal do plano de tratamento ou empresarial terá que esperar alguns dias para ser concluída.

Apresente o Plano de Tratamento para Aprovação Caso você tenha feito um bom trabalho em estabelecer o relacionamento com seu cliente para que ele tenha muita confiança em você, a apresentação do plano comportamental para aprovação final deverá ser tranquila e curta. Utilizando todas as suas habilidades relevantes de Dale Carnegie — como ser um bom ouvinte e ajudar o cliente a atingir suas metas —, seu próximo passo será firmar um acordo para sua proposta. Você deve realizar um pedido explícito para consentimento e cooperação do cliente (Diretriz 4.01). Dependendo das circunstâncias, é desejável que o cliente ou seu representante assine uma cópia do plano de tratamento. Em cenários terapêuticos, uma equipe inteira de profissionais assinará o plano, indicando seu consentimento.

"Na análise do comportamento, grande parte do trabalho pesado é realizado por alguém próximo ao cliente."

Preparação e Treinamento do Mediador Na análise do comportamento, grande parte do trabalho pesado é realizado por alguém próximo ao cliente. Essa pessoa pode ser um pai, professor ou paraprofissional (ver Capítulo 6). Essas pessoas às vezes são chamadas de "mediadoras" e existe uma grande chance de que, como consultor, você será responsável por treiná-las.

Em cenários empresariais, você treinará supervisores ou gerentes para analisar o comportamento e aplicar novas contingências no ambiente de trabalho. Isso pode representar um grande desafio, e suas habilidades interpessoais deverão ser muito boas. A primeira coisa que você precisa reconhecer é que fazer com que adultos mudem de comportamento é muito difícil. Adultos costumam resistir a fazer algo de maneira diferente, e muitos não gostam de receber instruções. Alguns são indecisos e têm falta de confiança em seus novos comportamentos, e podem tentar resistir ou demonstrar uma mudança de mentalidade durante o esforço. Ainda que não seja muito visto dessa maneira, ser capaz de quebrar uma tarefa em elementos menores para que possa ser ensinada com facilidade (a testada e comprovada "análise de tarefas") é uma habilidade interpessoal importante que todo analista do comportamento deve ter em seu repertório. Explicar como você deseja que alguma coisa seja feita, como dar instruções para completar uma tarefa, requer paciência de sua parte e habilidade de modelar o comportamento nitidamente.

Utilizar quantidades generosas de feedback positivo e aprovação é outra habilidade interpessoal essencial nessa etapa do processo. Se você não tiver muita experiência em treinar adultos, talvez seja recomendável falar com seu gestor ou supervisor sobre isso para que você não realize sua tarefa sem preparação adequada. Para ter certeza de que seu mediador está pronto para a tarefa de ajudar nos comportamentos, entregando reforçadores e gerenciando contingências de modo consistente, faça várias observações e pratique as situações antes de fazer a transição do mediador para um novo papel.[2] Ter estagiários observando você conduzir a tarefa é importante para que eles adquiram a habilidade rapidamente e para dar uma base para questionamentos que possam ter. Sendo uma técnica de treinamento para adultos, o *role-play* [fazer simulações] dá a *eles* confiança, e a *você*, uma chance de os reforçar copiosamente.

Preste atenção à *linguagem corporal* das pessoas que você está treinando e procure por sinais de que elas estão cansadas ou entediadas. Esteja preparado para mudar tarefas, dar um intervalo ou encerrar mais cedo. Você pode não estar apto a treinar seu mediador em apenas uma sessão, então deixe tempo livre em sua agenda para duas ou três sessões ou dias. Coletar dados durante o treinamento e mostrá-los para as pessoas que estão sendo treinadas é um método para motivá-las a dominar as tarefas. Um julgamento considerável, porém, precisa ser aplicado nessas circunstâncias. Consulte seu supervisor se você sentir que o professor ou outro mediador está "complicando" o treinamento.

Hora do show: Habilidades Interpessoais Quando a Intervenção Finalmente Está Sendo Aplicada Quando chega o dia do início da intervenção, um novo conjunto de habilidades interpessoais é necessário. Agora, você deve monitorar para ter certeza de que seu mediador recém-treinado está mesmo seguindo o protocolo que você descreveu no plano. Esse é o protocolo que você modelou, fez role-play e praticou tanto para conseguir um bom resultado. Quando estiver observando um mediador recém-treinado que

"A habilidade de usar reforçamento descritivo... é uma importante habilidade interpessoal para o analista do comportamento."

2 Em cenários escolares, quando for lidar com professores seniores que não pediram ajuda mas foram encaminhados pela direção da escola, você poderá ter que adaptar as circunstâncias para evitar ofender esses indivíduos que acreditam que são competentes e não precisam modificar seus comportamentos porque "o problema é da criança", não deles. [N. do A.]

está demonstrando um procedimento, procure performances ensaiadas em vez de interações genuínas da parte dele. Esse tipo de performance é comum no começo, mas você pode começar a modelar, incitando o comportamento correto.

A habilidade de usar reforço descritivo, como apontar para um professor que seu aluno agora está mais engajado em determinada tarefa ou para um supervisor que seu funcionário está usando equipamento de segurança com mais frequência, é uma importante habilidade interpessoal para o analista do comportamento.

Você também deverá estar preparado para *resolução de problemas* ao longo do processo. É comum não conseguirmos prever o resultado de uma intervenção e precisar fazer mudanças no plano durante sua aplicação. Se as mudanças forem menores, você geralmente pode manejá-las na hora: "Me desculpe, não pensei nisso antes, mas deixe-me mostrar outra maneira de usar esses comandos."[3] Admitir que você cometeu um erro ou esqueceu de incluir algum detalhe é ok e mostra para o cliente que você é humano, afinal.

Uma habilidade interpessoal imprescindível é a de *modelar a performance do mediador.* Seu trabalho como analista do comportamento é monitorar tudo de perto e fornecer reforçadores para ajudar a dar confiança e força ao mediador. Também é importante começar a aumentar a exigência gradativamente, provendo mais autonomia. Além da modelagem, você diminuirá o esquema de reforço para que o mediador seja reforçado, em algum momento, com consequências naturais.

Monitoria, Avaliação e Manutenção Online Se você tiver completado os cinco primeiros passos com sucesso, estará pronto para o próximo. É agora que você começa a sair de cena aos poucos enquanto continua a avaliar o desempenho do mediador e os efeitos da intervenção.

Nessa fase de manutenção, você deve fazer visitas ocasionais para conferir o caso, dar feedback, revisar os dados com o mediador e se assegurar de que quaisquer informações estão registradas adequadamente. Nesse momento, novas habilidades interpessoais não costumam ser necessárias. Seu trabalho é encorajar, deixar o mediador saber o quanto você está orgulhoso dele e começar a pensar em como você contabilizará esse caso como um sucesso assim que você encerrar seu envolvimento. Seus comentários irão de "*Você* está fazendo um ótimo trabalho" para "Estou conseguindo ver uma grande melhora. *O que você acha?*" Dar ao mediador o crédito pelo sucesso do projeto é a habilidade mais importante de que você precisará nessa fase.

"Recomendamos algum tipo de encerramento simbólico para o processo de modificação do comportamento, o qual inclui uma dose saudável de apreciação de sua parte pelo trabalho árduo realizado pelo mediador."

Encerramento A fim de discutir habilidades de comunicação interpessoal, vamos supor que o caso que você assumiu meses atrás foi um sucesso; que você foi bem-sucedido em sua pesquisa por variáveis funcionais na sala de aula, casa, clínica ou fábrica; e que con-

3 Você precisa determinar em sua análise geral do cenário quanto controle o administrador ou diretor deseja em relação aos planos de modificação de comportamento. Algumas pessoas desejam estar informadas e receber atualizações periódicas; outras querem aprovar qualquer pequena mudança. Você precisa saber disso com antecedência. [N. do A.]

seguiu treinar o mediador (professor, auxiliar, pai, supervisor de turno) para lidar com o problema em questão.

Agora você está pronto para concluir seu trabalho. Se você se afastou gradativamente no passo anterior, isso não deve ser muito difícil. Seu mediador não deve mais ser dependente de você para ganhar elogios e feedback, e deve estar se sentindo confiante acerca de suas novas habilidades de modificação de comportamento. Você pode começar a pensar nessa pessoa mais como colega do que como cliente, e deixá-lo saber que a hora desse encerramento é seu maior desafio. Alguns consultores gostam de fazer algum tipo de celebração como uma festa ou um almoço para o cliente quando parecer a hora apropriada de dizer adeus. Uma reunião final pode ser o suficiente, mas haverá ocasiões em que os clientes ou membros da equipe superaram muitos obstáculos, e algo mais (como um almoço em grupo) pode ser adequado. Independentemente da maneira que você decidir lidar com isso, recomendamos algum tipo de encerramento simbólico para o processo de modificação do comportamento, o qual inclui uma dose saudável de apreciação de sua parte pelo trabalho árduo realizado pelo mediador.

COMUNICAÇÕES INTERPESSOAIS COM OUTRAS PESSOAS

Comunicando-se Com Seu Chefe ou Supervisor

Quando se comunicar com seu chefe ou supervisor, é sempre uma boa ideia ser cuidadoso em relação ao que irá dizer. Não discuta sobre outros funcionários, não dê informações pessoais em um momento de fraqueza ou deixe a pessoa vê-lo como alguém tímido, paranoico ou que está se sentindo ameaçado. Sua forma de comunicação primária com seu supervisor será de reuniões um a um, nas quais você receberá instruções, feedback e, talvez, se for aceito como colega, problemas de brainstorm e busca por soluções. Seu objetivo nessas situações é ser aberto, construtivo, flexível e criativo. Acima de tudo, você precisa prestar muita atenção para se certificar de que compreende o problema e o que se espera de você. Em alguns casos, os supervisores não querem ações, apenas uma opinião confiável para suas ideias. Em outros, desejam que alguém cuide de um problema, retirando essa carga pesada de seus ombros. Até onde você conseguirá cumprir essas demandas é até onde será capaz de ganhar apoio e promover suas próprias ambições profissionais.

Comunicando-se Com Colegas

Regra 1: Não Faça Fofoca Não importa o quanto você pensa que pode confiar nas pessoas no ambiente de trabalho, lembre-se de que elas não conseguem manter segredos, e tudo que você disser sobre outro funcionário irá para os ouvidos daquela pessoa, geralmente mais cedo do que mais tarde. Quando as pessoas querem lhe contar alguma fofoca, torna-se óbvio que gostam de discutir os detalhes pessoais da vida de outras pessoas. Se elas estiverem falando sobre alguém, provavelmente falarão sobre você também. Algumas pessoas utilizam a fofoca como uma isca para fazer com que você revele alguma coisa em troca da "fofoca quente" que você ouviu da boca delas. *Não caia nessa.* Você irá se arrepender quando o assunto da fofoca começar a evitá-lo.

Se alguém começar a contar para você um rumor quente, interrompa a conversa ou mude de assunto. Dizer "Eu não quero mesmo ouvir isso" é uma maneira direta de lidar com fofoca. Um método menos direto é dizer "Vamos voltar ao assunto do plano comportamental do Billy".

No ambiente de trabalho, quanto menos detalhes íntimos sobre os outros você ouvir, melhor você estará. Ainda que isso não seja coberto sob "confidencialidade" pelo código de ética, a fofoca pode ter o mesmo tipo de efeito devastador que teria o ganho de informações a partir de um registro escolar, caso divulgado.

Ao saber que outros funcionários podem ter tanto interesse em espalhar informações, você pode usar essa tendência para fazer algo bom. Se teve sorte com algum professor em particular, tenha certeza de falar isso para as outras pessoas. Como as pessoas gostam de fofocar, há grandes chances disso chegar ao professor. O mesmo vale para seu chefe ou outros funcionários. Uma afirmação como "Jayne realmente me ajudou ontem. Eu estava na correria e ela largou tudo para me ajudar" circulará pelo escritório em um ou dois dias e, antes que você perceba, Jayne estará se oferecendo para ajudar de outras maneiras.

Ganhar uma reputação em seu círculo de colegas como alguém que fala gentilmente sobre outras pessoas, que as admira por sua dedicação e coragem, e que está pronto para dar crédito para os outros, é muito melhor do que ficar conhecido como alguém que espalha rumores e é o fofoqueiro da cidade.

Regra 2: Não Discuta Salários ou Benefícios da Empresa A maneira com que uma empresa determina o quanto e quais benefícios os funcionários individuais recebem é assunto privado entre o empregador e cada colaborador. Os acordos são feitos com base no valor que a pessoa apresenta para a empresa e, ao manter a confidencialidade, os gestores conseguem impedir que os abismos das diferenças salariais causem atritos desnecessários entre os funcionários. Caso haja em sua empresa uma regra escrita sobre discussão de pagamentos e benefícios, isso lhe será comunicado no processo de admissão. Se não houver, saiba que discutir seu salário ou o de outras pessoas com quem não precisa saber dessas informações é muito inadequado.

"No entanto, aproximar-se demais de seus colegas pode ser uma desvantagem."

Regra 3: Fique Atento aos Relacionamentos Duais Muitas empresas desejam que exista um senso de camaradagem entre seus funcionários, algumas até encorajam atividades como a participação em um time da empresa ou caminhadas em prol de alguma causa. O objetivo é produzir um grupo de pessoas que ajudam umas às outras a trabalharem em uma meta organizacional comum. Ser amigável, cooperativo e gentil com o próximo em vez de ser crítico é certamente um objetivo que vale a pena. Para ser um consultor comportamental bem-sucedido, você precisará que as pessoas em seu grupo ofereçam apoio, e terá que ser recíproco. No entanto, aproximar-se demais de seus colegas pode ser uma desvantagem. Tornarem-se amigos de bar ou companhia constante pode ter o efeito negativo de causar ciúmes. E isso leva aos rumores de favoritismo, ou levantam suspeitas de relações sexuais no escritório. É claro que alegações sexuais no ambiente de trabalho podem ter sérias repercussões, sendo altamente recomendado evitá-las.

COMUNICANDO-SE COM SUBORDINADOS DIRETOS

Muitas organizações que empregam analistas do comportamento são pequenas operações nas quais a hierarquia organizacional é bem horizontal. Mas consultores comportamentais eficazes tendem a ganhar responsabilidade depressa por supervisionarem outras pessoas.

Como você deveria se comunicar com esses indivíduos? Basicamente, trate-os como você gostaria de ser tratado: com respeito. Você deve ter tido algumas experiências ruins com um supervisor que foi vago na hora de passar instruções, que não o ouvia, que falava de maneira arrogante ou nunca dava feedback positivo, mas era rápido para criticar. Agora é hora de corrigir tudo isso com as pessoas que você supervisiona. Tente ser o supervisor que você sempre quis ter, mas nunca teve! Felizmente, nossos princípios básicos de comportamento são muito úteis nessa circunstância. Certifique-se de ter um bom controle de estímulos quando descrever metas e objetivos, e utilize descrições claras dos comportamentos desejados. Seja preciso na hora de dar cronogramas e prazos. Se estiver procurando por participação de seus subordinados, certifique-se de que eles sabem que você ouvirá e reforçará boas ideias. Caso se depare com alguém que não presta atenção ou não segue instruções, analise a situação antes de começar a criticar. Talvez você não tenha sido claro na hora de dar instruções, ou vago sobre como gostaria que algo fosse feito, ou a maneira exata como deveria ser conduzido.

"Tente ser o supervisor que você sempre quis ter, mas nunca teve!"

E, por fim, não se esqueça do que você sabe sobre reforço. Certifique-se de sempre deixar claro qual será o reforçador por completar uma tarefa. No mínimo, deve haver uma compreensão implícita, se não explícita, de que seus elogios e aprovação social estarão sempre disponíveis para os funcionários que trabalham bastante, são criativos e demonstram ser membros valorosos da equipe.

RESUMO

Além de serem extremamente competentes tecnicamente, analistas do comportamento que desejam maximizar sua eficácia precisarão compreender comunicações interpessoais. Para começar, o analista do comportamento consultor deve ser uma pessoa amigável. Se tiver alguns deficits na parte de ser agradável, conseguir feedback de amigos e colegas é o primeiro passo para o aprimoramento. Profissionais com boas habilidades interpessoais sabem como construir um bom relacionamento, demostrar cuidado e agir de maneira amigável (mas profissional) em relação às pessoas. Eles são preparados durante reuniões, e entregam conteúdo de modo que as pessoas consigam entendê-lo, utilizando linguagem não comportamental se necessário. São pacientes e fornecem bastante feedback positivo. Desde a reunião de apresentação inicial, quando é decidido se o cliente receberá serviços comportamentais, até o encerramento do programa, quando as metas serão cumpridas, a comunicação interpessoal terá um papel crucial para o sucesso contínuo do consultor analista do comportamento.

PARA LEITURA ADICIONAL

BIXLER, S.; DUGAN, L. S. *5 steps to professional presence*. Avon, MA: Adams Media, 2001.

CARNEGIE, D. *How to win friends and influence people*. Nova York: Pocket Books, 1936.

HARVARD BUSINESS SCHOOL PRESS. *Face-to-face communications for clarity and impact*. Boston: Author, 2004.

9 Persuasão e Influência

Quando a professora encaminhou sua estudante Chrissy para uma avaliação comportamental, ela estava preocupada tanto com a mãe de Chrissy quanto com essa criança de 12 anos não colaborativa e com TDAH. A mãe iniciou a reunião falando que tinha certeza de que a filha se comportava daquela maneira só para irritar as pessoas: "Ela sabe exatamente o que está fazendo, e sabe muito bem." Eu sabia que se sugerisse com muita ênfase que ela precisava de um programa comportamental completo com coleta de dados em casa, uma linha de base e uma análise funcional, perderia o apoio da mãe. Eu precisava apresentar minha posição, apoiando os sentimentos daquela mãe. Somente assim eu poderia influenciá-la a tentar uma abordagem comportamental para ajudar Chrissy.

Russ era o consultor de gestão de desempenho de uma grande corporação. Com os tempos difíceis nos negócios, um novo concorrente estava tirando os clientes dele, e os custos mais altos para manter a empresa estavam resultando em cortes de orçamento severos e redução de pessoal. No meio disso tudo, Russ desejava propor um novo programa, o qual tinha potencial de ganhar novos consumidores e gerar renda, e ele contou, com orgulho:

> *Ninguém conseguia acreditar que vendi minha ideia para o presidente e para a diretoria quando já vinham dizendo há algum tempo: "Sem novas iniciativas." Criei alguns materiais para que fossem impressos prontamente — eles fizeram com que meu programa parecesse real. Então, comecei meu discurso lembrando a todos o quanto meus outros programas foram bem-sucedidos. Eu sabia que o objetivo principal da diretoria era obter dinheiro, e eu tinha vários argumentos falando disso na apresentação. Tivemos algumas questões e objeções iniciais, mas eu estava pronto para elas. Resumindo, persuadi todos a me deixarem implementar meu novo programa dentro de seis meses.*

De salas de aula a corporações, os analistas do comportamento estão no negócio da persuasão e influência na maior parte do tempo. O que oferecemos como tratamento é contrário às tendências naturais de muitos pais, professores e supervisores. Por esse motivo, além de utilizar nossas habilidades técnicas, como a avaliação funcional, temos que ser capazes de persuadir e influenciar as pessoas.

Uma criança que é desafiadora e se recusa a limpar seu quarto, ir dormir na hora certa e levantar da cama quando a chamam de manhã apresenta um "problema de poder" para seus pais, e o comportamento não colaborativo é comumente rebatido com uma reação forçada. Infelizmente, o pai gritando: "EU MANDEI SAIR DA CAMA AGORA! ESTOU FICANDO CANSADO DISSO! VOCÊ VAI FICAR DE CASTIGO!" é uma reação mais típica do que o pai ignorar e conduzir uma análise funcional para determinar *por que* a criança está se recusando a sair da cama de manhã.

Ainda que a análise do comportamento claramente ofereça uma abordagem mais racional, humana e eficaz, nossa abordagem não é intuitiva para a maior parte das pessoas. Ao menos a curto prazo, muitas delas foram reforçadas por fazerem ameaças. O histórico de reforço pode transformar as reações imediatas das pessoas em comportamentos problemáticos. Outra parte do histórico de reforço é que muitas pessoas que procuram ajuda ficaram frustradas com sua falta de habilidade para lidar com outras, sejam seus filhos, alunos ou funcionários. Essa frustração sinaliza que elas perderão o controle, e o medo resultante pode se transformar em reações irracionais.

É aqui que entram a influência e a persuasão. Nosso trabalho como analistas do comportamento é tirar essas pessoas frustradas dessa situação indesejável, colocá-las em um humor refletivo e lhes dizer para tentarem uma abordagem diferente. É preciso modificar os comportamentos e as atitudes *delas* antes de poder modificar os comportamentos da criança ou do funcionário em questão.

Atitudes são grandes repertórios verbais que estão muito conectados aos comportamentos dos indivíduos, não necessariamente em termos de causa e efeito, mas talvez indicando como elas podem se comportar em determinadas situações. Um pai frustrado à beira de usar punição corporal com uma criança precisará de um pouco de persuasão para parar, se acalmar e ouvir a voz da razão. Como analista do comportamento, você verá que seu primeiro desafio é encontrar o cenário correto para conversar com a pessoa tomada pela cólera enquanto utiliza palavras de conforto e gestos encorajadores. Isso ajudará você a colocar uma mãe que está chorando ou um gestor que está xingando em um lugar onde ouvirão e considerarão o que você tem a dizer.

INFLUÊNCIA

Influenciar envolve modificar as atitudes e comportamentos de outras pessoas sem utilizar força ou demonstração de poder (Harvard Business School Press, 2005). Quando usam a influência como ferramenta, os analistas do comportamento ativam suas melhores habilidades de escuta ativa, induzem quaisquer comentários a se inclinarem na direção que eles, analistas, estão tomando e usam a reflexão para se assegurar de que estão permanecendo em contato próximo: "Então, Sr. Phillips, o que entendi é que a sua frustração é tão grande que, às vezes, você perde a paciência e sente que está a um passo de bater em sua filha. Deve ser muito chato para você." Após o pai ou a mãe se acalmar do comportamento verbal agitado, irritado e nervoso, ele ou ela deve ser capaz de discutir esse problema mais racionalmente. Somente nesse momento o analista do comportamento será capaz de fazer progresso em realizar uma pesquisa por variáveis de causa. Nesse caso em particular, talvez você precise ensinar um pai que está dizendo "Ela é só uma garota teimosa, e acho que ela gosta de me testar" a ajudar você em sua procura por condições antecedentes, operações motivadoras, histórico de reforço e contingências atuais.

"Influenciar envolve modificar as atitudes e comportamentos de outras pessoas sem utilizar força ou demonstração de poder."

Um objetivo de sua entrevista inicial com o cliente em potencial é determinar como proceder com a apresentação. É raro lidar com alguém que é totalmente aberto para tudo que você fale. Antes de voltar para o assunto sobre o tratamento e abordar o problema da criança, talvez seja preciso lidar com qualquer coisa que o pai tenha ouvido sobre você, sua empresa ou a área de análise do comportamento.

Além disso, você terá que determinar a melhor abordagem para lidar com aquilo que acabaram de lhe contar. Algumas pessoas aparecem no consultório com um forte preconceito contra qualquer tipo de recompensa, ou são explícitas sobre não desejarem confrontar os próprios filhos. Se alguns pais pudessem escolher, estariam perfeitamente felizes em ir para o shopping depois de deixar o filho em um psicoterapeuta que diria algumas palavras mágicas e constataria que a criança foi "curada" após algumas sessões. Quando colocada lado a lado de psicoterapias, uma abordagem comportamental se parece com uma abordagem laboral/intensiva para muitos pais. Com alguns deles, você terá um *grande* trabalho à frente no quesito influência.

"Quando colocada lado a lado de psicoterapias, uma abordagem comportamental se parece com uma abordagem laboral/intensiva."

TÁTICAS DE INFLUÊNCIA

Para influenciar o pensamento de alguém, como o pai da criança que precisa de um programa comportamental em casa, você desejará considerar algumas táticas aceitáveis de influência. Elas incluem: *fazer o esboço do problema* à frente, *utilizar informação para influenciar* e *ter influência dentro de sua especialidade técnica como um analista do comportamento* (Harvard Business School Press, 2005).

Enquadramento

Esboçar envolve apresentar a discussão em um formato ou contexto com o qual você se sinta confortável. No caso apresentado anteriormente, o esboço mais provável seria "comportamento aprendido". É mais provável que seja bem-sucedido ao propor um programa comportamental para essa criança do que simplesmente condenar a punição, se puder mudar a opinião da mãe por meio de exemplos de casos similares em que trabalhou nos quais os comportamentos eram aprendidos e você foi capaz de analisá-los e ensinar um comportamento mais adequado. Você também deve incluir nesse programa a noção da recuperação do controle parental, determinar limites e ter regras e consequências.

Lembre-se que influência envolve uma abordagem "sem força" e, se você desejar utilizar influência quando interagir com uma mãe, é aconselhável que se evite argumentar sobre as teorias atípicas dela sobre comportamento infantil. Mesmo que o Dr. Phil às vezes responda a ideias não usuais de pais com frases como "Isso é loucura", essa não é uma boa maneira de fazer sua abordagem.

"Muitos consumidores não compreendem ou não confiam em dados."

Informações

Uma segunda estratégia para obter influência é reunir e utilizar informações factuais relevantes em sua apresentação. No caso apresentado anteriormente, em adição às histórias e narrativas de situações que você pode oferecer ao pai, pode também mostrar representações gráficas facilmente compreensíveis de projetos de modificação do comportamento de seu próprio trabalho ou de literatura publicada.

Muitas pessoas tentam depender apenas da apresentação de dados. Isso é um erro. Muitos consumidores não compreendem ou não confiam em dados. Elas até podem dizer: "Ah, eu ouvi falar que alguém pode mentir com estatísticas. Não acredito mesmo nisso." Nesse caso, você terá que voltar atrás imediatamente. É claro que obter dados é o ponto forte de um analista do comportamento. Mas, para muitas pessoas, um ponto mais forte do que você coletar dados, é o fato de que elas confiam em você. Se você disser que pode ajudar os pais, parecerá uma pessoa honesta, você pegou um interesse pessoal deles e do filho e, o mais importante, será visto como um profissional cuidadoso e responsável, será capaz de persuadi-los a lhe dar uma chance.

Especialidade Técnica

Uma grande tática de influência é utilizar sua especialidade técnica em análise do comportamento para convencer o tomador de decisões de que você realmente compreende o problema e de que está singularmente preparado em virtude de seu treinamento e experiência para resolvê-lo. Essa tática não é utilizada em todos os casos, mas pode ser relevante quando o comportamento é incomum. Por exemplo, um transtorno alimentar no qual o comportamento é muito severo ou traz risco de morte. Se fez um estágio no Instituto Kennedy Krieger e cursou o Pediatric Feeding Disorders Program durante um semestre, ou trabalhou sob supervisão do Dr. Brian Iwata em seu laboratório para comportamento autolesivo na Universidade da Flórida, você poderia alegar especialização no trato de problemas comportamentais severos. Esse nível de especialização amplia sua habilidade de influenciar um pai para tentar uma estratégia sofisticada para modificação de comportamento.

PERSUASÃO

Persuasão é um tópico popular, sendo frequentemente mencionado como *persuasão gentil*. Autores vem usando o termo quando falam sobre converter pessoas para uma religião, quando mencionam o que a mídia faz conosco e quando falam sobre sexo antes do casamento. Persuasão gentil é conhecida como um método para treinar cavalos e é o nome de um álbum de música popular escocesa. Apesar da popularidade do termo, acreditamos que *persuasão gentil* é uma expressão bem redundante, porque, por definição, persuasão é sempre gentil. Caso contrário, seria chamada de algo como *manipulação* ou *dominação*.

Para nossos propósitos, definimos persuasão como um processo de apresentar logicamente nosso ponto de vista para um grupo que é responsável por tomar uma importante decisão. Persuasão difere de influência porque influência envolve produzir um efeito sem forçar; já a persuasão, mudar uma opinião apresentando seu ponto de vista, às vezes, se vale de argumentos ou debate.

Um exemplo de situação em que precisaria utilizar persuasão é quando você, como analista do comportamento de uma escola, é chamado para apresentar um plano para um diretor de escola que pode modificar totalmente a política disciplinar e procedimentos. Ou você poderia querer utilizar persuasão se fosse o consultor gestor de desempenho responsável por uma empresa de seguros e seu trabalho é apresentar para o CEO um plano para que a empresa inicie um programa de treinamento de alto desempenho.

Os quatro elementos da persuasão são: ter credibilidade, entender seu público, ter argumentos sólidos e comunicar-se de maneira eficaz (Harvard Business School Press, 2005).

Ter Credibilidade

Se for se responsabilizar por um trabalho importante em uma organização ou cenário corporativo, deve começar determinando se você possui credibilidade para fazê-lo. Com essa grande responsabilidade, é preciso ter a confiança tanto da empresa quanto dos líderes da organização. E ela surge somente depois de você ter conquistado experiência considerável em várias posições de liderança. Antes de assumir a responsabilidade de realizar uma apresentação importante ou liderar um grande projeto, você terá trabalhado dentro da organização e provado que pode cumprir objetivos. Isso significa que você demonstra uma habilidade de introduzir projetos pontualmente e que cabem dentro do orçamento.

"Se for se responsabilizar por um trabalho importante em uma organização ou cenário corporativo, deve começar determinando se você possui credibilidade para fazê-lo."

Se você for sincero, honesto e confiável, e tiver provado para seus colegas e para a liderança que tem integridade, desenvolverá a credibilidade de que necessita para ser um indivíduo persuasivo. Ao combinar isso com experiência e eficácia comprovada, criará a imagem de ser uma pessoa com quem se pode contar. A fórmula da credibilidade, Credibilidade = Confiança + Experiência (Harvard Business School Press, 2005) é uma boa fórmula para se adotar como meta pessoal.

Entender Seu Público

Outro elemento de persuasão é entender os profissionais com quem você está falando e como eles costumam tomar decisões. Reúna o máximo de informações que puder sobre o processo que utilizam, e tente descobrir quem é o líder da equipe de tomada de decisões. Avalie a influência do líder em relação ao grupo, e analise todas as decisões recentes que ele tomou. Lembre-se de que o ditado "o melhor preditor do comportamento futuro é o comportamento passado" aplica-se tanto para grupos quanto para indivíduos. Ainda que você goste de pensar que uma decisão sobre sua proposta seja embasada somente em seus méritos, a verdade é que os membros individuais do grupo de tomada de decisões devem ter suas próprias crenças, devem estar brigando por uma posição no comitê ou tentando usar sua proposta para alcançar outra meta não citada.

"Credibilidade = Confiança + Experiência."

Conforme você apresenta seu ponto, esteja atento para as reações dos membros do comitê, analise a linguagem corporal deles, e esteja preparado para fazer pausas para perguntas ou esclarecimentos. Além de considerar os variados motivos dos membros, você também deve levar em consideração até onde são receptivos a seu plano. A resposta deles pode variar de hostil a acolhedora (Harvard Business School Press, 2005) e você terá que reagir de acordo com ela.

Ter Argumentos Sólidos

O cerne de seus esforços de persuasão é o argumento que você constrói para seu projeto. Ele deve ser lógico, cumprir as necessidades da empresa e também daqueles que tomarão a decisão, além de levar em conta as políticas da organização (Harvard Business School Press, 2005).

Pegando uma dica dos gregos, considere uma abordagem de cinco partes para construir seu argumento: (a) comece com uma história envolvente; (b) vá direto ao ponto de sua proposta pintando uma tela (mostrando algumas imagens ou vídeos, por exemplo) com o que você deseja que aconteça; (c) apresente sua evidência factual, usando como apoio gráficos, tabelas ou diagramas fáceis de ler; (d) antecipe e responda a todas as objeções que tendem a surgir e (e) por fim, encerre com uma afirmação clara daquilo que pretende que o painel ou o comitê faça (Heinrichs, 2007).

Recursos retóricos que podem ser utilizados persuasivamente em sua apresentação incluem fazer perguntas retóricas para ganhar a atenção do tomador de decisões; variar o ritmo, tom e volume de sua voz; e utilizar pausas dramáticas para enfatizar determinadas partes de sua apresentação.

Comunicar-se de Maneira Eficaz

Claramente, a forma como apresenta seu argumento é a chave para a persuasão. Há uma variedade de maneiras pelas quais você pode abordar tal apresentação. Uma delas é iniciar com algo dramático. Uma estatística chocante, uma história envolvente ou um exemplo bem-humorado de alguma coisa que deu terrivelmente errado (ou lindamente certo como este caso será) chamará a atenção do comitê. Assim que você tiver a atenção do comitê, prossiga com o plano e mostre como ele resolverá o problema. Continue o uso de histórias e metáforas para mostrar um panorama de um mundo melhor no caso de sua proposta ser adotada. Outra estratégia é iniciar (depois de usar um gancho para chamar a atenção) analisando um problema (como faríamos em uma análise funcional) e, em seguida, apresentar seu plano como solução. Se for usar essa estratégia, certifique-se de que ela de fato combina com as dimensões e características da análise. Em ambos os casos, é crucial que você se lembre de focar seu plano em como ele beneficiará os membros do comitê individual e coletivamente. Você pode enfatizar as melhorias que virão com sua abordagem sendo adotada: "É provável que sejamos capazes de aumentar a produtividade em 5%, para um retorno anual de mais de US$3 milhões." Ou você pode falar sobre o que acontecerá se não houver aprovação: "Continuaremos a perder participação no mercado para nosso competidor internacional, e isso poderia somar mais de US$5 milhões nos próximos 5 anos."

"Para convencer qualquer pessoa de qualquer coisa, você deve ser capaz de contar uma boa história."

É comum que os analistas do comportamento fiquem tão focados em sua estratégia com base em dados, centrada em evidências, que esqueçam de considerar que muitas decisões não são tomadas apenas pela lógica. Decisões são tomadas por pessoas que têm sentimentos, e você pode apelar para esse lado emocional. Se você começou sua apresentação com uma grande história ou uma narrativa bem-humorada, pode prosseguir com outro exemplo que reforça a ideia de que sua proposta resolverá o problema.

As palavras que você usa são extremamente importantes, e quando escrever sua apresentação, deve procurar maneiras de adicionar vida e emoção. Criar um cenário com palavras ou acompanhar suas falas com figuras, animações ou vídeos podem vender sua proposta. Dizer palavras como "Ir à escola é como ir ao trabalho" ou "Funcionários não darão seu melhor se não forem reconhecidos. Você acha que os atletas olímpicos competiriam se não existissem medalhas de ouro?" é uma boa maneira de colocar seu argumento e fazer com que sua audiência entenda seu ponto de vista. Motivação é importante para todos.

Por fim, para convencer alguém sobre algo, é preciso ser capaz de contar uma boa história, relevante, rica em detalhes e que exponha um elemento emocional que cause impacto em todos, tenha uma conclusão satisfatória e amarre todas as pontas soltas.

Uma analista do comportamento foi chamada para fazer uma apresentação sobre seu trabalho com crianças em idade de ensino pré-escolar. Ela iniciou com tabelas e gráficos que mostravam a prevalência de comportamentos inadequados e, em seguida, descreveu categorias de intervenções com base em sua eficácia. Foi descritivo, preciso e importante, mas faltou vida.

Pediram para ela: "Pense em alguns casos recentes e nos conte uma história de uma criança que se destacou como um caso de sucesso." Ela pensou por um momento e começou a descrever Lucy. Lucy estava deixando sua professora louca, tanto que a professora saiu da sala de aula e perseguiu a analista do comportamento pelo corredor, implorando por ajuda: "Eu não sei o que fazer. Não consigo dormir à noite, e estou pensando seriamente em ir embora desta escola." Agora sim temos uma história envolvente, que precisa ser contada da maneira correta para persuadir graduandos a considerar ingressar na profissão de consultor comportamental. Sugeriram para a apresentadora que começasse sua apresentação com essa história, e, em seguida, descrevesse o que é análise do comportamento aplicada, encerrando com o final da história em que Lucy se tornou uma aluna nota 10 e a professora decidiu continuar lecionando.

RESUMO

Como um bom analista do comportamento que está se empenhando para ser eficaz, você deve trabalhar para aperfeiçoar suas habilidades de influência, de persuasão e de apresentação (ver Capítulo 11). Saber como influenciar pessoas sem ser severo pode ser aprendido somente com prática e atenção cuidadosa quanto aos resultados. Como a influência, a persuasão é uma área que merece um estudo maior por aqueles que desejam avançar na análise do comportamento. Precisamos de outras pessoas para adotar e aplicar nossos serviços comportamentais meticulosos. Persuadi-las para utilizarem procedimentos e protocolo frequentemente depende de nossas habilidades para usar as importantes habilidades de influência e persuasão.

PARA LEITURA ADICIONAL

BECKWITH, H. *Selling the invisible*: A field guide to modern marketing. Nova York: Warner Books, 1997.

GOLDSTEIN, J. J.; MARTIN, S. J.; CIALDINI, R. B. *Yes!* 50 scientifically proven ways to be persuasive. Nova York: Free Press, 2008.

HARVARD BUSINESS SCHOOL PRESS. *Power, influence, and persuasion*. Boston: Author, 2005.

HEINRICHS, J. *Thank you for arguing*: What Aristotle, Lincoln, and Homer Simpson can teach us about the art of persuasion. Nova York: Random House, 2007.

10

Negociação e *Lobby*

Quando comecei a trabalhar pela primeira vez em análise do comportamento, ia para uma reunião determinado a fazer tudo do meu jeito, não importava como. Era "ou tudo ou nada", como dizem. Somente quando adquiri mais experiência percebi que meu objetivo quando negociava em uma reunião não era apenas obter o que eu queria, mas ajudar o outro lado a conseguir algo também. Ganhar significa que ambos os lados obtiveram alguma coisa, além de contribuir muito para construir sua reputação e ajudar você no futuro.

Um analista do comportamento reconhecido nacionalmente

Os analistas do comportamento estão no *ramo* de prover serviços comportamentais de qualidade. Em ambientes terapêuticos, esses serviços de qualidade são compostos por tratamentos com base em evidências e intervenções que, quando aplicadas adequadamente, resultam em mudanças drásticas de comportamento.

No dia a dia de um analista do comportamento, haverá muitas vezes em que alguém precisa ser convencido de que determinada abordagem terapêutica é a melhor, ou que um novo programa deve ser iniciado. Quando você se encontrar na posição de consultor que precisa convencer outras pessoas de que uma abordagem específica é a melhor, precisará de habilidades de negociação e *lobby*, além de suas habilidades técnicas, para maximizar sua eficácia.

Negociação e *lobby* também serão relevantes quando chegar a hora de você pedir um salário maior ou melhores condições de trabalho, quando precisar adicionar pessoal ou recursos para seu programa, ou quando quiser levar uma abordagem diferente de como uma escola ou agência lida com um grande problema, como práticas de disciplina escolar.

NEGOCIAÇÃO

Existem muitos livros sobre negociação e vários modelos para negociar qualquer coisa, desde aumentar seu salário até se divorciar, reduzir suas taxas de cartão de crédito, comprar um carro usado e conseguir o emprego dos sonhos. Autores têm descrito diferentes passos críticos para negociação, dependendo do cenário, que variam de não ficar preso somente na ciência (não é um bom conselho para nossa área de trabalho) até assumir o controle da reunião assim que você entra na sala. Ainda que "assumir o controle" pareça o tipo de conselho dado para um advogado corporativo de alto nível que tentará fechar um acordo de fusão e aquisições, não é a melhor abordagem para analistas do comportamento que fazem parte de uma equipe terapêutica.

Para analistas do comportamento que negociarão em uma reunião, oferecemos as seguintes diretrizes.

Negociação: O Modo Comportamental

Comportamentos Pré-Reunião

Identifique Seus Objetivos O que você quer dessa reunião? Que sejam coletados dados a cada hora? Um assistente comportamental exclusivo para seu cliente? Que o administrador lhe permita coletar dados de linha de base antes de iniciar um novo programa para uma ampla instalação?

Faça Sua Tarefa de Casa Saiba quem estará na reunião e quais posições essas pessoas ocuparão. Algum outro profissional resistirá à sua abordagem? Você estará pronto para propor a compra de serviços que não estão no orçamento do diretor? A professora com a qual você está trabalhando apresenta resistência em relação à coleta de dados porque ela acha que já tem muita coisa para fazer? Saiba como a agência ou empresa trabalha. Se você estiver lidando com pessoas de um grupo sem fins lucrativos com orçamento limitado, ficaria envergonhado na hora de sugerir para eles contratarem um analista do comportamento com mestrado em tempo integral. Conforme você desenvolve habilidades de consultoria avançadas, uma parte do "fazendo sua tarefa de casa" pode envolver *lobby* para conseguir o que você quer. O *lobby* será discutido mais tarde neste capítulo.

Chegue Preparado na Reunião Se o cliente for uma criança, tenha os dados relevantes registrados e prontos para uma breve apresentação. Se planeja sugerir a compra de equipamentos, descubra antecipadamente quais são os custos e as opções. Se o assunto for uma criança com um problema comportamental, observe-a com antecedência, se possível, e converse com o máximo de pessoas que trabalharam com a criança.

Comportamentos Na Hora da Reunião

Identifique a Pessoa no Comando Você não precisa anunciar isso, é claro, mas você deveria olhar em volta da mesa e determinar quem possui a capacidade de tomar decisões. Inúmeras vezes, durante reuniões e fora delas, as pessoas desperdiçam seu tempo conversando com a pessoa errada. Por exemplo, elas irão conversar e conversar com um diretor executivo que não tem autoridade e simplesmente serve ao Conselho de Administração. Se as pessoas desejam ser eficazes, precisam ir até o presidente da organização ou ao Conselho. Como um analista do comportamento, você deve interagir com todos os membros da equipe, mas deve manter em mente quem tem a palavra final nos assuntos. Haverá ocasiões em que uma abordagem melhor do que tentar algo com a equipe terapêutica será conversar com o dono da empresa de consultoria para a qual você trabalha sobre ter uma reunião com um administrador de distrito ou dono de empresa.

Apresente Seu Posicionamento Quando for sua vez, dê um breve resumo da situação, e então declare seu posicionamento. Por exemplo:

> *Estamos nos reunindo hoje porque Shawn bateu em duas crianças na sala de aula, portanto, precisamos de um plano. Acredito que deveríamos iniciar uma análise funcional imediatamente e, até sabermos o que está acontecendo, Shawn precisa de supervisão exclusiva.*

Ou:

> *Pediram que a equipe de análise do comportamento desenvolvesse um número de planos comportamentais para nossos clientes adultos. Sentimos que os problemas comportamentais resultam da falta de nossos clientes terem o que fazer antes do almoço. Gostaríamos de propor que a instalação implemente um programa de habilidades recreativas antes do almoço.*

Entenda o Posicionamento do "Outro Lado" Na reunião, quando as pessoas disserem que não concordam com sua proposta, que não querem coletar dados, que não acham uma abordagem comportamental necessária ou que não possuem os recursos necessários para fazer o que está sendo sugerido (enfim, você entendeu), certifique-se de que compreendeu o lado delas: "Debbie, você disse que não é prático se coletarmos dados em sua sala de aula. Pode me falar quais são os problemas?"

Identifique os Pontos em Que Ambos os Lados Concordam Coloque os problemas de lado por um momento e fale sobre os pontos que vocês concordam: "Podemos fazer uma pausa? Debbie, entendi bem: Shawn está batendo em uma criança em sua sala de aula e precisamos de algum tipo de intervenção?"

Comprometa-se Quando Possível Analistas do comportamento deveriam se considerar como parte da equipe de tratamento. Lembre-se: seu objetivo é manter seus altos padrões e seguir as Diretrizes de Conduta Responsável, mas você deve trabalhar com outros membros da equipe. Às vezes, isso significa que ajudará com observações, concordará com coletar dados menos frequentemente (se não afetar a qualidade de seus serviços), mudar uma escala ou um local para ajudar, e assim por diante.

Resuma o Acordo Negociado Alguém na reunião deveria documentar o que os membros da equipe concordaram em fazer. Esse resumo deve ser feito verbalmente e entregue também por escrito (pode ser nos últimos minutos da reunião ou em suas anotações).

Saiba Quando Caminhar Como analista do comportamento, esperamos que se esforce para trabalhar em equipe. Mas haverá momentos em que você será solicitado para proceder de maneira antiética, desconectar-se de serviços que são simplesmente inadequados ou implementar um programa que não resultará em tratamento eficaz. Quando isso acontecer, seu curso de ação mais ético é se recusar a prestar seus serviços. Se você estiver trabalhando para uma empresa de consultoria ou for um estudante fazendo estágio, deverá procurar monitoria sempre (é para isso que servem os celulares). Contate seu supervisor e discuta a situação para garantir que você está no caminho certo.

"Lembre-se: seu objetivo é manter seus altos padrões e seguir as Diretrizes de Conduta Responsável, mas você deve trabalhar com outros membros da equipe."

A NECESSIDADE DE NEGOCIAÇÃO E LOBBY

Para nos aprofundarmos na necessidade do analista do comportamento de apresentar habilidades de negociação e *lobby*, vamos examinar a situação em que você é convocado para o caso de uma criança em um programa de escola pública.

No processo de interação com um mediador, programa educacional individualizado ou equipe de tratamento, você pode descobrir, de repente, que sua pesquisa diligente e seu trabalho de desenvolvimento serão comprometidos por uma pessoa ou um grupo, geralmente, não treinado em análise do comportamento. Para que os serviços comportamentais sejam eficazes, nós, como campo de atuação, temos evidência de que determinadas condições são necessárias. Por exemplo, consistência (ninguém está dando reforço intermitente para comportamentos inadequados) é extremamente importante em programas de redução de comportamentos. As implicações práticas aqui são de que é provável que seu trabalho convença uma equipe de que todos, incluindo os pais, professores e outros profissionais, precisam dar seguimento ao plano comportamental.

Então, você deu o melhor de si no trabalho e foi para o comitê somente para descobrir que eles vetarão seu plano ou o modificarão de forma significativa. "Reduza" é frequentemente uma maneira educada de falar que você não fará nada do seu jeito, e que alguém na mesa não acreditará que a intervenção comportamental é parte crítica do tratamento. Em alguns casos, uma "escassez de recursos" pode ser o motivo dado por não permitir que você implemente a intervenção que foi proposta. Em outros casos, o mediador pode ficar relutante em relação ao programa porque ele não quer "desperdiçar muito tempo" com o treinamento ou gestão de contingências que você criou com tanto cuidado. Quando isso acontecer, você precisará contar com suas habilidades de negociação para conseguir os melhores serviços para seu cliente.

Onde Cabe a Análise do Comportamento? Por que Temos que Negociar?

Então, por que nem todos apreciam o que fazemos? Vamos analisar por um instante como a análise do comportamento se encaixa no grande sistema de serviços humanos. Primeiro, temos que admitir que nós chegamos muito depois de outras profissões. Crianças vêm apresentando sérios problemas comportamentais em salas de aula há anos. Há trinta anos, no mínimo, existe literatura documentada sobre o tratamento desses problemas e essa literatura deriva do campo da educação, não da análise do comportamento. As escolas primeiramente responderam a crianças com necessidades especiais ao desenvolver "salas de aula especiais". A visão mais antiga em relação a crianças com algum problema comportamental em um cenário escolar, culpava-as. Para fazer com que as crianças largassem o cabelo da professora, um psicólogo teria que ser trazido para testar as crianças e mandá-las com seus comportamentos interferentes para uma "sala de recursos" ou para uma sala de aula isolada que ficava atrás do prédio principal da escola.

Outro modelo equivocado para administrar problemas comportamentais em escolas envolvia tentar falar com crianças sobre seus comportamentos interferentes. Crianças que, por algum motivo, não podiam ser testadas fora da sala de aula (por exemplo, seus QIs eram altos demais), eram encaminhadas para um terapeuta escolar. Com frequência, o terapeuta trabalhava somente com "terapia da fala". Novamente, a teoria considerava que essas crianças precisavam ser reajustadas.

É surpreendente que, em algumas escolas, a remoção para salas de aula especiais e terapia da fala ainda são métodos de escolha para lidar com crianças com problemas comportamentais. Ainda que aulas especiais e aconselhamento estejam bem estabelecidos no sistema educacional como soluções, essas intervenções não apresentam base de dados convincentes para mostrar que realmente funcionam, exceto que, ao remover a criança da sala de aula original, resolviam o problema imediatamente e deixavam o professor muito contente. O efeito óbvio do reforço negativo desse modelo explica sua popularidade nos sistemas escolares dentro dos Estados Unidos. Qualquer culpa pelo problema é transferida para a criança, uma vítima sem poder diante de uma burocracia bem enraizada.

Agora, há mais ou menos dez anos, quando surge um problema relacionado ao comportamento de uma criança, um analista do comportamento consultor começa a atuar. Em vez de testar a criança, o analista entra na sala de aula para observar o que está acontecendo e tenta encontrar as variáveis causais para o comportamento interferente da criança. O que o analista do comportamento descobre é que este aluno não é bem atendido pela professora, o material é muito difícil para ele, precisa sentar por longos períodos prestando atenção a textos que acha desinteressantes, e recebe a atenção ("volte para sua mesa") da professora somente quando levanta do lugar e caminha ou quando perturba outro aluno. Esse aluno não precisa ser testado, ir para outra sala e não ser aconselhado. Ele precisa de um novo conjunto de tarefas acadêmicas interessantes pelas quais possa obter reforço. O reforço virá de uma professora que entende sua necessidade de elogios. Tudo isso parece maravilhoso, mas esteja ciente de que essa série de recomendações não tende a fazer com que o analista do comportamento seja muito popular junto aos professores que estão trancados dentro do modelo de reforço negativo.

O que um bom analista do comportamento deve fazer em circunstâncias como essas? Primeiro, você deve reconhecer que uma escola é uma entidade com sua própria estrutura de poder, regras não escritas e códigos de conduta. Uma escola é diferente de quase qualquer outra instituição em nossa cultura porque o professor tem total autonomia dentro da sala de aula. Ele faz as regras e dá as ordens. Até mesmo o diretor, os pais e a administração da escola ficam relutantes para tomar qualquer ação quando um professor que já está há bastante tempo na instituição discorda.

Então, você é o analista do comportamento que trabalha nessa escola. Acabou de receber um encaminhamento do diretor para trabalhar com uma criança com comportamentos interferentes na sala de aula da Srta. Baker. Você faz as observações e tira as conclusões descritas anteriormente. E agora? Fala para a Srta. Baker que ela deve mudar o comportamento dela? Diz a ela para desistir de seus modos enferrujados e lidar com o estudante de uma forma completamente diferente da que ela tem feito nos últimos 25 anos? E que ela precisa passar bastante tempo reforçando uma criança de quem não gosta? Você consegue imaginar como será a conversa. Para iniciantes, essa pode ser uma tarefa um tanto assustadora. Se você conseguir modificar o comportamento de um professor que não está comprometido com uma abordagem de análise do comportamento, a palavra será espalhada e você terá outras pessoas fazendo fila para receberem seus serviços.

Para começar, um curso rápido de negociação e *lobby* para iniciantes ajudará você a ter progresso em benefício de seus clientes.

LOBBY

Como muitos sabem, o termo *lobby* está relacionado a tentativas organizadas realizadas por grupos de interesse especial para influenciar legisladores que estão considerando certas leis no Congresso dos EUA [e de outros países]. As características-chave são as tentativas organizadas e onde elas acontecem (fora da Câmara deliberativa). O termo *lobby* origina-se de representantes de um grupo de interesse especial reunindo legisladores no corredor, tentando influenciá-los fora de uma reunião oficial.

Nós usamos a ideia de *lobby* para sugerir um método pelo qual você, o novato na organização, pode trabalhar de forma ética para influenciar as ações de outras pessoas e ter um resultado positivo. O interesse especial que você representa é o aluno que precisa de um representante a seu favor para melhorar suas chances de ser bem-sucedido na escola. Como analista do comportamento consultor, você não está simplesmente afirmando que a professora precisa dar uma folga para o aluno. Em vez disso, está recomendando uma série de mudanças específicas nas quais acredita — baseado em seu conhecimento dos estudos feitos, suas observações diretas na sala de aula e seus anos de experiência — serem a melhor maneira de ajudar a criança.

Então, como você deveria proceder? Sabendo que você sabe sobre o poder da professora de dar ordens, precisará fazer um pouco de *lobby* a favor da criança e de você mesmo. Precisa fazer isso *antes* de se sentar com a professora para a reunião na qual apresentará sua proposta.

Estabelecendo-se Como Um Reforçador

O passo um é fazer de si mesmo um reforçador. Encontre um momento em que possa se encontrar com a professora para estabelecer contato. Utilizando o que aprendeu nos Capítulos 8 e 9, apresente-se como uma pessoa não ameaçadora que ama crianças, que admira o trabalho duro que os professores fazem com cada uma delas diariamente e que é simpatizante de sua dificuldade. Isso deve ser sincero. Deve levar três ou quatro conversas na sala dos professores, na cafeteria, no corredor ou em qualquer lugar que não seja a sala de aula. Procure por qualquer coisa que indique quais são os reforçadores da professora, e veja se consegue providenciá-los. Por exemplo, se notar que ela tem um quadro de avisos com temática de borboletas, você pode levar um livro sobre borboletas para emprestar para ela. Se ouvir que a professora gosta de um certo estilo de música, você pode levar um panfleto sobre um show que o artista favorito dela está para fazer ou um recorte de jornal sobre ele. Ou pode ajudar a realizar atividades na aula como ler para os alunos, ajudar com uma tarefa ou conseguir uma cópia de um programa de computador que ela estava procurando. Devemos ressaltar aqui que, para ser ético, você não pode dar presentes para a professora.

Faça Perguntas para Obter Informações

A seguir, depois de conhecer um pouco mais a professora, você pode começar a fazer algumas perguntas após uma sessão de observação na sala de aula dela: “Notei que o William fica meio agitado quando você dá questões de matemática para a classe fazer. Você pode me falar um pouco sobre isso?” Não importa o que ela responder, sua resposta adequada deverá ser "Obrigado, Srta. Baker, isso realmente me ajuda a entender o William. Eu agradeço."

Conforme interage com a professora, será capaz de saber em que tom falar as ideias de seu programa para ela. Na hora em que você finalmente se sentar para uma reunião, será útil se a professora gostar e confiar em você e souber que não pedirá para ela fazer nada de que não seja capaz. E você saberá como essa professora em particular se sente sobre mudar a maneira como conduz a sala de aula e modificar seu comportamento.

Avalie a Resposta da Professora

Devido a seu programa provavelmente envolver algum aspecto de rearranjo acadêmico (um conjunto de tarefas ou agenda diferente, mais reforço), você precisa colocar a Srta. Baker à prova para determinar como ela responde a essas ideias. Algumas pessoas são rígidas. Quando trabalha com elas, você tem seu trabalho muito dificultado. O esforço do *lobby* pode esperar um pouco. Não acelere esse processo. Se você for muito rápido com alguém que não gosta de mudanças, provavelmente será rejeitado. Você deveria saber que uma vez que as pessoas rejeitam uma ideia, é difícil fazer com que reconsiderem.

Se você estiver trabalhando com um comitê em vez de um indivíduo, o *lobby* necessário será multiplicado pelo número de pessoas do comitê. Existe algo que os observadores da cena legislativa sabem há muito tempo: se você quer que sua proposta seja recebida de maneira positiva, uma boa ideia é conhecer os membros individualmente; se possível, conversar com eles antes de sua apresentação; e refletir sobre as ideias deles para ter uma noção de seus posicionamentos.

Nos anos recentes, o *lobby* no Congresso dos EUA ganhou uma má reputação. Isso aconteceu em parte devido aos lobistas que foram muito além de conhecer os legisladores e educá-los sobre certas leis. Esses lobistas antiéticos também ofereceram subornos, propinas, viagens para a Escócia para jogar golfe e para o Havaí. Claramente, analistas do comportamento que estão realizando *lobby* em prol de uma criança deveriam deixar esses esforços no lado certo da ética e da lei. Entender com quem você está conversando para que seja capaz de lidar com quaisquer preocupações a tempo é uma estratégia prudente para se tornar um profissional eficaz.

"Algumas pessoas são rígidas. Quando trabalha com elas, você tem seu trabalho muito dificultado. O esforço do lobby pode esperar um pouco."

DICAS SOBRE NEGOCIAÇÃO

Negociação é outro termo de negócios que pode parecer deslocado na prática eficaz da análise do comportamento. Muitas pessoas que ouvem falar no termo *negociação* imaginam uma mesa de mogno do tamanho do estado de Cincinnati com representantes da administração de um lado e líderes trabalhistas do outro enquanto elaboram um contrato de cinco anos para os funcionários da linha de montagem da General Motors. É uma visão válida, mas não é disso que falaremos aqui. A definição mais comum de negociação expressa o que temos em mente. Negociação é uma discussão que ocorre para que um acordo seja conseguido. A partir da citação no início deste capítulo, você tem uma noção de um cenário bem comum encontrado nos Estados Unidos. Uma analista do comportamento apresentou seu caso para um programa comportamental que melhorará a vida de um cliente, criança, aluno ou grupo de funcionários. E, apesar do esforço de *lobby* dela, a proposta teve grande resistência de uma ou mais partes, ou até do mediador. Ela utilizou todas as dicas que ofertamos no Capítulo 9 sobre persuasão, mas as pessoas discordaram e disseram "Não temos tempo para realizar esse tipo de programa", "Precisará de recursos que não dispomos" ou até "Eu não me sinto confortável em fazer todos esses reforçadores, ou, como vocês chamam, 'contingentes'. Acho que ele vai ter um chilique ali mesmo no mercado, e aí, o que eu vou fazer?" O analista do comportamento inteligente (esse seria você!) terá se planejado para essa possibilidade e terá um Plano B pronto. É hora de negociar.

Primeiro, você precisa sonhar alto em sua proposta: "Peça mais do que espera receber." (Dawson, 2001, p. 13). Em nossa área, muitos planos comportamentais são escaláveis, ou seja, podem incluir tratamento que cobre a maior parte das horas em que o cliente está acordado, ou somente uma ou duas horas por dia. Qualquer tempo menor do que esse, não tem valor e isso estabelece seu ponto inegociável. O trabalho original de Lovaas (1987) mostrou que, em cerca de metade dos casos, quarenta horas por semana de treinamento de tentativas discretas individuais com crianças com autismo poderia produzir resultados fantásticos dentro de um período de dois anos. As crianças do estudo de Lovaas parecem ter se "recuperado" do autismo e poderiam ser colocadas em salas de aula de educação regular nas quais não poderiam ser discriminadas de alunos "normais". Pesquisas mais recentes mostram que vinte horas por semana da mesma intensidade de tratamento, além de menos trabalho de grupo intensivo, pode alcançar aproximadamente os mesmos resultados.

Se você ofereceu uma proposta de trinta horas de terapia por semana para os pais de uma criança, e eles barganharam vinte, você consegue viver com isso. No entanto, se você iniciou sua proposta de tratamento com vinte horas semanais, e os pais tentaram chegar a dez, que pode ser um tempo abaixo do limite da eficácia, você terá que tomar uma decisão se deve ou não prestar esse serviço para eles.

Outra estratégia que Dawson recomendava (Dawson, 2001, p. 34–36) é a Fórmula Sentir, Sentiu, Encontrou ["Feel, Felt, Found", em inglês], que parece ser adequada para a abordagem pessoal que temos que utilizar com pais, professores e outros cuidadores. Nessa estratégia, quando você está negociando, utiliza palavras para transmitir o conceito: "Entendo como você se *sente*, outras pessoas se *sentiram* da mesma maneira, mas você sabe o que nós *encontramos*?" Esse método de evitar confronto em assuntos importantes e reconhecer as preocupações de outras pessoas pode amenizar um momento difícil e permitir que você consiga avançar nos esforços de fornecer um programa comportamental de boa qualidade.

RESUMO

A área de negociação tem muitas, muitas outras estratégias, táticas e artimanhas para oferecer aos profissionais que estão se esforçando muito para conseguir um contrato, vender seus serviços ou completar negócios imobiliários. Muitas dessas outras estratégias não são adequadas para serviços humanos. No entanto, é importante perceber que para fornecer um tratamento extremamente valioso e de alta tecnologia para clientes necessitados, o analista do comportamento capacitado deve estar ciente de estratégias de *lobby* contemporâneo e negociação (barganha). Essas habilidades são claramente valorosas se resultarem em serviços de alta qualidade para crianças e adultos com deficiência que, de outra forma, poderiam receber serviços mínimos que têm impacto nulo ou negativo.

PARA LEITURA ADICIONAL

DAWSON, R. *Secrets of power negotiating*: Inside secrets from a master negotiator. Franklin Lakes, NJ: Career Press, 2001.

GREENWOOD, M. *How to negotiate like a pro*: 41 rules for resolving disputes. Nova York: iUniverse, 2006.

LOVAAS, O. I. Behavioral treatment and normal educational and intellectual functioning in young autistic children. *Journal of Consulting and Clinical Psychology*, v. 55, 3–9, 1987.

OLIVER, D. *How to negotiate effectively*. Filadélfia: Kogan Page, 2004.

11

Falar em Público

A apresentação é simples, equilibrada e bonita.

Garr Reynolds (2008)

Suando muito e com seu coração batendo tão alto que a plateia quase pode ouvi-la, a pessoa que tem fobia de falar em público sabe que sua vida acabará assim que abrir a boca e dela jorrar uma salada de palavras; ela irá se humilhar e se envergonhar com sua gagueira e perda de palavras e, por toda eternidade, a plateia inteira ficará com uma distinta impressão de que essa palestrante desajeitada é tola, burra e incompetente.

No topo da lista, o medo de falar em público é a segunda fobia mais comum nos Estados Unidos, ficando entre aracnofobia (medo de aranhas), em primeiro lugar, e aerofobia (medo de voar), em terceiro lugar. Afetando um número estimado de 5,3 milhões de pessoas, as "fobias sociais", incluindo a de falar em público, são relacionadas com o medo de ser avaliado negativamente em situações sociais.

Se você for uma das pessoas que têm medo de falar em público, com sintomas que variam de mal-estar no estômago a ataques de pânico severos, a boa notícia é que essa é uma habilidade que pode ser aprendida com uma abordagem sistemática. A habilidade de falar para grupos é indispensável para os analistas do comportamento. Dar apresentações para grupos cívicos ou profissionais é provavelmente a melhor maneira de espalhar a palavra sobre a área. Com prática e treino, você chegará no ponto em que conseguirá se dirigir a uma grande audiência que sentirá seu cuidado e sinceridade. Seu entusiasmo pela análise do comportamento será alto e claro, e você será capaz de desmistificar qualquer concepção errada que outras pessoas têm sobre nossa área. A Seção 10.0 das Diretrizes de Conduta Responsável é a "Responsabilidade Ética do Analista do Comportamento para a Sociedade" e essa seção enfatiza a importância de promover nossa área. Além de cumprir nossa responsabilidade ética, há muitos empregos para analistas do comportamento profissionais que exigirão que você seja capaz de falar em público.

"A habilidade de falar para grupos é indispensável para os analistas do comportamento."

A NECESSIDADE DA HABILIDADE DE FALAR EM PÚBLICO

Nossas entrevistas com consultores comportamentais indicaram que o treino de comunicação oral foi uma das habilidades utilizadas com mais frequência em seus repertórios. Eles descreveram situações em que, em alguns casos, até três vezes por semana, precisavam abordar um grupo de pessoas para falar sobre teorias e técnicas da análise do comportamento. Às vezes, os consultores estavam simplesmente construindo conhecimento sobre termos comumente usados ou conceitos básicos; em outras palestras, estavam conduzindo seminários de treinamento com a equipe de cuidados diretos, palestras motivacionais para professores, briefings para gestores de médio e alto escalão, ou sessões de *role-playing* e prática com trabalhadores da linha em cenários industriais. Os consultores costumam descrever que já precisaram preparar uma palestra em cima da hora. Por exemplo, o consultor analista do comportamento em um cenário de gestão de desempenho pode receber um breve manual na quarta-feira junto com instruções para realizar uma palestra de uma hora de duração sobre segurança comportamental na próxima segunda-feira para supervisores de mineração em campo aberto.

Muitas pessoas simplesmente não conseguem se imaginar dando uma palestra na frente de um grupo de estranhos. Assim como a mulher que tinha fobia de falar em público do início deste capítulo, elas começam a pensar em todos os desastres que podem acontecer durante uma apresentação. "E se eu me engasgar e esquecer o que tenho que falar? E se eles não gostarem de mim? E se o projetor não funcionar? E se me fizerem uma pergunta e eu não souber a resposta?" Saiba que essa linha de pensamento geralmente é comum para quem está começando a falar em público. Assim que você tiver prática e experiência, provavelmente ficará um pouco nervoso antes de uma palestra, mas o pânico intenso irá embora. Para que você inicie o trajeto de se tornar um grande orador público, nós gostaríamos de ofertar algumas sugestões úteis. Para oradores experientes e confiantes que já deram palestras e gostariam de aprimorar suas habilidades, temos algumas dicas para se atualizarem em tecnologia e teoria de falar em público.

COMO COMEÇAR

Se você se sentir confortável em conversar com pessoas individualmente, já é um bom começo. Se tiver a habilidade de pensar em dar uma palestra como se fosse uma conversa sobre um tópico com o qual você seja familiar e goste de falar, será bem-sucedido. Para começar, você deve criar algumas oportunidades de conduzir conversas breves primeiro com grupos pequenos e expandir gradualmente para grupos maiores. Isso pode levar algumas semanas, e durante esse tempo você poderá ler alguns dos vários livros sobre falar em público (por exemplo: Gelb, 1988; Harvard Business School Press, 2007; Henderson e Henderson, 2007; Hoff, 1998).

"Para maximizar sua eficácia como analista do comportamento, você deve chegar ao ponto em que conseguirá se dirigir a quase qualquer público em cima da hora e contar sua história com confiança e entusiasmo."

Se, por outro lado, você não for um simples iniciante, mas uma pessoa que tem um medo leve de falar em público, poderia tratar isso como se fosse uma fobia; o melhor tratamento conhecido para o medo em terapia comportamental é a dessensibilização "in vivo". Como analista do comportamento, você provavelmente está familiarizado com essa técnica. Assim como você pode tratar o medo de altura começando a subir um lance de escadas, pode trabalhar em sua fala em público com treino de relaxamento. Você se visualizará dando uma palestra para um pequeno grupo de amigos, e então relaxar e imaginar outra pessoa no grupo, relaxar de novo, e assim por diante, adicionando pessoas gradativamente (Martin e Pear, 2006). Quando você não tiver mais medo nessas circunstâncias, é hora de tentar dar uma palestra sobre um tópico bem popular com um grupo de pessoas que você conheça bem. A dessensibilização funciona bem através da exposição gradual ao estímulo produtor do medo, fazendo com que a ansiedade entre em extinção aos poucos; o quanto isso demorará, irá variar de uma pessoa para outra. Se parecer que você não está fazendo nenhum progresso, procure um terapeuta comportamental para ajudá-lo. É válido fazer tudo o que for necessário para superar seu medo. Para maximizar sua eficácia como analista do comportamento, você deve chegar ao ponto em que conseguirá se dirigir a quase qualquer público em cima da hora e contar sua história com confiança e entusiasmo.

TÉCNICAS PADRÃO PARA FALAR EM PÚBLICO

Preparando Seu Discurso

Existem duas partes em todo discurso: (a) o *conteúdo* (sua mensagem) e (b) a *entrega*. Muitas pessoas se preocupam mais com a entrega e com o que farão com as mãos, como projetarão sua voz, e como se movimentarão pela sala ou pelo palco. Porém, é impossível ser um grande orador público sem ter uma mensagem convincente para passar. Você precisa começar contando uma história com a qual se sinta confortável e animado. Deve ser uma história que você saiba tão bem que não precisará de roteiro.

Passo 1: Identifique os Pontos-Chave de Seu Discurso Você não terá tempo de cobrir um número infinito de detalhes, então comece delineando sua apresentação para determinar o que poderá ser razoavelmente citado no tempo disponível. Muitos oradores tentam incluir conteúdo em demasia e acabam se sentindo pressionados a falar tudo com pressa. Um grande erro. É melhor você diminuir seu discurso para um período de cerca de trinta minutos. Assim que tiver seus pontos-chave, determine a ordem em que eles serão apresentados. É muito útil pensar em termos de um "arco de história" com início, meio e fim.

Passo 2: Encontre o Gancho Outra dica para desenvolver a apresentação perfeita é começar com a seguinte questão: "Eu preciso dar a minha plateia um motivo para me ouvir. Por que eles deveriam se importar?" Essa é a questão que um grande orador responderia dentro dos primeiros noventa segundos de apresentação. Você deveria começar com um gancho para fazer com que sua plateia fique interessada ("Quantos de vocês já precisaram lidar com alguém que senta perto de você falando alto ao celular?"), uma história bem-humorada, uma frase bem escolhida, uma estatística dramática ou um "descubra em breve" que fará com que a plateia queira ouvir mais. Um exemplo de começo que deixará a plateia pensando "O que vai acontecer depois?" é a introdução a seguir, usada por um consultor analista do comportamento: "A pequena Jenny, de 7 anos, foi aos tropeços até a mesa dela, puxou seu caderno e escreveu 'Me Ajude' em letras grandes usando um giz de cera. Depois, abaixou a cabeça e começou a chorar." Esse foi um início bem escolhido e dramático de uma apresentação realizada para funcionários da escola. Essa narrativa singular fez com que todas as pessoas na sala prestassem atenção ao palestrante, que estava ministrando uma palestra sobre programas de educação individualizados, que poderia ter sido rotineira e entediante.

Passo 3: Apresente o Conteúdo Você iniciou com um grande gancho para chamar a atenção de todos. Uma vez que tiver conseguido o foco da plateia, pode seguir para o conteúdo de sua apresentação. Essa será a maior parte da palestra, e você deve resistir ao ímpeto de colocar muito material nessa parte. Sua meta na seção de conteúdo é fazer com que os ouvintes se familiarizem com o assunto, mostrar para eles como isso é relevante e motivá-los a aprender mais. Em vez de passar slide atrás de slide de pontos principais que você lê em voz alta, é desejável focar os destaques de forma progressiva.[1] Certifique-se de apresentar o material de maneira organizada, na qual você consiga explicar adequadamente os conceitos sem bombardear a audiência com muitos detalhes.

Passo 4: Termine com algo IMPACTANTE! Para o final de sua apresentação, volte para o problema central e termine a história, ou providencie um final que fará com que sua palestra tenha um encerramento memorável. Pode ser uma foto dramática na tela contando alguma coisa, uma historieta final bem-humorada ou uma citação que engloba a essência de sua palestra. Parece haver um efeito *primário* e um efeito *recente* (Gelb, 1988) com públicos. Se algo for perguntado para uma pessoa após a apresentação, ela tem mais tendência a se lembrar do início e do fim, não do meio. Esse é outro bom motivo para apresentar apenas alguns pontos-chave e dar seguimento com o folheto que você distribuirá no final.

ORGANIZAR A SALA E CHECAR O EQUIPAMENTO

Oradores públicos bem-sucedidos chegam em suas salas de trinta minutos a uma hora antes de suas apresentações. Eles fazem isso porque entendem a importância de criar um ambiente confortável para sua conversa com a plateia. Existem algumas questões que precisam ser conhecidas sobre a sala em que você dará seu discurso. Em primeiro lugar, a sala não foi arrumada por uma pessoa que faz apresentações públicas. É provável que tenha sido organizada pela equipe de cozinha do hotel na noite anterior. Hotéis têm alguns padrões para esses eventos; a equipe simplesmente seguirá instruções e existe uma boa chance de que a sala não esteja arrumada do jeito que você quer.[2] Em segundo lugar, é seu direito solicitar mudanças para se assegurar de que a sala está de acordo com *suas* necessidades e requisições. Muitas salas de conferência têm um pequeno palco que fica de 30cm a 90cm acima do piso e um

"É seu direito solicitar mudanças para se assegurar de que a sala está de acordo com suas necessidades e requisições."

1 Caso sua palestra tenha muito conteúdo, será interessante distribuir folhetos com o que foi apresentado. Disponibilize-os após a apresentação. [N. do A.]

2 Uma boa prática de oradores experientes é enviar, antes da conferência, um mapa mostrando como você deseja que a sala seja arrumada. Isso tem que ser feito pelo menos duas semanas antes de sua apresentação. Você também poderá especificar se precisará de aparelhos audiovisuais, por exemplo, um microfone sem fio, tamanho da tela e tipo de projetor. Se você pretende utilizar música, precisará falar para o organizador que você quer se conectar ao sistema de som da sala ou do hotel. [N. do A.]

pódio. Isso é adequado para grandes públicos, mas para grupos menores pode ser melhor que o pódio seja colocado no nível do piso, assim você pode ficar mais perto da plateia. Ou, melhor, faça com que seu organizador saiba caso você queira um microfone sem fio e não usará o pódio. Oradores públicos iniciantes talvez desejem se apresentar usando o pódio. Permanecer em um lugar e se fixar lá pode proporcionar um senso de segurança extra. Mas se a meta é se tornar um orador de qualidade, saiba que oradores públicos que estão no topo se movimentam para fora do pódio, pois este coloca uma barreira física entre eles e a plateia. Grandes oradores se conectam com seus públicos.

Iluminação e Temperatura

Se for realizar uma palestra em uma tela, assegure-se de que sabe controlar a iluminação da sala antes da apresentação começar. Assim, quando estiver pronto para que as luzes sejam apagadas, poderá dizer: "Alguém pode apagar as luzes da frente para mim? É o terceiro interruptor na parede de trás." Isso cria a impressão de que você está no controle da sala, e evita perda de tempo e de pessoas perambulando pela sala ligando e desligando as luzes erradas. O mesmo vale para a temperatura; como apresentador, a responsabilidade é sua. Se a sala estiver muito quente, especialmente quando as pessoas têm ouvido palestras o dia inteiro, as chances de as pessoas na sala tirarem uma pacífica soneca durante sua palestra serão maiores. Se a sala estiver congelando, os participantes passarão o tempo todo de sua enriquecedora apresentação pensando no quanto estão com frio; aqueles que não são sócios do Clube do Urso Polar irão se levantar e sair.

Assentos da Plateia

Haverá situações em que você estará agendado para dar uma palestra em uma sala grande demais para sua apresentação. Sua palestra está planejada para cinquenta participantes e você está em uma sala com lugar para mil pessoas. Sempre haverá membros da audiência que escolherão sentar no fundo da sala, mesmo que fiquem a 3km de distância do apresentador e que existam centenas de assentos vazios. Como apresentador, você tem uma série de maneiras aceitáveis para pedir gentilmente e com bom humor para que as pessoas se sentem na parte da frente da audiência. Se você estiver dando um workshop em que as pessoas precisarão de mesas e cadeiras e for alocado em uma sala arrumada como um auditório (somente cadeiras), é muito adequado localizar a organizadora e perguntar como ela pode ajudar a resolver esse problema. Talvez seja possível que uma equipe chegue para rearranjar as cadeiras, adicionar mesas ou que você seja alocado em outra sala. No entanto, você só será capaz de solucionar grandes problemas se seguir a sugestão de chegar de trinta minutos a uma hora antes da apresentação para verificar sua sala.

Testando o Equipamento

Microfones Assim que você conseguir alguém para modificar a sala como desejado, é hora de verificar os equipamentos. Comece pelo microfone para ter certeza de que está funcionando bem. Pergunte para alguém: "Consegue me ouvir aí no fundo?" Se você estiver usando um microfone sem fio em uma sala muito grande, a equipe de organização deve explicar as limitações do equipamento antes do começo da apresentação. Por exemplo, depois de ligados, alguns microfones sem fio apresentam um atraso de vários segundos antes de funcionarem. Quando não sabem desse fato, palestrantes nervosos ligarão o microfone, falarão alguma coisa e nada acontecerá, então eles desligarão o microfone, afirmando que ele não está funcionando. Alguns microfones não funcionarão se a pessoa que está falando estiver em frente ou perto das caixas de som. Praticar durante alguns segundos com o equipamento antes do início da apresentação fará com que você fique tranquilo, calmo e bem preparado.

Equipamento de Projeção Em seguida, verifique os equipamentos de projeção. A maioria das projeções é feita com slides. As apresentações atuais de slides (que antigamente eram projetadas via projetor carrossel) são feitas utilizando softwares como Microsoft PowerPoint ou Apple Keynote. Para começar a checagem dos equipamentos, conecte seu computador ao projetor. Avance alguns slides para ter certeza de que tudo está operando adequadamente. É uma boa ideia manter o slide na tela enquanto as pessoas entram na sala; o slide deve ter o título de sua apresentação, seu nome e afiliação, além do nome do grupo que o convidou.

Música: Mudando do Nível Aceitável para o Nível Ótimo

Adicionar música em sua apresentação e ambiência de sala complicará um pouco o processo, mas música é algo imbatível na hora de definir um clima legal e quebrar o gelo enquanto a audiência entra na sala. Você pode levar suas próprias músicas em um MP3 ou celular. Elas podem ser planejadas para dar o efeito que você deseja para sua palestra e para a audiência. Por exemplo, música clássica suave deixará todos relaxados, enquanto jazz de New Orleans deixará sua audiência energizada e animada. Em workshops que realizamos pelos Estados Unidos, um dos comentários de feedback mais comuns é: "Eu amei a música!"

Recepção e Interação

Se você chegar com uma hora de antecedência e resolver todos os problemas dos equipamentos, terá cerca de quinze a vinte minutos livres. As pessoas estarão entrando na sala, pegando seus cafés e indo sentar em seus lugares. Aproveite essa oportunidade para conhecer algumas das pessoas que vieram ouvir você falar, especialmente aquelas que estão sentadas nas primeiras fileiras, para as quais você estará falando quando sua palestra começar.

Entrega

A primeira recomendação para uma boa entrega é praticar sem parar; isso está escrito em vários livros sobre falar em público e Toastmasters International, a organização dos Estados Unidos que é líder no ensino e promoção de falar bem em público.[3] Pratique em frente a um espelho, com um amigo e, por fim, se possível, na sala em que você fará a palestra. Filmar suas práticas e revisá-las na privacidade de seu escritório o

> **"Lembre-se de que está tendo uma conversa sobre um tópico que você conhece bem e que está aqui apenas para contar sua história."**

3 Visite www.toastmasters.org [conteúdo em inglês] para uma lista completa de recomendações sobre falar em público e uma maneira de encontrar um grupo perto de você. [N. do A.]

capacitará a analisar objetivamente como sua apresentação é vista pela audiência. Vídeos mostrarão se sua linguagem corporal estava muito tensa e podem fornecer o feedback que você precisa para tentar fazer algo diferente na apresentação, como descer do pódio, usar um microfone sem fio ou caminhar até o centro da sala e em volta do público onde você possa ver as pessoas mais de perto e falar diretamente com elas.[4]

A segunda prática recomendada para uma apresentação de sucesso, depois de esvaziar seus bolsos, claro, é relaxar. Parece ser bem difícil devido ao estresse associado ao ato de falar para grandes multidões, mas funciona. Um pouco antes de subir ao palco, enquanto estiver fora do campo de visão da plateia, respire fundo várias vezes. Lembre-se de que está tendo uma conversa sobre um tópico que você conhece bem e que está aqui apenas para contar sua história. Essas pessoas não teriam convidado você se não desejassem ouvir sua história. Você ficará bem.

A recomendação final para uma boa entrega é garantir que você está em seu modo comunicativo e se sente confortável em modificar seu tom de voz, de suave para forte e vice-versa, utilizando pausas para fins dramáticos. Caso tenha se observado no vídeo e sabe que tem tendência a falar com voz monótona, certifique-se de evitar fazer isso como se estivesse evitando cair em um buraco gigante. Em uma conversa normal, você dará risadas, fará piadas e contará histórias. Tudo isso é perfeitamente aceitável em suas apresentações desde que você mantenha tudo bem claro e as piadas e histórias sejam relevantes para sua mensagem. Em uma conferência recente em frente a quinhentas pessoas, um dos palestrantes convidados começou seu discurso com: "Me disseram que eu sou um palestrante muito seco e que eu deveria começar meu discurso com uma piada. Ok, esta é a piada..." Infelizmente, a piada não tinha graça, não estava relacionada ao tópico e ninguém riu. Ele teve dificuldades para se recuperar, e mesmo sendo um especialista reconhecido em sua área de atuação, não conseguiu o impacto desejado. Felizmente, ele disponibilizou um folheto de vinte páginas com todos os pontos-chave e referências para as pessoas pegarem no palco após o fim da palestra.

CRIANDO UMA APRESENTAÇÃO DE SLIDES EXCELENTE

Pouquíssimas pessoas conseguem reter a atenção do público por muito tempo sem slides para ilustrar seus pontos e argumentos. As pessoas ficaram condicionadas a assistir televisão de alta qualidade e movimentos rápidos que possibilitam que elas assistam e ouçam ao mesmo tempo. Em muitos casos, as pessoas que assistem nossas apresentações em conferências ficaram tão mal acostumadas com as superproduções da televisão e dos filmes que ouvir uma palestra se tornou algo muito entediante. Os palestrantes precisam estar cientes disso e compensar não só aprimorando suas palestras, mas também a qualidade de seus slides. Aqueles que já estão em uma certa faixa etária vão se lembrar de quando as conferências eram apresentadas com projetores e transparências. Muitas vezes, as transparências não eram nada além de páginas e páginas de anotações em letras peque-

"Atualmente, existe uma contrarrevolução que não é a favor das apresentações padrão, onipresentes, entediantes do tipo PowerPoint."

4 Você precisará de um controle remoto caso vá se movimentar e mostrar slides ao mesmo tempo. [N. do A.]

nas que escrevíamos por meio de uma velha engenhoca chamada máquina de escrever. Então, apresentadores ambiciosos começaram a mostrar imagens e gráficos durante suas apresentações, fazendo isso com o uso de slides, bandejas de slide e projetores de carrossel. Vamos mais adiante até a chegada de uma tecnologia para apresentações que todos conhecemos: o uso de computadores e softwares como o PowerPoint. Essa é uma melhoria evidente em relação aos projetores de slide e de transparências. Em vez de apresentar continuamente uma página de texto datilografado, todos nós aprendemos as regras do PowerPoint. Não sobrecarregar a audiência com textos. O melhor seria haver no máximo seis palavras por linha e seis linhas de texto por página. Se estiver se sentindo atualizado porque sabe tudo sobre essas orientações para preparar uma apresentação, espere um pouco! Os tempos estão mudando mais rápido do que um piscar de olhos e os apresentadores inovadores mudaram completamente as apresentações no estilo PowerPoint que nós já conhecemos e amamos.

Atualmente, existe uma contrarrevolução que não é a favor das apresentações padrão, onipresentes, *entediantes* do tipo PowerPoint. Descrito como uma reação à "morte por PowerPoint", esse movimento existe para revolucionar as apresentações mediante um recomeço com uma nova meta. Em vez de perguntar "Que quantidade de texto posso colocar em uma página?", o grupo de designers criativos que lidera a tendência traz a seguinte proposta: "Grandes apresentações de slide têm conteúdo adequado, organizado da maneira mais eficiente e agradável, sem decoração supérflua. A apresentação é simples, equilibrada e bonita." (Reynolds, 2008, p. 25). Reynolds afirma que: "Palestras ao vivo aprimoradas por multimídia dizem respeito a contar histórias e têm mais em comum com a arte de um documentário de cinema do que com a leitura de um documento. As palestras ao vivo, atualmente, devem contar uma história aprimorada por imagens e outras formas adequadas de multimídia." (p. 25).

Essa nova abordagem apelidada por Reynolds de *apresentação Zen* tem um significado que deriva de designs japoneses limpos e simples para produtos. De fato, Reynolds atribui isso a uma experiência que teve há muitos anos quando almoçava um *bentô* (um tipo de almoço japonês em marmitas) em uma estação de metrô em Tóquio. Ele viu um homem de negócios virando página atrás de página de slides de PowerPoint impressos de dois em dois. Elas estavam abarrotadas de cabeçalhos e tópicos, o que contrastava com o *bentô* dele, que era "lindamente eficiente, com um bom design. . . nada supérfluo" (Reynolds, 2008, p. 6). Ele concluiu que apresentações técnicas também poderiam ser simples e bonitas. O livro dele é leitura obrigatória para qualquer pessoa que precisa fazer uma apresentação ou deseja aperfeiçoar sua oratória em público. Os conceitos básicos incluem ter uma abordagem de texto minimalista, com pouquíssimas palavras em um slide e sem usar listas de tópicos (suspiro!). Em vez disso, use fotos cativantes ou gráficos convincentes para contar sua história. Para uma palestra de vinte minutos de duração, é recomendado não utilizar mais do que vinte slides. Para exemplos de apresentações simples e elegantes, visite www.ted.com [conteúdo em inglês]. A afirmação que expressa a missão do TED ("O TED[5] é voltado para fornecer a milhões de pessoas buscando conhecimento no mundo todo acesso direto aos maiores pensadores e professores do mundo") encontra-se no site, assim como sugestões para participar de conversas do TED.

5 TED significa "Tecnologia, Entretenimento e Design." [N. do A.]

RESUMO

Quando chegar a hora de você fazer uma apresentação, não pense que precisa "dar uma palestra." A forma alternativa de "dar uma palestra" é "estar com seu público naquele momento". Se você criou uma ótima apresentação, aproveitou alguns minutos para conhecer alguns membros da plateia, praticou sua fala inteira e está preparado para dar total atenção a seu público e compartilhar sua história pelos próximos trinta minutos, ignorando completamente o que aconteceu ontem ou antes (sem pensamentos sobre onde você almoçará ou quando pegará seu voo), estará no momento presente e pronto para desfrutar dessa experiência com essa plateia maravilhosa. Se for capaz de fazer isso, todos reconhecerão seus esforços e desejarão ouvir cada palavra sua.

PARA LEITURA ADICIONAL

ATKINSON, C. *Beyond bullet points*. Redmond, WA: Microsoft Press, 2008.

DUARTE, N. *Slide:ology*: The art and science of creating great presentations. Sebastopol, CA: O'Reilly Media, 2008.

GELB, M. J. *Present yourself*: Transforming fear, knowing your audience, setting the stage, making them remember. Rolling Hills Estates, CA: Jalmar Press, 1988.

HARVARD BUSINESS SCHOOL PRESS. *Giving presentations*. Boston: Author, 2007.

HENDERSON, J.; HENDERSON, R. *There's no such thing as public speaking*. Nova York: Prentice Hall, 2007.

HOFF, R. *I can see you naked*. Kansas City, MO: Andrews and McMeel, 1998.

MARTIN, G.; PEAR, J. *Behavior modification*: What it is and how to do it. Nova York: Prentice Hall, 2006.

REYNOLDS, G. *Presentationzen*: Simple ideas on presentation design and delivery. Berkeley, CA: New Riders, 2008.

TED: Technology, Entertainment, Design. Disponível em: www.ted.com.

Seção Três

Aplicando Seu Conhecimento Sobre Comportamento

12

Lidando com Pessoas Difíceis

O que a secretária grosseira da recepção, o colega obstinado em sua equipe de intervenção, o funcionário desafiador e sarcástico que você precisa supervisionar, um supervisor egocêntrico que não escuta e um CEO que se sente ameaçado por qualquer ideia que não seja dele têm em comum? Resposta: Todos são pessoas que caem na categoria de "difíceis".

Qualquer pessoa que está empregada há algum tempo encontrará pessoas que são difíceis de lidar. "Difícil", é claro, apresenta diferentes significados para diferentes pessoas. Pessoas difíceis são, bem, elas são difíceis. Elas são difíceis de lidar e tornam as coisas difíceis para quem está ao redor delas. No caso do analista do comportamento consultor, uma pessoa difícil é alguém que atrasa ou tira dos trilhos nossa tentativa de implementar eficazmente nosso plano de modificações comportamentais. E um plano que pode variar de um programa individual para um cliente até um programa massivo para uma grande corporação.

Você notará neste capítulo que utilizamos rótulos reconhecidos comumente como *preguiçoso*, *desafiador* ou *egocêntrico*. Nós fazemos isso porque essas palavras podem conjurar imediatamente uma imagem vívida para o leitor. No entanto, no cenário corporativo, como analista do comportamento, você terá que contornar rapidamente quaisquer rótulos e emoções que estiver sentindo, vestir sua máscara de analista e começar a observar *comportamentos mensuráveis* e suas causas a fim de trabalhar com uma pessoa difícil.

Pessoas difíceis apresentam uma ampla variedade de comportamentos e respostas que as tornam assim. Opor-se a novas ideias, resistir a feedbacks, mentir, deturpar quem realmente fez o trabalho, ser manipuladora, prejudicar e sabotar outras pessoas, praticar bullying, fazer drama por qualquer problema, reclamar, descumprir prazos e protocolos, criticar outras pessoas e o trabalho delas, brigar por qualquer motivo, fazer apontamentos mostrando o motivo por que nenhuma nova sugestão funcionará, causar problemas para que elas pareçam as heroínas que os resolvem, e se recusar a ajudar, utilizando a frase "Não é trabalho meu", são apenas algumas das características que podem ser notadas em pessoas difíceis. Elas fazem com que o ambiente de trabalho não seja um local calmo, organizado e eficaz. Podem fazer com que bons funcionários percam a paciência, deixando-os bravos, frustrados ou deprimidos. Podem desandar projetos e destruir a moralidade.

A natureza da relação de trabalho que você tem com o indivíduo difícil ou onde ele está localizado no quadro organizacional tem muito a ver com a maneira que você abordará esse problema. Por exemplo, se você estiver apresentando uma ideia para o vice-presidente de manufatura para um novo sistema de feedback e incentivo e encontrar resistência, essa pessoa pode ser difícil de uma maneira totalmente diferente da de um colega que critica sua maneira de se vestir ou se você apara a barba. Caso haja um Board Certified Assistant Behavior Analyst® trabalhando que é um reclamão constante, faz um trabalho desleixado ou está sempre atrasado para enviar suas horas trabalhadas, isso representa um tipo de dificuldade diferente.

Pessoas difíceis no local de trabalho são encontradas em todos os níveis e é importante que o analista do comportamento consultor esteja apto a lidar com colegas de trabalho variando desde voluntários até o nível mais alto, o CEO.

LIDANDO COM VOLUNTÁRIOS OU MEDIADORES

Uma característica da análise do comportamento é que trabalhamos com outras pessoas para cumprir nosso objetivo de trazer mudanças comportamentais significativas para um grande número de clientes. Uma analista que trabalha em uma escola de ensino fundamental não estaria satisfeita com um ou dois sucessos por mês; ela deseja implementar programas com dúzias de crianças e ter um impacto que possa ser sentido por toda a instituição, chegando até a sala da direção. Para alcançar esse resultado, a profissional deverá trabalhar com professores, auxiliares, conselheiros, motoristas de ônibus, talvez até com os zeladores ou com os funcionários da lanchonete. As pessoas não comportamentais que você recruta para ajudá-lo com seu programa comportamental são chamadas de "mediadoras". Pais se enquadram nessa categoria se você confiar neles para executarem um plano comportamental.

Conforme descrito no Capítulo 6, analistas do comportamento devem ser especialistas em conduzir análises funcionais em qualquer cenário, com qualquer cliente, com o objetivo de descobrir as variáveis de controle. A avaliação funcional é o primeiro passo para resolver qualquer problema comportamental. Ela levará ao desenvolvimento de uma proposta para um programa comportamental que alterará o comportamento de uma criança com idade escolar. O objetivo subjacente do plano é ajudar a criança a se adaptar ao ambiente escolar e a se tornar uma aluna feliz, cooperativa e produtiva. Assim que as variáveis funcionais forem localizadas, as consequências que serão manipuladas no plano comportamental serão identificadas. Em seguida, será apontada uma pessoa capaz de reter e entregar as consequências de modo consistente para modelar comportamentos-alvo, completar tarefas, reduzir as taxas de erros, aumentar a escrita criativa ou eliminar o bullying. Em muitos programas comportamentais, a pessoa-chave que será envolvida com a entrega de consequências (incluindo reforçadores) pode ser alguém como o motorista de ônibus ou uma secretária no escritório principal. Para ser eficaz, o analista precisa descobrir um jeito de fazer com que essas pessoas se engajem e com que se sintam empolgadas com a expectativa de ajudar a modificar o comportamento de uma criança. Aqui é onde surge a capacidade de entender pessoas difíceis. Haverá vezes em que o motorista de ônibus falará: "Eu preciso dirigir. Não tenho tempo para lidar com crianças." Em um cenário corporativo, haverá supervisores que resistem ao reforço de funcionários porque, por exemplo, "Eles *devem* fazer o trabalho deles. Não ganho recompensas especiais por fazer meu trabalho".

Lembra-se do que dissemos sobre a avaliação funcional ser o primeiro passo para resolver um problema comportamental? Isso se aplica a pessoas difíceis também. Você terá que se perguntar sobre a causa dos comportamentos delas. Elas não estão ganhando reforço suficiente? Não foram treinadas adequadamente, então se sentem desconfortáveis realizando os procedimentos? Ajudar você significa que elas deverão ir além das atribuições regulares delas?

Porém, de acordo com a mensagem deste livro, você terá que ir além das habilidades técnicas de análise do comportamento (como a análise funcional) e precisará compreender o clima político e os relacionamentos de todos os envolvidos, além de utilizar todas as 25 habilidades essenciais para consultores profissionais.

Felizmente, há um aumento no reconhecimento dentro da literatura empresarial de que se concentrar no *comportamento*, e não na personalidade do indivíduo, é uma estratégia mais produtiva (Harvard Business School Press, 2004). Seu alvo para mudanças é o comportamento das pessoas de quem você precisa para dar suporte a seus esforços comportamentais (como professora, auxiliar ou assistente administrativo). Caso seus ajudantes sejam difíceis no sentido de que, mesmo que concordem em ajudar, acabam não seguindo instruções, não sendo precisos em suas ações ou incapazes de fornecer a qualidade ou consistência necessária, significa que o plano comportamental não será eficaz. Quem pensaria que um motorista de ônibus ou funcionário da lanchonete poderia ser decisivo para o sucesso de um programa comportamental?

"Há um aumento no reconhecimento dentro da literatura empresarial de que se concentrar no comportamento, e não na personalidade do indivíduo, é uma estratégia mais produtiva."

Deveria ser mencionado desde o início que ajudar um analista do comportamento a implementar um programa pode ser uma árdua tarefa. Pedir para que um motorista de ônibus use reforço diferencial com uma criança que está sentada em silêncio envolve não somente lidar com esse comportamento, mas também agir de forma que dê tempo de reforçá-lo. E o comportamento deve ser reforçado *sem que o mediador cometa nenhum erro*. Não importa se o motorista de ônibus estiver pedindo ajuda por causa de seus passageiros desregrados; ele provavelmente tinha em mente alguma coisa um pouco diferente, como banir os pequenos bagunceiros do sistema de transporte escolar. Dizer "Acho que tenho uma solução que funcionará para você" parece bom no início, mas quando o motorista entender que isso significa elogiar crianças que estão sentadas em silêncio, incluindo aquelas que o insultaram no dia anterior, é uma história totalmente diferente. Essa pessoa difícil está basicamente dizendo "Não tenho certeza se concordo em fazer isso" quando não segue o plano comportamental. Uma solução é tornar a tarefa mais fácil por meio de um auxiliar para o motorista de ônibus nas primeiras semanas para ajudar a dar início ao plano de intervenção comportamental. E, com certeza, precisará haver tempo livre para a prática, com muito reforço por se engajar nesses comportamentos novos enquanto dirige um ônibus de 11m e 12 toneladas, lotado de alunos que gritam muito.

O problema fundamental em lidar com mediadores ou voluntários é que, como consultor comportamental, você deve ser o responsável por "qualificá-los" no sentido de que deve determinar se eles são, de fato, capazes de conduzir suas partes da intervenção com confiança, precisão e pelo tempo necessário. Assim que você tiver feito isso, essas pessoas devem ser motivadas a participar e, depois, treinadas para serem um membro da equipe de intervenção. Um passo final envolve monitorar o desempenho dessas pessoas e fornecer feedback caso haja algum desvio das especificações configuradas inicialmente. Se você tiver feito tudo corretamente, o feedback será positivo, e deverá ser capaz de se afastar do caso aos poucos. Isso significa que, como consultor comportamental, se aplicou o que sabe sobre treinamento de equipe e utilizou suas habilidades de persuasão de maneira efetiva (ver Capítulo 9), você basicamente evitará ter uma pessoa difícil em suas mãos. Se você não a qualificar adequadamente, seu treinamento for insuficiente ou ela encontrar alguma reação negativa ou aversão ao longo do caminho, você verá que precisará lidar com aquela pessoa difícil.

Uma das reclamações mais persistentes dos analistas do comportamento que trabalham em lares de crianças com autismo é que os pais sabotam o plano de tratamento. Isso, é claro, pode ser um golpe fatal em seu sucesso com a criança. O responsável difícil pode se engajar em comportamento passivo/agressivo de concordar, porém não seguir o plano, "esquecendo-se" de fazer uma sessão de treinamento ou discutindo com você sobre a real necessidade do treinamento: "Você não acha que ele vai se desenvolver mesmo sem isso?" Empregar uma Declaração de Serviços Profissionais quando você estiver a ponto de decidir se pegará um caso deve ajudá-lo a reconhecer pais que não têm tendência a cooperar.[1] Uma vez que aceitou o caso, você pode descobrir que não é fácil para algumas pessoas seguirem uma rotina específica dia após dia, e elas podem ter algumas incertezas sobre o plano. Ou um dos pais pode conversar com outra família e começar a perguntar sobre tratamentos alternativos, porém potencialmente perigosos, como o tratamento de câmara hiperbárica de oxigênio ou dietas especiais que podem parecer mais fáceis do que regimes rigorosos de treinamento comportamental. A melhor solução para esses cenários é antecipar os problemas e checar os pais regularmente para se assegurar de que eles ainda estão comprometidos com o plano. Se comportamentos difíceis surgirem (como desobediência), você precisará retroceder e recomeçar o processo, certificando-se de que, desta vez, haja quantidade suficiente de feedback e reforço para que o apoio dessas pessoas seja mantido.

"Empregar uma Declaração de Serviços Profissionais... deve ajudá-lo a reconhecer pais que não têm tendência a cooperar."

Como analista do comportamento consultor, você notará que haverá muitas ocasiões em que você precisará trabalhar com mediadores e voluntários para fornecer serviços para uma criança, em diferentes ambientes e ao longo do dia. Como profissional, você também precisará de habilidades para supervisionar funcionários remunerados que lhe reportarão situações no ambiente de trabalho.

1 Uma Declaração de Serviços Profissionais é um documento que especifica o papel do analista do comportamento e dos cuidadores no tratamento da criança. São fornecidos detalhes que deixam muito claro que é necessário cooperação total para o sucesso do tratamento e que explicam exatamente o que os pais devem fazer. Todas as partes assinam a declaração, que tem linguagem contratual, e os pais ficam com uma cópia para referência futura. [N. do A.]

LIDANDO COM SUBORDINADOS DIRETOS

As pessoas que você supervisiona são conhecidas no mundo empresarial como "subordinados diretos", ou seja, quem se reporta a você e tem as avaliações de desempenho realizadas por você. Teoricamente, elas fazem aquilo que foi dito para fazerem, mas esse não é sempre o caso. Elas podem ser preguiçosas ou argumentativas, defensivas, passivo/agressivas ou extremamente negativas. Em outras palavras, elas podem ser difíceis. *Dealing With Difficult People* (Harvard Business School Press, 2004) e *Handling Difficult People* (Bloch, 2005) [ambos sem publicação no Brasil] descrevem como lidar com pessoas difíceis no ambiente de trabalho, porém, como é comum em muitos livros sobre o assunto, as sugestões dessas obras populares não são comportamentais. Como supervisor com treinamento em análise do comportamento, você deveria achar seu trabalho muito mais fácil de ser realizado do que alguém com MBA ou um emprego em recursos humanos que não entende sobre comportamento acharia. A literatura empresarial pode parecer um pouco comportamental com a recomendação geral de "diagnosticar e prescrever" (Harvard Business School Press, 2004, p. 48), mas está longe de abordar o que você consegue fazer como analista do comportamento. Você sabe, por exemplo, que empregados tendem a funcionar melhor dentro dos padrões se souberem o que é esperado deles e se forem treinados adequadamente para realizar o trabalho. Você também sabe que fornecer feedback regular sobre o desempenho é essencial, em vez de um método de responsabilizar os funcionários (ver mais sobre o assunto no Capítulo 16, "Gestão de Desempenho").

Como exemplo, vamos imaginar um de nossos supervisores cujo trabalho não está sendo satisfatório. Falando em termos comportamentais, esse é um funcionário que evita ou resiste a tarefas, muitas vezes dando desculpas, "esquecendo-se", discutindo, trabalhando de forma ineficaz e procrastinando em muitos afazeres. Mais do que falar para você "Não quero fazer isso", as ações desse funcionário falam por ele e, assim, ele evita um confronto inicial. Quando desafiado, ele (e outros desse jeito) geralmente negará que seu comportamento tem esse propósito e pode distorcer o problema para fazer com que o supervisor (neste caso, você) pareça culpado por ser exigente ou controlador. Como analista, você não deve considerar que isso seja um transtorno de personalidade, mas sim, deve desejar saber quais são os "estímulos discriminativos" (SDs) do comportamento. Também desejará examinar as operações estabelecedoras conectadas a esse tipo de comportamento. Considerações adicionais incluem treinamento adequado para a tarefa, o tipo de reforçador disponível para completá-la e o esquema de reforço. É muito óbvio que uma pessoa que você supervisiona e que se engaja nesse tipo de comportamento passivo/agressivo faz isso há algum tempo e provavelmente já tenha sido reforçada muitas vezes por se comportar assim. Você poderia se perguntar: "Se desejo produzir um comportamento profissional adequado nessa pessoa, por onde posso começar?" Isso deverá levar você a um programa de modelagem e desvanecimento com um esquema de reforçamento bem denso.

> **"Sua consideração primária deve ser proteger-se de danos causados pela associação com pessoas negativas, argumentativas, estressadas, dramáticas demais ou falsas."**

Se há uma coisa boa em relação aos problemas com o subordinado direto, é que você pode estar na posição de controlar os reforçadores e as consequências para essa determinada pessoa. Entretanto, algumas vezes, como um analista do comportamento consultor, lidará com pessoas difíceis que você não supervisiona, como alguns colegas.

LIDANDO COM COLEGAS

O relacionamento que você tem com seus colegas pode apresentar desafios se alguma dessas pessoas for difícil. Sua consideração primária deve ser proteger-se de danos causados pela associação com pessoas negativas, argumentativas, estressadas, dramáticas demais ou falsas. E, é claro, você precisará delinear sua vida profissional de modo que não dependa de pessoas assim. Elas podem atrasar seu desenvolvimento profissional. Nós estamos trabalhando aqui com a suposição de que sua associação com esses colegas seja voluntária de sua parte. Tudo muda se você for colocado com essas pessoas por seu supervisor ou chefe, tendo que trabalhar em equipe.

Utilizar boas habilidades comportamentais como reforçar a pessoa por ter boas ideias e contribuições pode ser útil. Também é uma boa ideia manter seu chefe informado e reportar objetivamente sobre reuniões que você tem com a pessoa difícil; por exemplo: "Terei o prazer de anotar o que acontecer em nossa reunião e enviar para o diretor de nossa unidade." No início de grandes projetos, você deve estabelecer qual pessoa é responsável por quais tarefas e documentar isso por escrito. Reuniões curtas e regulares para atualização sobre progresso, com a pessoa difícil tendo chance de apresentar suas preocupações, também são válidas. Ter testemunhas em suas interações pode ser útil se o colega for realmente um problema. Se estiver claro que você se aproximou de uma pessoa difícil que aparenta tentar prejudicá-lo, saiba que esse tipo de pessoa pode ser fatal se não for tratada com eficácia. Você deve envolver seus supervisores para que as coisas não saiam do controle.

LIDANDO COM O ALTO ESCALÃO: PRESIDENTES, VICE-PRESIDENTES E CEOs

Se a pessoa difícil em seu trabalho for do alto escalão, todas as habilidades comportamentais discutidas anteriormente se aplicam aqui. Além de utilizá-las, é uma boa ideia agendar uma reunião com a pessoa e perguntar se existe algo que você possa fazer para melhorar esse relacionamento. Explique sua posição de maneira calma e profissional. Se a pessoa for gerente, diretor, superintendente ou vice-presidente e existem outras pessoas na agência com o mesmo título de cargo, algum deles pode advogar por você ou fornecer ajuda em reuniões? Lembre-se de pedir feedback de outras pessoas para ter certeza de que está, de fato, no caminho certo.

Se a pessoa difícil estiver no topo da cadeia alimentar, como o presidente da empresa, CEO ou dono da agência, tente tudo o que já foi sugerido. Também solicite uma reunião e faça de tudo para tentar colocar as coisas no rumo certo. Se adequado, seu supervisor pode precisar ser aquele que se encontra com o alto escalão em seu nome.

Infelizmente, às vezes, acontece de um bom analista do comportamento consultor e uma agência não combinarem. Se o CEO ou dono não gostar de você ou de seu trabalho independentemente do que você fizer, e seu supervisor não conseguir ajudar, talvez seja necessário pegar uma dica da música de Kenny Rogers intitulada "*The Gambler*": "["Você precisa saber a hora de insistir, saber a hora de desistir/Saber a hora de ir embora, e a hora de correr", em tradução livre]. Esperamos que você saiba a hora de pedir ajuda e estar apto a consertar quaisquer problemas que encontrar no ambiente de trabalho. Se os problemas com pessoas difíceis nesse ambiente não puderem ser resolvidos, lembre-se de que, como analista do comportamento consultor, suas habilidades estão em demanda. Você merece uma vida feliz e trabalhar onde você e suas habilidades sejam apreciadas.

VOCÊ É A PESSOA DIFÍCIL?

Antes de sairmos deste capítulo, é importante pedirmos para que faça uma autocrítica para saber se você pode ser uma pessoa difícil de tempos em tempos. Se você encontrar outras pessoas que são consistentemente resistentes a suas ideias, que discutem com você sobre suas estratégias ou que parecem tentar diminuir seu impacto em um grupo de trabalho, é hora de determinar se talvez você esteja provocando essas reações devido a seus próprios comportamentos. A melhor maneira de descobrir isso é procurar um colega de confiança que será sincero. Esteja preparado para um feedback desconfortável, e não se envolva em comportamentos de resistência ou argumentação. Existe uma chance de que, em seu zelo por ajudar outras pessoas, você aja muito depressa, não escute objeções ou forneça muito pouco suporte e reforço. Lembre-se de que mesmo que aplicar programas comportamentais seja fácil para você, pode ser bem difícil para outras pessoas. Você pode não ter nenhuma dúvida ou preocupação sobre usar a tática de ignorar ou tornar reforçadores contingentes, mas outras pessoas podem ter e elas precisam estar muito confortáveis com tais métodos antes que se comprometam completamente. Uma reação frequente de analistas não comportamentais é que as consequências para aplicar a tática de ignorar ou até mesmo do reforço contingente faz com que eles sintam pena do indivíduo e prefiram desistir. Uma reação comum dos cuidadores de um programa de modelagem que está sendo aplicado em uma criança pequena que se engaja em birras é "Não seria muito mais fácil pegá-lo no colo quando ele chorar?" Isso não é surpreendente, mas é claro que minará por completo sua tentativa de modelar a criança em um indivíduo agradável e cooperativo que escuta seus pais.

"Existe uma chance de que, em seu zelo por ajudar outras pessoas, você aja muito depressa, não escute objeções ou forneça muito pouco suporte e reforçamento."

Se você estiver encontrando resistência, respostas evasivas, dificuldade no diálogo, considere a possibilidade de que pode haver uma falha em sua maneira de abordar e lidar com colegas, voluntários e clientes, é necessário realizar uma autocrítica para determinar melhores maneiras de lidar com as pessoas.[2] Você pode estar agindo muito rápido, ou não levando questões ou preocupações a sério, ou presumindo que as pessoas sabem mais do que elas realmente sabem sobre como implementar seus programas. Com colegas, pode não fornecer reforço suficiente para manter o contato deles com você. Em seu tempo com eles, você está tentando muito ser o centro das atenções? Se você

2 Veja o apêndice no final deste livro. [N. do A.]

colocar seu foco nas outras pessoas e *você* fornecer o reforço, pode descobrir que elas apresentam maior tendência a ouvi-lo depois. Ao trabalhar com colegas em um projeto de equipe, você sempre tem que fazer as coisas do seu jeito? Talvez ser mais complacente diminuiria a tensão e eliminaria alguns dos comportamentos difíceis que você encontra a cada semana.

PESSOAS DIFÍCEIS NÃO SÃO FÁCEIS

Seria muita ingenuidade pensar que você pode simplesmente começar a reforçar comportamentos selecionados de todas as pessoas difíceis e mudá-los em um passe de mágica. Alguns desses indivíduos vêm aprimorando seus comportamentos mal-adaptativos durante anos. Alguns mentirão sobre seu trabalho, você e todos ao redor deles. Eles fazem das pessoas inocentes da equipe suas presas (na maior parte das vezes, quando elas estão em cargos abaixo dos deles) e as usam como peões que podem ser facilmente manipulados. Eles pegam as ideias de outras pessoas e as apresentam como se fossem deles. Sorriem na sua frente em reuniões e depois saem por aí tentando minar e desfazer seus projetos. Sempre há alguém que eles marcam para "se livrarem". O alvo é, frequentemente, alguém com excelentes habilidades, o qual a pessoa difícil acha ameaçador. O alvo pode ser você.

VOCÊ NÃO PODE VENCER TODOS ELES

Nós conhecemos uma analista do comportamento consultora que trabalhava em um cenário corporativo. Ela era incrivelmente competente, tinha ótimas habilidades sociais e era apreciada por todos. Quer dizer, todos exceto um vice-presidente que não a suportava. Ela era amigável e alegre quando interagia com ele. Tentava utilizar suas melhores habilidades comportamentais e reforçá-lo por suas boas ideias nas reuniões. Nós observamos essa pessoa em ação e suas palavras de reforço e apreciação sempre soavam sinceras. Após um período, a consultora descobriu que o vice-presidente (um ex-militar) interpretava comportamento amigável e alegre como "superficiais", especialmente quando era exibido por uma mulher. Após refletir um pouco, a consultora atenuou suas habilidades sociais quando estava na presença desse vice-presidente. Sem bate-papos. Ela nunca mais mencionou o clima ou perguntou como ele ou a família dele estavam, e só falava sobre tarefas de trabalho. Ela se esforçou para sorrir menos na presença dele. Isso resultou em uma melhora nas interações, mas havia outro problema. O vice-presidente queria outra pessoa, uma amiga íntima de sua esposa, no lugar da consultora. Perguntamos para a consultora como ela conseguiu sobreviver durante tanto tempo. Ela respondeu:

> *Ele por fim me pegou de jeito. Mas assim que percebi que ele nunca gostaria de mim, precisei de um novo plano. Eu me certifico de que meu trabalho seja excelente, mesmo se tiver que levar para casa e trabalhar à noite. Aviso meu chefe sobre tudo, então, se ele afirma que não estou produzindo, meu chefe sabe o que está acontecendo. E não paro por aqui. Mando relatórios mensais para o presidente e outras pessoas-chave da equipe. Então, se o vice-presidente entrar em uma reunião e disser que não estou fazendo nada, ele irá parecer um idiota desinformado porque todas as outras pessoas da mesa viram minha produtividade do mês passado. Eu também mencionei para algumas pessoas-chave que ele queria se livrar de mim. Fiz isso apenas uma vez e depois parei. Não seria profissional agir dessa forma obsessiva, mas fiz*

com que as pessoas soubessem que ele tem sua própria motivação. Se eu receber um elogio por escrito de um cliente ou vendedor, eu o compartilho com as pessoas que estão acima do meu cargo para que saibam que sou valiosa para a empresa. Eu me voluntario para tarefas que as pessoas não possuem as habilidades para realizar. Certifico-me de que meu trabalho seja bem documentado desde os grandes projetos até a quantidade de e-mails e ligações telefônicas que atendo. Tenho muito respeito em relação a esse vice-presidente em reuniões, mesmo que me dê vontade de revirar os olhos e dizer "blá, blá, blá" quando ele está falando. Basicamente, todos os dias eu trabalho muito para ser uma profissional que minha empresa deseja manter.

RESUMO

Na maior parte das vezes, lidar com pessoas difíceis não é diferente de lidar com qualquer outra: o comportamento delas está sob algum tipo de controle de estímulo, as operações que o estabelecem devem ser descobertas, elas aparecem em nossas vidas com um histórico de reforço (provavelmente desconhecido) que pode ser pressuposto por intermédio das propriedades dinâmicas de seus comportamentos e, o mais importante, o comportamento difícil é modificável por meio de modelagem. Em situações como no caso que acabou de ser apresentado, as 25 habilidades essenciais contidas neste livro, aliadas às habilidades comportamentais, auxiliarão um consultor a desenvolver uma estratégia para lidar com pessoas difíceis.

"Na maior parte das vezes, lidar com pessoas difíceis não é diferente de lidar com qualquer outra."

Em vez de ficar emocional e rotular a pessoa difícil como uma "idiota" ou outros termos que não podemos escrever aqui, o analista do comportamento consultor pode utilizar as 25 habilidades essenciais em conjunto com técnicas derivadas de 40 anos de pesquisa aplicada para realizar modificações fenomenais em comportamentos.

PARA LEITURA ADICIONAL

BLOCH, J. P. *Handling difficult people*. Avon, MA: Adams Media, 2005.

CARNEGIE, D. *How to win friends and influence people*. Nova York: Simon & Schuster, 1981.

HARVARD BUSINESS SCHOOL PRESS. *Dealing with difficult people*. Boston: Author, 2004.

HUNSAKER, P. L.; ALESSANDRA, A. J. *The art of managing people*. Nova York: Simon & Schuster, 1980.

13
A Função de Pensar

Para muitas pessoas, um dos aspectos mais frustrantes da vida é não ser capaz de entender o comportamento das outras pessoas.

Richard Carlson

Eu não levo meu trabalho para casa. Meu tempo é meu tempo. Eu deixo os assuntos de trabalho no escritório. Algumas pessoas separam seu trabalho do resto de suas vidas. Isso faz sentido especialmente para advogados corporativos, cientistas espaciais e neurocirurgiões que, se levassem seu trabalho para casa, teriam seu comportamento considerado aberrante. A não ser que signifique conversar sobre um caso com um cônjuge confiável, vamos torcer para que o neurocirurgião não leve seu trabalho para casa.

Outros profissionais poderiam levar seus trabalhos para casa e isso não seria considerado nada além do normal. Carpinteiros, encanadores e enfermeiros podem facilmente utilizar suas habilidades em casa para tornar a vida de seus familiares melhor. Colocar novas prateleiras na cozinha, instalar torneiras de banheiro modernas e colocar um curativo em um joelho machucado fazem sentido. E os analistas do comportamento comprometidos? Faz sentido que levem para casa seu conhecimento e habilidades sobre comportamento? Os profissionais devem aplicar o que aprenderam na pós-graduação quando estiverem em ambientes comunitários? E em relação a colegas de trabalho no escritório? Parece que a natureza de nossa tecnologia de comportamento é aplicável a todos esses ambientes, e que os analistas devem, com certeza, pôr em prática o que sabem sobre comportamento humano conforme as oportunidades vão surgindo. Isso não significa afirmar que ele sempre entrará em ação e começará a modelar comportamentos. Às vezes, envolver-se nos assuntos de outras pessoas não é adequado. No entanto, o analista treinado deve ser capaz de observar o comportamento de alguém em ambiente natural e, em uma extensão razoável, determinar variáveis causais que todas as outras pessoas parecem não perceber. Mesmo que a maioria dos clientes em uma loja observe uma criança gritando e pense "Que garotinho mimado!", o analista testemunha o mesmo comportamento e entende que a mãe vinha reforçando intermitentemente o garoto por fazer birra no mercado: "Toma um docinho. Por favor, pare de gritar!"

PROBLEMA NO SHOPPING

Amy e Amanda, irmãs gêmeas que agora já estão crescidas, vivem na mesma cidade. Ainda que ambas tenham vidas profissionais bem ocupadas, tentam se reunir pelo menos uma vez por mês. Amy, uma gerente de escritório, tem um filho de dois anos e meio. Jayden dá trabalho. Ele começou a andar aos 18 meses e vem balbuciando e falando há algumas semanas. Amanda, uma analista do comportamento certificada pelo Board®, que está grávida de 3 meses, acha que pode aprender com sua irmã um pouco sobre viver com uma criança pequena. Para a surpresa de Amanda, o que ela está aprendendo é que Amy não tem o mínimo conhecimento sobre comportamento humano. As irmãs estão passando uma tarde com Jayden no shopping. Elas estão cruzando a ampla calçada do shopping com ele no carrinho, e o ar é invadido por um grito bem alto; Jayden está apontando para um quiosque chamativo de sorvete no qual o vendedor está oferecendo amostras grátis. Amy vira para a esquerda repentinamente e, quase trombando no jovem vendedor, fala: "Ok, ok. Vamos pegar sorvete. Pare de gritar, Jayden." Enquanto Amy tenta desviar do fluxo de pedestres do shopping, Jayden começa a fazer birra. Ele grita a plenos pulmões, fica com o rosto vermelho e se agita no carrinho; então Amy fala: "Ele quer mais sorvete. Ele é assim o tempo todo. São os 'terríveis 2 anos'." Amanda está chocada ao notar que Amy possui tão pouco conhecimento sobre o que acabou de fazer e não vê problema em reconstruir aquilo que levou a esse acontecimento desconfortável.

Observando a situação do ponto de vista de uma analista do comportamento, Amanda pensa consigo mesma:

> *O que aconteceu foi o seguinte: Eles provavelmente vêm aqui com frequência porque o shopping fica perto da casa da Amy. Na primeira vez que ela viu o vendedor oferecendo amostras grátis de "sorvete da era espacial", pensou que seria uma coisa legal para Jayden experimentar. Amy pegou uma amostra para Jayden, eles se divertiram conversando sobre "sorvete de astronauta" e assim foi. Agora, quando Amy está com pressa e não quer parar, Jayden protesta. Para acabar com a gritaria, Amy dá para Jayden o que ele quer, como aconteceu hoje. O resto vocês já sabem.*

Amanda aplicou o lema "A Função de Pensar" quando não estava trabalhando. Se ela não fosse uma analista do comportamento, provavelmente concordaria com Amy que Jayden estava apenas passando por uma etapa do desenvolvimento comumente chamada de os "terríveis 2 anos". A explicação alternativa de que Amy está modelando um comportamento terrível não é um pensamento bom de se ter sobre sua irmã. E os próprios pais, com certeza, não gostam de pensar dessa maneira sobre si mesmos. Mas é assim que as coisas são às vezes. Lembrando que nosso código de ética não recomenda trabalhar com parentes, Amanda não fala nada para Amy, mas se perguntarem, ela explicará que os "terríveis 2 anos" são um mito.

> **"Inúmeros e controlados estudos de interações filhos/pais apontam para contingências de reforço mal elaboradas. . . por um pai que não tem a mínima ideia de como o comportamento realmente funciona."**

Inúmeros e controlados estudos de interações filhos/pais apontam para contingências de reforço mal elaboradas (não planejadas, inclusive) por um pai que não tem a mínima ideia de como o comportamento realmente funciona. Amy tem uma desculpa; ela *não* é uma analista do comportamento, ela é uma gerente de escritório e não sabe nada além disso. Nossa cultura não chega nem perto de educar novos pais sobre comportamento infantil. As amplas contingências de dois pais ocupados e crianças em idade pré-escolar, que são colocadas sob o estresse de várias viagens de ida e volta até a pré-escola enquanto se sentam no banco de trás de um carro sozinhas, não ajudam muito. Se os pais buscarem assistência comportamental, poderemos ajudá-los a compreender que instruções vagas, ameaças e reforço inconsistente e intermitente de comportamentos interferentes são propensos a produzir respostas emocionais desafiadoras que serão bem complicadas. Uma criança birrenta (que foi modelada para se engajar nesse comportamento) geralmente entrará em contato com alguns problemas que prejudicam sua qualidade de vida. Gritos. Espancamentos. Restrições. Em pouco tempo, essas consequências começarão a produzir uma criança com uma postura negativa em relação aos pais e talvez adultos em geral. Não é necessário psicoterapia ou aconselhamento familiar para chegar à raiz desse problema, e um analista do comportamento que é capaz de aplicar "A Função de Pensar" costuma conseguir encontrar uma explicação comportamental para tais situações.

Todo comportamento tem uma função. A função está no ambiente e pode ser vista por um analista do comportamento treinado tão claramente quanto uma coruja-pintada pode ser detectada em uma floresta por um ornitólogo com um bom binóculo. Assim como os biólogos são treinados para encontrar espécies raras, os analistas são treinados para ver e compreender contingências de reforço. Quando aplicamos nosso treinamento profissional ao comportamento que ocorre ao nosso redor, podemos encontrar os antecedentes, imaginar as operações estabelecedoras e entender as consequências. O que geralmente nós não sabemos são os históricos de reforço ou os intervalos; isso exige um pouco mais de tempo de observação. Mas um analista capaz de aplicar "A Função de Pensar" tem uma enorme vantagem sobre qualquer pessoa em qualquer outra profissão; é fácil permanecer calmo e objetivo se você entender como o comportamento funciona. Mesmo que alguém esteja destilando veneno em você, não é tão ruim. "Hum", você fala para si mesmo. "Esse cara deve estar tendo um dia muito ruim. Ele nem sempre é amigável, mas essa gritaria não é normal. Me pergunto o que aconteceu com ele esta manhã." Como um analista do comportamento, você tem uma vantagem muito poderosa sobre a pessoa enraivecida. Você sabe que responder com qualquer coisa que não seja uma expressão neutra irá reforçá-lo, e também sabe que assim que ele resolver parar para respirar, você pode pular para um assunto um pouco mais agradável. Ser um consultor comportamental eficaz significa carregar seu equipamento comportamental com você em todos os lugares, analisar cada situação que acontece durante o dia e estar preparado para aplicar as ferramentas mais adequadas quando necessário.

"Ser um consultor comportamental eficaz significa carregar seu equipamento comportamental com você em todos os lugares, analisar cada situação que acontece durante o dia e estar preparado para aplicar as ferramentas mais adequadas quando necessário."

"A FUNÇÃO DE PENSAR" NO TRABALHO E EM CASA

Então, o que acontece quando a mesma analista do comportamento vai para o escritório, trabalho, escola, ou para seu próprio ambiente em casa? Ela ainda pode aplicar "A Função de Pensar" para lidar de modo eficaz com seus colegas negativos, amigos intrometidos, mãe mandona, clientes difíceis de agradar ou namorado cabeça-dura e chato? É claro que sim.

Carol trabalha para uma empresa de consultoria comportamental que presta serviços para escolas de educação especial. No fim do dia, ela vai até o escritório para escrever alguns relatórios, contabilizar suas horas de trabalho e checar o e-mail. Janice é outra consultora que costuma chegar na mesma hora. Logo após o início do turno, Janice começa a reclamar sobre seu baixo salário por hora, as escolas péssimas para as quais é enviada, o quão frustrante é o trabalho etc. Nas primeiras vezes em que isso aconteceu, Carol foi simpática e tentou consolar sua colega. "Bem, são tempos difíceis e nenhum de nós está recebendo aumento." Ou "Sim, essa é uma escola difícil, mas há alguns professores bons lá." Depois de reclamar com seu marido sobre Janice ("Ela está começando a me irritar. Estou cansada de ouvi-la, e queria que a transferissem"), Carol percebeu que isso era uma questão *comportamental*: "Alguém no escritório provavelmente começou a reforçar o comportamento e eu o estou mantendo com simpatia." Aquilo foi um ponto de virada para Carol. Decidindo que as lamentações de Janice eram movidas por atenção, Carol começou a ignorar toda a lamentação ao mesmo tempo em que reforçava Janice com outros tópicos de conversa. As lamentações cessavam depressa quando Carol estava presente.

A solução para o problema entre Carol e Janice parece muito óbvia. Como uma analista do comportamento poderia não reconhecer instantaneamente um comportamento inadequado e saber que ele deveria ser ignorado? A resposta é que analistas do comportamento são meros mortais, então, de tempos em tempos, alguns de nós acabam esquecendo de que podemos e devemos aplicar nosso conhecimento sobre comportamento em nossa vida diária. Existe certa ironia na situação em que Carol reclamou com seu marido sobre a tendência de Janice a reclamar. Ainda assim, muitos de nós nos deixamos levar e nos permitimos ficar indignados em vez de sermos eficazes, ou então, xingamos em vez de modelar um comportamento.

"A FUNÇÃO DE PENSAR" NO LOCAL DE TRABALHO: LENDO SINAIS SUTIS

A diretora não está sorrindo. David é o analista do comportamento consultor em uma escola. Ele se reporta diretamente à diretora. Ela costuma ficar empolgada e feliz ao ver David, mas alguma coisa mudou. Felizmente, David foi observador e notou a mudança. A diretora não faz mais contato visual, está dando respostas curtas para todas as pessoas e não está fazendo comentários positivos como normalmente faria.

David precisa começar a pensar sobre todas as possíveis variáveis funcionais:

- Provavelmente, não foi algo que ele fez, pois ela não está sorrindo para *ninguém*.
- Poderia haver um estímulo aversivo ameaçador na vida da diretora do qual David não tenha conhecimento?
- Poderia haver uma variável motivacional que mudou para ela?
- Pode ser possível um fator biológico ou médico (ela está doente)? Ela recebeu más notícias de seu médico sobre uma mamografia?
- Algum reforçador importante foi removido? O marido dela a deixou? Ela ouviu falar que será transferida para outra escola?

David entende que o comportamento da diretora é uma função de alguma coisa. Não é algo aleatório, e ele precisa ser preocupado e cauteloso. Se algo terrível aconteceu na vida dela, ele precisará demonstrar que se importa e que tem compaixão. Não é uma boa hora para abordar aquele problema chato sobre a professora do primeiro ano que está gritando com seus alunos.

O CASO DA COLEGA DE ESTAÇÃO DE TRABALHO CONVERSADORA

Em um ambiente corporativo, Sharon dividia uma estação de trabalho com Pam, outra analista do comportamento. Dia após dia, Pam chegava, se sentava, ligava seu computador e começava a trabalhar. Sharon afirmou que:

> *Pam tem excelentes hábitos de trabalho, mas é estranha. Ela é quase muda, nunca troca cordialidades, perguntando como foi meu fim de semana ou se despedindo quando vai embora. Então, de repente, hoje ela começou a agir como se eu fosse sua melhor amiga. Ela tentou iniciar uma conversa e, veja bem, ela queria saber se eu gostaria de almoçar com ela! É muito estranho, não tenho certeza se quero ir. O que você acha que acontece com ela?*

As possibilidades incluem:

- Alguma coisa *boa* aconteceu com Pam e ela quer compartilhar isso.
- Alguma coisa *ruim* aconteceu com Pam e ela quer conversar sobre isso.
- Pam descobriu um reforçador que Sharon mantém para ela.

Você consegue pensar em outras variáveis funcionais que podem estar afetando o comportamento de Pam? Consegue dar exemplos específicos dessas variáveis (como exemplo de alguma coisa boa que aconteceu com ela, será que Pam pode ter sido promovida)?

O DIRETOR DE TECNOLOGIA DA INFORMAÇÃO HOSTIL (O GURU DE COMPUTAÇÃO DA EMPRESA)

Bill é um analista do comportamento que trabalha como especialista em gestão de desempenho para uma grande seguradora nacional. A empresa tem um diretor de TI que basicamente dá a palavra final sobre quais departamentos da empresa receberão serviços de suporte de informática. Se você precisar instalar um novo software, o Sr. Guru está no comando. Se estiver enfrentando problemas com um aplicativo, o Sr. Guru decide se o suporte técnico irá ajudá-lo. Bill pensou que estava fora do radar dele, mas durante uma reunião com a gerência da empresa, o Sr. Guru criticou o trabalho de Bill e tentou cancelar um dos projetos dele. "É um desperdício de tempo e dinheiro para a empresa", disse. Bill saiu da reunião se sentindo atordoado e imaginando o que estava por trás do comportamento do Sr. Guru.

As possibilidades incluem:

- O Sr. Guru tem algo contra Bill.
- O Sr. Guru tem algo contra o chefe de Bill.
- O Sr. Guru está tentando intimidar Bill por algum motivo.

- O Sr. Guru está tentando impressionar alguém na mesa de reunião.
- Bill tem sido irrealista em relação a seu projeto e habilidades.

Você consegue pensar em alguma outra variável que pode estar afetando o comportamento do Sr. Guru? Consegue dar exemplos específicos dessas variáveis? No ambiente de trabalho, quando alguém fala alguma coisa como "O Sr. Guru tem algo contra Bill", como você traduziria para a linguagem comportamental? Qual poderia ser a motivação do Sr. Guru para "atingir Bill"?

PAIS DISTANTES

Como uma analista do comportamento que trabalha em lares, Betsy gostou de trabalhar com os pais de Justin. Eles eram positivos, otimistas e dispostos a tentar qualquer coisa que Betsy pedisse para ajudar Justin. Mas, ultimamente, as coisas mudaram e os pais de Justin estão meio melancólicos. Demonstram pouco entusiasmo com todas as sugestões de Betsy. Ela notou que eles parecem evitar contato visual com ela e entre si, e mesmo que sejam educados com Betsy, parece algo forçado.

Betsy tem pensado em algumas das coisas que poderiam ter causado uma mudança no comportamento desses pais.

As possibilidades incluem:

- Os pais não estão mais felizes com Betsy.
- Os pais não estão mais felizes um com o outro.
- Os pais decidiram que não vão mais tratar Justin em casa.
- Os pais podem estar enfrentando dificuldades financeiras.
- Pode haver problemas médicos.

Você consegue pensar em outras variáveis funcionais que podem estar afetando o comportamento dos pais de Justin?

RESUMO

Como consultor comportamental, você precisa estar sempre alerta em relação a seu ambiente social. Aplicar "A Função de Pensar" irá ajudá-lo a ler as pistas para interagir eficazmente com as pessoas, mesmo durante seu tempo livre; o comportamento das pessoas no mundo à sua volta é governado por leis. Existem variáveis de controle para todos os comportamentos e, como um profissional que está comprometido com o campo da análise do comportamento, você precisa tentar determinar quais são essas variáveis e realizar os ajustes necessários ou correções para que possa responder adequada e profissionalmente.

PARA LEITURA ADICIONAL

BAILEY, J. S.; BURCH, M. R. *How to think like a behavior analyst*: Understanding the science that can change your life. Mahwah, NJ: Lawrence Erlbaum Associates, 2006.

14

Utilizando Eficazmente a Modelagem

Modelagem, modelagem, modelagem sempre.

Mote de um produto campeão de vendas da Florida Association of Behavior Analysis

Tomada pela frustração, uma professora chama uma aluna do terceiro ano que está agitando sua mão freneticamente, dizendo baixinho, mas com intensidade: "Eu, eu, eu!"

Durante uma viagem de família a Nova Iorque, um pai, após dizer "Ok, vou levar você à loja de bonecas American Girl, mas não vamos comprar nada hoje", pega seu cartão de crédito platinum e cede aos desejos de sua filha de 9 anos.

Uma supervisora arborista, ocupada com uma chamada importante ao celular, nota que seus funcionários responsáveis por aparar árvores não estão usando (novamente!) seus capacetes, mas ela se apressa até seu veículo, sem falar nada.

As leis do comportamento operam não importando se uma pessoa é ou não uma analista. Em cada um desses três casos, alguém importante se engajou na modelagem de comportamento inadequado. Os infratores comportamentais não perceberam isso na hora, e provavelmente não admitiriam o erro se fosse apontado para eles. Mas, assim como esses casos que parecem inócuos, existem interações acontecendo milhões de vezes por dia em nossa cultura que adicionam uma dor de cabeça comportamental para todos.

"O poder de reforço onipresente, aplicado em pequenas porções durante o dia, produz a cena complexa do comportamento humano que se desdobra diante de nós, analistas."

A professora do terceiro ano agora é confrontada por uma aluna que insiste todos os dias em ser chamada, agitando fortemente o braço e sussurrando "Eu, eu, é minha vez. Eu sei a resposta. Poooor-favor!" O pai lida com uma pré-adolescente que está sempre pedindo alguma coisa. E a dona da empresa Miller's Tree Service tem um problema de indenização para um funcionário que foi ferido na cabeça quando um galho que estava caindo bateu nele de maneira ridícula na tarde de sexta-feira.

Em cada caso, os princípios do comportamento estavam operando para aumentar lentamente a probabilidade de ocorrência de um comportamento inadequado. Com ela, vem uma chance ainda maior de reforçamento em um círculo de ambientes que sempre aumenta. O poder de reforço onipresente, aplicado em pequenas porções durante o dia, produz a cena complexa do comportamento humano que se desdobra diante de nós, analistas. Nosso mundo analítico do comportamento é feito de comportamentos complexos, difíceis e que necessitam de análises funcionais para serem resolvidos, e isso quase sempre requer toneladas de paciência para modificá-los. Nesse mar de reforço acidental, o analista é jogado de um lado para o outro pelas águas do comportamento inadequado, as quais afundarão seu caiaque se ele não for cuidadoso. O que um profissional bem treinado, consciente e a favor da lei deveria fazer?

ÉTICA DE MODELAGEM

Nas mãos de um analista do comportamento bem treinado que tem excelentes habilidades profissionais, a modelagem pode ser uma felicidade de se contemplar. Imagine uma analista que está em um grupo de pessoas que inclui alguém muito difícil. A analista do comportamento se engaja em conversas com facilidade, sorrindo e acenando com a cabeça frequentemente. Se observarmos as interações será possível notar que ela, de vez em quando, fará uma pausa, com uma expressão neutra e, depois, voltará a se engajar no comportamento anterior. Surpreendentemente, a analista estável e popular é capaz de realizar cálculos instantâneos, como a probabilidade de que o comportamento que ela está presenciando causará algum problema no futuro. Ela aplicará os sorrisos e os acenos de cabeça precisamente no tempo correto para modelar o comportamento. Nossa analista do comportamento está calma e focada. Ela não tem motivos para ficar brava ou brigar com alguém, pois sabe que o comportamento que está presenciando é produto da história passada da pessoa, provavelmente da infância.

"Nossa analista do comportamento está calma e focada. Ela não tem motivos para ficar brava ou brigar com alguém, pois sabe que o comportamento que está presenciando é produto da história passada da pessoa, provavelmente da infância."

O reclamão, o sabe-tudo e a rainha do drama (Bloch, 2005) apresentam dificuldades para todas as pessoas à sua volta exceto para o analista bem fundamentado, que compreende como funciona o comportamento. Existe algo zen nesse conhecimento profundo que fornece ao analista não somente a calma que vem com a compreensão, como também a permissão de agir quando necessário. Modelagem pode ser feita acidentalmente por pessoas não treinadas e deliberadamente por pessoas bem treinadas. Ainda que utilizar análise do comportamento em suas vidas diárias não seja obrigatório, não deveria ser uma surpresa descobrir que, individualmente, esses profissionais podem utilizar seu conhecimento para criar algum grau de comportamento adequado em seu domínio de influência. Aplicar o que você sabe sobre as pessoas ao redor é de seu interesse, e do delas também.

DESENVOLVA O HÁBITO DE MODELAR

Hábitos são comportamentos que surgem naturalmente. Com frequência, são descritos como comportamentos "inconscientes", significando que não são reportados verbalmente.[1] Consultores comportamentais interagem com dezenas a centenas de pessoas a cada semana. As oportunidades de modelar são enormes, mas, assim como em muitas tarefas adquiridas, é melhor começar com pouco. No início, você precisará selecionar uma ou duas pessoas, então, um ou dois comportamentos para cada pessoa que escolheu. Com a modelagem, você não está tentando produzir um comportamento totalmente novo, mas sim aumentar a probabilidade de que alguma resposta ocorra com mais constância ou na hora certa.

Como exemplo, imagine que você é o analista do comportamento consultor que foi contratado por um administrador para trabalhar com a equipe dele.[2] Existem vários problemas que você terá que abordar com a equipe, incluindo deficits de habilidades relacionados a treinamento de clientes, comportamentos problemáticos e falta de motivação. Sua primeira tarefa é convencer o administrador de que a reforma comportamental intensiva da equipe dele levará algum tempo e não poderá ser realizada com poucos e rápidos treinamentos. Você terá que modelar *comportamentos de cooperação*. E o que são eles? No final das contas, você desejará ouvir seu administrador dizer: "Parece bom. Concordo. Vamos avançar com seu plano." Mas, utilizando a modelagem, você pode começar com uma aproximação da meta final ao falar para o administrador: "Pensei em agendar uma reunião para sexta à tarde, e talvez você possa conversar com seus funcionários sobre a *postura* deles em relação aos clientes."

É claro que existe uma grande distância entre fazer com que os funcionários mudem suas posturas e modificar seus comportamentos em si. Então, se você começar a falar com o administrador sobre uma reunião breve sobre posturas, como chegará de A a B? O mais inteligente a se fazer é identificar alguma coisa com a qual o administrador concordará, algum comentário que ajudará a conseguir um aceno de cabeça da parte dele: "Eu sei que você está tendo esse problema há um tempo. Deve estar ficando cansado de lidar com isso." (Você está demonstrando empatia pela situação dele e aumentando a probabilidade de ele concordar com a cabeça em sinal de aprovação.) Ele o faz, dá um longo suspiro e diz "Sim, é verdade. Estou cansado mesmo." Você suspira também (combinando e espelhando), diz "Eu sei como é", e conta uma história na qual precisou lidar com um vizinho ou alguém em outro ambiente de trabalho; depois, volta para a situação do administrador: "De acordo com minha experiência, mudar comportamentos mantidos há muito tempo não é possível da noite para o dia." Procure uma reação ou algum sinal de cooperação. Se ocorrer, reforce isso com um aceno de cabeça e palavras de conforto: "É preciso ter muita paciência para ser um administrador. Sei disso." E por aí vai. Lembre-se de que você não deve deixar escapar sua proposta inteira no início da reunião como um amador ansioso. Você a apresenta lenta e cuidadosamente, pouco a pouco, reforçando cooperações, acenos de cabeça, sorrisos ou confirmando comentários: "Bem, acho que você está certo. Agora que pensei sobre isso, nossos outros consultores tentaram discursos e palestras motivacionais, mas o efeito é de curta duração."

---

1 "Inconsciente" significa apenas comportamento não rotulado. [N. do A.]

2 Deduzimos que você já tenha se estabelecido como reforçador, conforme descrito no Capítulo 1. [N. do A.]

Você concorda com todo seu coração e aponta que, de fato, não há pesquisa mostrando que essas estratégias alguma vez já funcionaram. Você comenta que, em sua opinião, a abordagem de discurso motivacional é mais uma encenação: "É muito papo e pouca ação." [Em inglês, "*It's all hat and no horse*"]. (É uma frase bastante utilizada no oeste do Texas. Dica: aprenda frases locais.) Ele ri. Você ri. Por que você está reforçando o riso? Porque ele está interligado ao aceno de cabeça, sorriso e concordar com você. Lembre-se do motivo de estar aqui: você precisa que esse administrador concorde que sua proposta de quatro sessões de treinamento prático, um por semana, com um teste de manutenção e generalização é, sem dúvida, a melhor coisa que ele pode fazer nessas circunstâncias.

Quando você está iniciando sua carreira de consultor, cada encontro desses parecerá doloroso. Terá que pisar tanto em ovos, observando atentamente cada movimento que indica o início de um sorriso ou um leve brilho nos olhos, que pode ter dores de cabeça. Você precisa se preparar cuidadosamente para cada reunião, analisando seu plano, dividindo-o em pequenas etapas e o memorizando até que consiga apresentá-lo sem anotações para que ele saia como as conversas que você tem no dia a dia. Além disso tudo, deve focar cada pequeno movimento dos olhos, pequenos gestos de mão e troca de posições, procurando algum sinal de concordância ou, ao menos, uma quebra de resistência. A mudança do administrador de "Bem, não sei" para "Bem, eu acho" merece um *grande* reforçador vindo de você.

Depois de algumas reuniões como essa, será natural utilizar modelagem como parte de cada apresentação e interação com seus clientes. Haverá momentos em reuniões em que alguém apresentará comportamento problemático. É aí que vem sua expressão neutra — você precisa ser capaz de ligá-la e desligá-la em um segundo. Nada de fazer cara fechada ou sinal de não com a cabeça, apenas uma expressão vazia por um segundo. Alguém fez um comentário que não foi útil. Sua resposta é não ter reação, esperar alguns segundos e voltar para sua apresentação, sorrindo e acenando com a cabeça. Conforme você está desenvolvendo suas habilidades, modelar as pessoas pode ser exaustivo, mas, com o passar do tempo, virará um hábito. Um bom hábito.

MODELAGEM DO COMPORTAMENTO DO DIA A DIA

"Conforme você está desenvolvendo suas habilidades, modelar as pessoas pode ser exaustivo, mas, com o passar do tempo, virará um hábito. Um bom hábito."

Além de modelar clientes, você provavelmente enfrentará inúmeras oportunidades todos os dias de utilizar modelagem com seu supervisor, colegas e familiares (Sutherland, 2008). É ético começar a utilizar o que você aprendeu na graduação com as pessoas de seu convívio diário? Salvo algumas situações, a resposta é *sim*. O efeito do reforço, quando nas mãos certas, pode ser poderoso de verdade. Se você retém um reforçador para uma pessoa, sabe como utilizar reforçadores condicionados e seus momentos certos, você pode deliberadamente modelar alguns comportamentos maravilhosos. Mas, antes, precisará pensar em algumas questões. Você não pode utilizar esse conhecimento, essa profunda compreensão do comportamento humano, para promover seus próprios interesses. Não é justo, ético ou adequado aplicar reforço diferencial em seus amigos para comprarem uma cerveja para você, lavar seu carro ou passear com seu cachorro. Não é correto. Se for utilizar modelagem com as pessoas a seu redor, deve sempre ser ético sobre isso ao selecionar comportamentos que sejam do interesse *delas*.

Por exemplo, suponha que você inicie uma amizade com alguém e descubra que vocês têm muito em comum, se entendem bem e gostam de passar o tempo juntos. Mas essa pessoa tem um hábito irritante de interrompê-lo. Não é por mal, não é motivo para acabar a amizade, mas você não gostaria de ficar preso com essa pessoa em um elevador, por exemplo, porque as interrupções constantes o deixariam louco. O que você deveria fazer? Não precisa fazer com que a pessoa saiba desse hábito irritante. É provável que isso não trouxesse nada de bom e, de fato, chamar atenção para o problema poderia frustrar você. Interromper enquanto outras pessoas estão falando não é um problema cognitivo, e falar sobre isso só pioraria as coisas. Modelagem é a resposta.

"Para os analistas do comportamento, fazer com que a modelagem pareça natural para que ninguém o acuse de ser manipulador é obrigatório, não uma opção."

Para os analistas do comportamento, fazer com que a modelagem pareça natural para que ninguém o acuse de ser manipulador é obrigatório, não uma opção. Perderá amigos rapidinho se eles pensarem que você está tentando induzi-los a fazer algo. Seus objetivos devem ser dignos e justificáveis, não egoístas ou desrespeitosos. Sutherland, em seu excelente livro *O Que a Baleia Shamu Me Ensinou Sobre Vida, Amor e Casamento*, de 2008, descreveu sua utilização de reforçadores sociais para todas as pessoas ao redor, desde a impaciente atrás dela na fila, até sua mãe que precisava parar de fumar e seu marido que sempre perdia as chaves. Sutherland não tinha dúvidas acerca de sua estratégia e estava decidida a levar seus planos a público. A resposta da mídia em relação ao livro dela foi majoritariamente positiva. Parecia que muitas pessoas estavam fascinadas com a ideia de que alguém poderia usar os mesmos procedimentos comportamentais utilizados no treino de animais para melhorar seus relacionamentos. Em um exemplo em particular, Sutherland descreveu como, antes de utilizar modelagem em casa, ela incentivava seu marido a continuar perdendo suas chaves ao simpatizar com sua dificuldade e se juntar a ele em sua procura frenética pelo objeto. Quando ela percebeu o que estava fazendo, deixou que ele resolvesse seu próprio problema e simplesmente o reforçava quando ele encontrava as chaves; assim, as perdas se tornaram menos frequentes e as buscas frenéticas se tornaram mais calmas e sistemáticas.

Você será um consultor comportamental muito mais eficaz se puder desenvolver o hábito de procurar comportamentos para reforçar em todos os lugares que for. No trabalho, você deve ter colegas com hábitos irritantes como pegar emprestado seu grampeador e não devolvê-lo, chegar atrasado em reuniões ou contar piadas sujas. Muitas pessoas não parecem saber o que fazer em certas situações, então se envolvem em respostas mal pensadas, que apenas perpetuam o problema. Responder "Tá tudo bem" não é uma boa consequência para alguém que fez ou falou algo desrespeitoso. Em vez disso, faz-se necessário um plano sistemático e consistente para reforçar aproximações ao comportamento atencioso e responsável. A resposta para piadas inadequadas deve ser pelo olhar vazio, segurando-o por alguns dolorosos e agonizantes segundos, e depois mudando de assunto para incitar um comportamento mais adequado.

Mediadores (ex.: professores, pais que estarão conduzindo os planos de tratamento comportamental com uma criança) são especialmente sensíveis e responsivos à modelagem bem planejada. Eles estão se esforçando e querem agradar. Em seu novo papel de agentes de mudança, talvez estejam desesperados para saber se estão fazendo o que é esperado deles. Eles estão bem longe de modificar de fato um comportamento e entrar em contato com as consequências naturais da nova estratégia. A melhor forma de modelagem é aquela que é entregue simultaneamente com as tentativas deles. Vamos pensar em uma situação onde o mediador é a mãe de uma criança com autismo. Você está tentando ensiná-la a conduzir sessões de linguagem com a criança. Você deve se posicionar para conseguir observar a interação entre a mãe e a criança. Assim, poderá realizar a modelagem necessária, sentar-se ou levantar-se para que a mãe possa ver seu rosto e realizar contato visual com facilidade. A mãe será capaz de ver seu aceno de cabeça conforme você encoraja as tentativas de treinamento. Quando ela olhar em sua direção, um grande sorriso e fazer com a boca "Excelente!" ou "Ótimo!" terão o efeito desejado. No fim da sessão, você pode fornecer feedback imediato e descritivo para mostrar à mãe o quanto você está satisfeito com o progresso dela. Você não somente aumentará a taxa de respostas corretas, como também construindo a autoconfiança que será necessária no futuro, quando a mãe tiver dificuldades e você não estiver lá.

RESUMO

"Modelagem, modelagem, modelagem sempre." Esse mantra repetido lenta e ocasionalmente durante o dia com seu tom de voz um oitavo mais grave do que o normal serve como um lembrete de que você, como analista do comportamento consultor, *pode* influenciar o comportamento das pessoas à sua volta. Um cliente (ou familiar) que está sendo teimoso e não ouvirá a razão, seu colega de estação de trabalho intrometido cheio de perguntas pessoais, ou a mediadora que não consegue assimilar o momento certo de seu reforçador, todos melhorarão com seu uso sistemático de modelagem. Como analista, você tem todas as habilidades necessárias para modificar comportamentos. Sabe como identificar reforçadores, controla os reforçadores que *você* retém, e passou incontáveis horas praticando sua entrega para que esteja em perfeita sincronia com o momento certo a fim de conseguir o máximo efeito. Você não pode perder enquanto se mantiver paciente. Enquanto se lembrar de "Modelagem, modelagem, modelagem sempre", as leis do comportamento estarão a seu favor.

PARA LEITURA ADICIONAL

BLOCH, J. P. *Handling difficult people*. Avon, MA: Adams Media, 2005.

SUTHERLAND, A. *What Shamu taught me about life, love, and marriage*. Nova York: Random House, 2008.

15

Você Pode me Mostrar Isso? *A Chave para a Consultoria Eficaz*

Você Pode me Mostrar Isso?

Aubrey Daniels (2000)

Ethan fez aquilo de novo na noite passada. Eu lhe disse que era hora de ir para a cama e ele me ignorou completamente. Continuou mexendo em seu Nintendo e murmurou "Ah, mamãe, estou quase terminando. Só mais uma fase." Você me ajudou com os outros problemas comportamentais dele. O que posso dizer para que ele me leve a sério?

Como analista do comportamento consultor, você testemunhará esse cenário quase todos os dias. A mãe está desesperada, porque isso vem acontecendo há bastante tempo, e ela é capaz de perceber o padrão. Ethan tem suas próprias vontades, ele não escuta e parece estar "testando os limites". A mãe dele precisa de ajuda e fará tudo o que você disser. É tentador, realmente. Como um médico prescrevendo pílulas, você pode prescrever o tratamento e fazer com que a mãe fique feliz. Ela pensa que você é *o* especialista. Você não quer desapontá-la, e tudo o que precisa fazer é falar para a mãe o que ela deve fazer. O problema é que você não sabe. Tudo que você tem é uma descrição frenética de uma mãe sobre o comportamento do filho e a versão dela sobre o que aconteceu, mas você não tem os fatos. Você não estava lá, você não sabe *de verdade* e, em sã consciência, não pode simplesmente adivinhar uma resposta.

"VOCÊ PODE ME MOSTRAR ISSO?" CINCO PALAVRAS QUE PODEM MELHORAR OS RESULTADOS

Aubrey Daniels, o CEO fundador da Aubrey Daniels International e amplamente conhecido como pai da gestão de desempenho, confronta problemas empresariais e organizacionais todos os dias. CEOs das empresas que fazem parte da Fortune 500 contratam o Dr. Daniels para dizer a eles como motivar seus funcionários, como aprimorar os serviços para o consumidor, como melhorar a conscientização dos funcionários em relação a questões de segurança etc. Sentados em confortáveis cadeiras de couro na sala da presidência, executivos recontam casos de funcionários que não parecem se importar com a necessidade dos clientes. Eles descrevem situações em que departamentos ou divisões dentro da organização custam à empresa milhões de dólares com suas práticas desperdiçadoras. Esses executivos são pessoas importantes com problemas que os pressionam, e gostariam de respostas imediatas. De preferência, respostas *fáceis*. Assim como a mãe de Ethan na abertura deste capítulo, essas pessoas muito inteligentes e poderosas estão frustradas e você pode perceber isso em suas vozes: "Nossa nova instalação de montagem de microchips em Chandler deveria ser a resposta para nossos problemas de produção. Ela nos custou cerca de US$50 milhões e demorou 2 anos para começar a operar, e agora não é capaz de atingir as metas de produção. Eles não percebem como isso é importante? Nós estamos em uma economia global; Taiwan está ganhando. Você é o especialista em desempenho humano. Diga-me o que fazer."

Além de possuir as credenciais e a experiência para aconselhar esses líderes da indústria, o Dr. Daniels tem como aliado quase trinta anos de pesquisas. O *Journal of Organizational Behavior Management* publicou inúmeros estudos demonstrando como os princípios básicos do comportamento podem ser aplicados em ambientes industriais. Mas o Dr. Daniels é cauteloso com respostas fáceis; já caiu nessa antes e aprendeu com a experiência. Isso não quer dizer que o CEO que pede uma solução rápida não esteja falando sério (ele está) ou que ele esteja confuso (não está). Mas ao descrever o que ele enxerga como o problema, está passando adiante boatos para alguém que já esteve nessa situação mais vezes do que consegue se lembrar. O sincero e o desesperado realmente não sabem como funciona o comportamento humano. Eles tendem a encobrir detalhes, ignoram fatos que são críticos e são cegos em relação às contingências de influência que operam fora da vista de um olho não treinado. O Dr. Daniel sabe exatamente o que dizer nessa importante situação: "Você pode me mostrar isso?" Essa pode ser uma frase que encerra uma conversa. É claro que elaboração é necessária, mas com essas cinco palavras simples, ele captura uma característica essencial da consultoria comportamental eficaz: precisamos ver o que está acontecendo para sermos capazes de fazer alguma coisa. Descrições vagas como "Eles parecem não se importar" geram intervenções vagas como programas motivacionais, ou, pior, *palestrantes* motivacionais. Falta de conscientização sobre questões de segurança normalmente leva a vídeos, pôsteres e banners enormes sobre "aumento de conscientização", como "Segurança É Nossa Primeira Tarefa" ou "*Bee Safe*"[1] (com abelhas sorridentes usando capacetes e óculos de proteção, voando por todo o desenho em destaque no canto do pôster). "Você pode me mostrar isso?", ou "Posso ver isso?" Veja que pedidos simples e elegantes! Tão sensatos, autocorrigíveis, na medida comportamental certa. Em sua simplicidade, a pergunta "Você pode me mostrar isso?" revela que: "Eu não confio em seu relato. Preciso ver por conta própria."

"Já foi comprovado diversas vezes que, quando se trata de comportamento humano, muitas pessoas não sabem o que procurar. Perdem as variáveis importantes e, convenientemente, deixam de lado elementos essenciais."

Já foi comprovado diversas vezes que, quando se trata de comportamento humano, muitas pessoas não sabem o que procurar. Perdem as variáveis importantes e, convenientemente, deixam de lado elementos essenciais. Muitas pessoas exageram sobre o que presencia-

1 Trocadilho de *be* (na frase em questão, significa "seja") com *bee* (abelha). [N. da T.]

ram, ou vão para o outro extremo, minimizando alguma coisa potencialmente perigosa que está acontecendo. No caso do início deste capítulo, a mãe de Ethan deixou de lado o importante fato de que ela prometeu que ele poderia jogar seu jogo de computador por 30 minutos se ele fizesse todas as tarefas e a lição de casa. Ela omitiu o fato de que estava tentando fazer com que ele fosse cedo para a cama para que ela pudesse assistir *Desperate Housewives*. "*Ele* me desafiou." "*Ele* é afrontoso." "*Ele* não me escuta." Você aprendeu no ensino fundamental que existem dois lados em cada história. O clássico filme japonês dos anos 1950, *Rashômon*, no qual a história de um crime horrível e suas consequências são narradas por diferentes pontos de vista, ensina a valorosa lição de que podem existir três ou quatro lados da mesma história.

VENDO POR CONTA PRÓPRIA

A verdade nua e crua é que você, como consultor comportamental, não conhece e não é capaz de compreender um problema de desempenho humano até que o tenha visto por conta própria. Você sabe o que deve procurar e é treinado para compreender conceitos comportamentais. Conceitos como operações estabelecedoras assumem significado especial quando você visita a fábrica de microchips em Chandler e entende que os funcionários cuidadosos e lentos em seus uniformes brancos próprios para materiais perigosos são pagos *por hora* e são duramente penalizados por qualquer erro na linha de produção. Mais tarde, você entende que ali não é igual a Cincinnati, onde há bônus para altas taxas de microchips *perfeitos*. O CEO deixou de lado esse pequeno detalhe quando descreveu o problema para você. Ele não fez isso por maldade ou ignorância, mas porque não compreende a diferença que esse detalhe poderia fazer. Esse CEO em particular acredita que ele e todos os funcionários devem estar concentrados na "missão". "Ao entenderem *a missão*, é provável que trabalhem duro para a empresa", afirma. Esse é o mantra *dele*. Perguntar "Você pode me mostrar isso?" coloca a analista do comportamento consultora exatamente onde ela precisa estar, para que possa olhar para o ambiente onde a ação acontece. Quais *são* os antecedentes do comportamento desejado? A consultora pode olhar por conta própria e ver se os antecedentes tendem a ser estímulos discriminativos eficazes (SDs). Há algum custo da resposta associado ao comportamento desejado? Ela pode perguntar: "Você pode fazer com que ele faça isso de novo? Não sei se entendi exatamente o que acontece quando ele realiza o último teste." E ela pode fazer perguntas realistas que não cruzaram sua mente quando estava sentada em uma cadeira de couro em uma sala luxuosa da diretoria: "Conte outra vez sobre o treinamento que receberam e sobre aquela penalidade em relação aos defeitos. Seria um desconto no salário deles?"

DA SALA DA DIRETORIA PARA A COZINHA: ENSINANDO SUPERVISÃO PARA O MÉDIO ESCALÃO

Como parte de uma consultoria a longo prazo recente em uma instituição de saúde mental na qual os gestores de departamento estavam sendo treinados para aprimorar sua eficácia, outro exemplo ideal vem à mente. Os gerentes de médio escalão que se inscreveram no seminário de liderança tinham um dilema de desempenho com seus subordinados diretos. Em um caso, estavam envolvidos seis supervisores de cozinha de hospital, e todos eram funcionários há muitos anos na instituição. O gerente de departamento encarregado pelos supervisores estava prestes a desistir: “Eu não consigo fazer com que eles supervisionem o pessoal da cozinha. Envolvem-se em discussões com eles e não se responsabilizam por nada. Eu deveria demitir todos esses inúteis.” Era rotineiro para a administração confrontar os seguintes problemas:

- O pessoal da cozinha estava faltando e alegando motivos de saúde quando só queriam um dia de folga.
- Os supervisores estavam punindo o pessoal da cozinha ao telefone por serem preguiçosos quando telefonavam para dizer que não iriam trabalhar.
- Nenhum supervisor fez relatórios sobre ninguém nos últimos seis meses, mesmo que o controle de qualidade tenha colapsado e a motivação estivesse no chão, junto com o lixo do refeitório.

O analista do comportamento consultor perguntou “Eu posso ver isso?”, e ganhou um olhar perplexo e vazio da administradora. Ela questionou “O que você quer dizer com isso?” “Quero dizer que eu gostaria de ir até a cozinha para ver como você supervisiona seus supervisores. E, depois, gostaria de observá-los supervisionando a equipe da cozinha”, respondeu. “Quando?” “Agora!” E lá foram eles para a cozinha extensa, vaporosa, escorregadia quando molhada e envolta em odores, onde a equipe produzia 1.500 refeições saborosas, nutritivas e aprovadas pelos médicos, todos os dias do ano, para 500 pacientes com transtornos mentais.

Como esperado, a descrição geral dada pela gestora de departamento sobre seu trabalho foi vaga. Ela os supervisionava “o tempo todo”. Dava “feedback imediato.” Ela era perfeita. No entanto, observações diretas na área da cozinha barulhenta, que parecia uma estufa, revelaram uma história diferente. A supervisão em questão consistia em supervisores sendo ocasionalmente chamados para o escritório da gerente para uma conversa motivacional baseada nas várias reclamações e rumores que circulavam entre os fornos profundos, grelhas do tamanho de sacos de dormir, pias impecáveis de aço inoxidável e máquinas de lavar louça que assoviavam e soltavam vapor. Essa forma de supervisão vinha desde a gerente de departamento até o pessoal da cozinha. Havia tentativas periódicas fúteis de mudar os comportamentos dos mais insatisfeitos da equipe.

"E lá foram eles para a cozinha extensa, vaporosa, escorregadia quando molhada e envolta em odores, onde a equipe produzia 1.500 refeições saborosas, nutritivas e aprovadas pelos médicos, todos os dias do ano, para 500 pacientes com transtornos mentais."

SUPERVISIONAR SIGNIFICA OBSERVAR PESSOAS TRABALHANDO

O analista do comportamento consultor continuou sua linha de questionamento: “Onde você fica quando supervisiona?” A resposta para essa simples pergunta foi: “O quê?” O analista disse “Ah, se você quer supervisionar as pessoas, precisa observá-las trabalhando, de fato exercendo suas funções. Onde você fica quando faz isso?” O olhar vazio que a administradora deu para ele revelou tudo. Ela nunca havia observado alguém da equipe realizando seu trabalho. Nunca ocorreu para ninguém que supervisão envolvia observação no dia a dia. Depois de observar os membros da equipe, os supervisores precisam dar dicas para as pessoas, instruções, feedbacks, ou, esperamos, um reforçador positivo. Nós conversamos sobre isso no seminário. Todos fizeram anotações, inclusive a gerente de departamento em questão. Houve acenos de cabeça em todo a sala quando perguntamos: "Então, todos concordam que esse é o modelo de supervisão que funciona. Dúvidas?" Perguntar "Eu posso ver isso?" e "Você pode me mostrar isso?" abriu um novo mundo de treinamento. O treinamento no local começou imediatamente para a gerente e seus supervisores. Eles aprenderam onde ficar, o que observar, como abordar um funcionário da cozinha e incitar o comportamento desejado, e como dar feedback.

MODELANDO O REFORÇO

Como parte da caminhada pelo local, o consultor comportamental, estando lado a lado com uma das supervisoras, perguntou: "O que a mulher com bandana azul na cabeça faz aqui?" "Esta é a Nadine. Ela é a inspetora. Compara o que está escrito na prescrição dietética de cada paciente e assegura-se de que cada item alimentar combine perfeitamente. Não podemos ter diabéticos recebendo pudim ou nossos pacientes cardiopatas recebendo alimentos salgados. Não é saudável. É perigoso, na verdade." "Então aqui, na cozinha, ela é uma pessoa importante?" "Ah, sim. Estaríamos com um grande problema se perdêssemos a Nadine." Nós continuamos a observar Nadine verificando, com cuidado, cada bandeja, vez ou outra removendo um pedacinho de bolo amarelo com cobertura de chocolate e o substituindo por uma banana. "Você verifica o trabalho dela?" sussurrou o consultor. "É claro." "Gostaria de ver isso. Você se importa?" A supervisora ficou feliz em mostrar como ela verificava o trabalho de Nadine. Dando um passo rápido atrás da estação de Nadine, onde as bandejas chegavam rapidamente em carrinhos, a supervisora olhou para cinco delas. Todas as cinco estavam perfeitas. A supervisora deu um passo para trás e disse, sorrindo para o consultor: "Sem erros." "E agora?" ele perguntou. "O que você quer dizer?" "Você vai fazer alguma coisa?" "Não, ela não cometeu nenhum erro. Não tenho nenhum problema com ela." O consultor, então, disse: "Ok, observe com atenção." Ele foi até Nadine e em voz baixa falou: "Parece-me que você é perfeita, Nadine. Todas as suas bandejas foram arrumadas de maneira correta porque você prestou muita atenção e pegou alguns erros. Obrigado por ser tão diligente."

O consultor voltou para o ponto de observação onde estava a supervisora. "Dúvidas?" "Não." "Você viu o que eu acabei de fazer?" "Você disse para ela que ela estava fazendo um ótimo trabalho. E daí?" "Você já fez isso? Quer dizer, como parte de sua rotina de supervisão." Você consegue imaginar o resto da conversa. A pergunta "Eu posso ver isso?" levou a uma compreensão totalmente diferente do problema em questão. No conforto da sala de seminário, *supervisão*, como elemento principal de liderança, era tratado como um conceito amorfo genérico. Não era real. Meia dúzia de sessões de treinamento, incluindo slides de PowerPoint, a apresentação dos dados, discussões, tomada de notas e sessões de perguntas e respostas, não revelaram nenhum dos ricos detalhes que foram capturados por observação direta no ambiente em questão. Está mais do que claro que o treinamento teórico provavelmente nunca teria mudado o que estava acontecendo na cozinha, porque os líderes do seminário não sabiam das especificidades de como a operação funcionava. O pedido "Eu posso ver isso?" demonstrou com clareza o que estava acontecendo e levou a recomendações bem específicas que foram continuadas nas semanas e meses seguintes com visitas adicionais à cozinha.

E SE ELES NÃO PUDEREM MOSTRAR NADA PARA VOCÊ?

Se você não puder observar diretamente o comportamento para o qual foi encarregado de realizar consultoria, o que deve fazer? Esse não é um problema que deve ser tratado com indiferença. Aconselhar pessoas sobre problemas de comportamento humano que você não observou diretamente é como um médico que prescreve medicações sem examinar os pacientes. Os médicos consideram isso antiético e insistirão que o paciente compareça a uma consulta. Os médicos compreendem que pacientes são notoriamente pouco confiáveis para reportar sintomas. É frequente que pacientes deixem de lado detalhes essenciais que não perceberam ou não consideram significativos e, é claro, eles não são capazes de observar infecções ou perceber batidas do coração irregulares.

Além de observar os comportamentos em ação, os analistas também precisam de conhecimento direto do ambiente em que ocorre um comportamento. Além disso, consultores treinados têm mais chance do que uma pessoa não treinada de conseguir informações importantes ao observar desempenhos individuais ou interações entre gestores e funcionários. Pais, professores e supervisores frequentemente superestimam os incidentes apenas pelo efeito dramático. Para obter atenção ou acesso a recursos, eles exageram a frequência ou intensidade de um comportamento.

Se pediram que você prestasse consultoria, e não é possível observar os problemas diretamente, deve considerar duas opções antes de aceitar ou não a tarefa. Em primeiro lugar, pergunte se é possível colocar uma câmera de vídeo no ambiente, posicionada de modo que capture aquilo que está sendo descrito. Isso certamente não é tão bom quanto uma observação ao vivo, mas dará mais informações do que os boatos que você está recebendo. Você perderá toda a informação auxiliar que está fora do alcance da câmera, como eventos antecedentes que precedem o comportamento, operações estabelecedoras que ocorreram, e os pequenos elementos do comportamento em si que não podem ser captados à distância. Você terá que decidir se pode atuar eticamente sob essas condições e se consegue dar conselhos que serão seguidos com cuidado suficiente para estabelecer integridade. Lembre-se: se você não pode ver o comportamento diretamente, também não será capaz de ver a intervenção diretamente.

"Lembre-se: se você não pode ver o comportamento diretamente, também não será capaz de ver a intervenção diretamente."

A segunda opção é confiar em dados cuidadosamente coletados, os quais você pode transformar em gráficos e analisar. Isso funcionará somente se houver observadores confiáveis utilizando protocolos testados. Você precisará de múltiplas medidas e medidas repetidas ao longo do tempo. De novo: você terá que determinar se é capaz de atuar nessa "zona cinzenta" ética na qual não tem acesso direto ao ambiente em que sua intervenção será testada.

RESUMO

Para resolver problemas comportamentais em qualquer tipo de cenário, variando de crianças em casa até escolas ou corporações e instituições, os analistas devem observar diretamente os comportamentos inadequados. Supervisores e gestores devem ser ensinados de que a supervisão necessita de observação direta, feedback e muito reforço positivo para um trabalho bem realizado. Por fim, o uso do pedido "Eu posso ver isso?" fornecerá ao consultor uma compreensão do *verdadeiro* problema e as informações necessárias para determinar a melhor solução.

PARA LEITURA ADICIONAL

DANIELS, A. C. *Bringing out the best in people*: How to apply the astonishing power of positive reinforcement. Nova York: McGraw-Hill, 2000.

16

Gestão de Desempenho

Gestão de Desempenho é uma abordagem sistemática, orientada a dados para gerenciar pessoas no trabalho, a qual se baseia no reforço positivo como o maior meio para maximizar o desempenho.

Aubrey Daniels

Os princípios básicos do comportamento como os conhecemos não são diferentes quando aplicados diretamente em um cliente individual, em um grupo inteiro de funcionários de uma casa de acolhimento ou em trabalhadores de uma fábrica. Os comportamentos-alvo quando você está lidando com funcionários são diferentes porque não são problemas clínicos, ou seja, você não está lidando com comportamentos mal-adaptativos, autolesivos ou agressivos, mas sim com comportamentos de descumprimento das tarefas, improdutivos, desperdiçadores ou inseguros. Esses comportamentos, considerados normais para quase todo ambiente de trabalho, são bastante comuns e deixam os CEOs, gerentes e supervisores completamente malucos.

Quando esses problemas relacionados ao trabalho ocorrem em instalações residenciais para transtornos de desenvolvimento, podem resultar em problemas capazes de encerrar um programa inteiro. Em alguns casos, problemas sérios com a equipe e falta de uma boa gestão podem colocar uma organização inteira em risco de perder recursos. Se os membros da equipe não estiverem fazendo seu trabalho e fornecendo programação de qualidade (e os supervisores não estiverem fazendo isso acontecer), o custo pode ser de quantias substanciais de dinheiro, especialmente se o programa levar a ações judiciais que resultam de comportamentos negligentes ou abusivos. Em cenários empresariais, esses problemas comuns de comportamento e gestão podem custar enormes quantias de dinheiro quando se considera um ano fiscal de centenas de funcionários.

ANÁLISE DO COMPORTAMENTO EM CENÁRIOS EMPRESARIAIS, INDUSTRIAIS E ORGANIZACIONAIS

Quando os princípios da análise do comportamento são aplicados em cenários empresariais, industriais ou organizacionais, o termo *gestão de desempenho* (GP) é utilizado para descrever essa área de aplicação. GP é uma especialidade do campo mais amplo da análise do comportamento aplicada (ver Daniels e Daniels, 2004). E ela tem sua própria revista científica (o *Journal of Organizational Behavior Management*), sua própria conferência (a Florida Association of Behavior Analysis Organizational Behavior Management, conhecida como FABA/OBM)[1] e seu próprio grupo de interesse especial (a Organizational Behavior Management Network within the Association for Behavior Analysis International).

A GP funciona de modo muito parecido com as aplicações clínicas e educacionais da análise do comportamento aplicada. O processo é iniciado com um encaminhamento, geralmente de alguém do médio escalão ou em posição mais alta em uma organização, e deve começar com uma investigação a ser realizada por uma empresa de consultoria. Outro ponto inicial pode acontecer quando um analista do comportamento que está trabalhando em um cenário clínico percebe que programas individuais de comportamento não estão sendo conduzidos. O analista sugere para o administrador que pode ser adequado considerar intervenções maiores, em vários níveis do sistema.[2] De acordo com nossa experiência, o discurso de encaminhamento inicial para o analista do comportamento consultor vindo do alto escalão costuma ser vago: "Nós temos problemas de 'motivação' aqui que precisam ser abordados", "Nosso pessoal não está focado o suficiente em segurança" ou "Precisamos de alguns grandes ajustes de postura nesta empresa para nossa fusão ser um sucesso". Existe um artifício especial para identificar o verdadeiro problema. Aubrey Daniels é o indivíduo a quem foi creditado o início do campo da GP em meados de 1960. Daniels foi contratado para identificar um problema comportamental chamado *pinpointing*, ou seja, converter uma vaga referência de um problema em comportamentos observáveis e mensuráveis (algo que precisa de solução). Para identificar comportamentos-alvo em cenários de GP, o consultor deve, primeiramente, pedir exemplos de problemas de motivação para que as especificações possam ser determinadas. Para muitos gestores ou executivos, problemas de motivação incluem funcionários que chegam atrasados ao trabalho, não realizam suas funções ou não são responsivos para pedidos de informação. Para outros, um problema de motivação pode significar funcionários que não completam suas tarefas dentro do prazo ou são descuidados em seu trabalho e desperdiçam materiais caros. A afirmação "Meus funcionários não são muito conscientes acerca de segurança" pode ser traduzida em não usar capacetes ou óculos de proteção no local de construção. Ainda que não seja possível medir a conscientização sobre segurança, é possível contar o número de soldadores usando seus capacetes e protetores faciais.

"De acordo com nossa experiência, o discurso de encaminhamento inicial para o analista do comportamento consultor vindo do alto escalão costuma ser vago."

COLETANDO DADOS DE LINHA DE BASE

Uma vez que o comportamento-alvo ou resultado é estabelecido, o consultor começa a determinar um método para (a) coletar dados de linha de base e (b) encontrar as variá-

1 Essa conferência é realizada de dois em dois anos nos anos ímpares. A edição de janeiro de 2009 foi sediada em Cocoa Beach, na Flórida. [N. do A.]

2 O coaching executivo é outra aplicação da GP que está se popularizando. Ela envolve trabalhar com o alto escalão e ensina aos executivos maneiras de serem mais eficazes na tomada de decisões e em suas interações com vários diretores de departamento. Consulte o Capítulo 24 para mais informações. [N. do A.]

veis funcionais que afetam o comportamento-alvo. Isso é quase idêntico ao que acontece em cenários clínicos nos quais o consultor deve determinar uma maneira de reunir os dados adequados antes de uma futura intervenção que será avaliada. Em alguns casos de GP, os dados (que costumam ser resultados importantes) podem ser reunidos por meio de registros já existentes. Totais de vendas, registros de acidentes, folhas de ponto, reclamações de clientes e produtos devolvidos, todos geram dados. As empresas geralmente mantêm esses tipos de dados em planilhas e bases de dados. Cada vez mais, são utilizados para propósitos de contabilidade e, às vezes, para traçar metas, porém é raro serem usados de maneira sistemática para modificarem o desempenho de funcionários. Por exemplo, registros de segurança podem indicar quantos dias foram perdidos devido a acidentes e quanto isso custou para a empresa, mas os comportamentos que levaram ao dano frequentemente escaparão sem serem notados, permanecendo sem registro. *Comportamentos* sugestivos de vendas, que são muito desejados em restaurantes na atualidade, raramente são observados e registrados ("Posso sugerir uma sobremesa? Nossa torta de limão é caseira e é uma das assinaturas de nosso chef"). Os funcionários passam por treinamento, os gestores são ensinados a incitar o comportamento e placas podem ser colocadas na parede da cozinha, mas a observação direta quase nunca acontece na maioria das empresas. Muitas não sabem que deveriam registrar aquilo que faria diferença na franquia, e os negócios que sabem que isso deveria ser feito não têm as habilidades para o fazerem. Aqui é onde entra o consultor comportamental. O *pinpointing* leva a comportamentos observáveis, coleta de dados, elaboração de gráficos e análise os dados e ideias para intervenções. Um ponto no qual as empresas demonstram interesse específico é o resultado final. Depois que as despesas são subtraídas do faturamento, há um número positivo, uma renda, ou uma *margem*, chamado de resultado final. Um consultor comportamental capaz de aumentar a margem de uma empresa será altamente visado e solicitado diversas vezes. As práticas variarão de uma empresa para outra, mas, na maioria das vezes, gestores e supervisores serão treinados nos workshops da empresa de consultoria para observar desempenhos críticos. O consultor comportamental (que pode estar na empresa dois dias por semana em um período de seis meses) realizará o treinamento (ver Capítulo 11) e se tornará o ponto focal para reunir os dados, elaborar gráficos e análise, e realizar o brainstorming sobre possíveis intervenções custo-benefício. Essas intervenções, assim como nos cenários clínicos, devem ter base em evidências.

"O pinpointing leva a comportamentos observáveis, coleta de dados, fazer gráficos e analisar os dados e ideias para intervenções."

Em clínicas de reabilitação, residências ou empresas de treinamento, o consultor não tende a trabalhar comportamentos que não terão efeito direto no resultado final da empresa. É muito mais provável que o profissional seja contratado para instaurar um *sistema* de GP para se assegurar de que programas comportamentais que são escritos e aprovados estão sendo realmente conduzidos com precisão, no tempo certo e de maneira consistente para produzir as mudanças de comportamento desejadas para clientes individuais. Se, por exemplo, a Goodwill Industries International contratar você para garantir que existe seguimento para o treinamento que os supervisores receberam sobre como motivar funcionários com deficiência, o comportamento-alvo primário tende a ser a "porcentagem de tempo em que o supervisor observou e forneceu feedback". Um comportamento-alvo secundário poderia ser a "taxa de aquisição de habilidades" pelo trabalhador. Mesmo que exista um atraso e as margens possam estar reduzidas quando comparadas com aquelas das competitivas empresas que fazem parte da Fortune 500, as quais operam dentro de um modelo completamente diferente, a melhoria nessas áreas-alvo poderia afetar o resultado final da Goodwill.

PROCURANDO VARIÁVEIS FUNCIONAIS

Em ambientes empresariais, bem como em ambientes de reabilitação ou educacionais, espera-se que comportamentos *pinpointing* tenham uma causa. Eles *não* acontecem do nada. A não realização de tarefas tem uma causa. Existe uma razão para isso e ela pode ser encontrada no *histórico* do indivíduo, nos estímulos discriminativos (SDs) do comportamento, no sistema de motivação (ou falta de), ou possivelmente no custo de resposta ou esquema de reforço. Como analistas, rejeitamos a ideia de que um comportamento como o de não fazer as tarefas *só ocorra* ou seja consequência de *características* dos funcionários. Quarenta anos de pesquisa em ambientes organizacionais nos contam que comportamentos normais como chegar atrasado ao trabalho, não limpar os banheiros ou não se engajar em vendas por sugestão acontecem devido a contingências ambientais. O trabalho principal de um analista do comportamento consultor é identificar as contingências e, então, criar um programa para corrigi-las. Conduzir análises funcionais experimentais em ambientes empresariais ou organizacionais é bem difícil, pois há muito risco para muitas empresas ou organizações em autorizar esses tipos de manipulação. Uma estratégia é fazer perguntas sobre o *pinpointing* que tenham sido acordadas pela gestão e pelo consultor. Isso nos ajudará a encontrar as variáveis causais. Elas são delineadas em uma breve avaliação chamada *12 Questões Diagnósticas*, que consistem em textos resumidos.[3]

Antecedentes

O primeiro conjunto de questões inclui uma análise do ambiente para determinar se determinado estímulo está estabelecendo a ocasião para um comportamento desejado ou indesejado.

Questão 1: A Pessoa (Funcionário) Entende Qual Comportamento É Esperado? Uma questão relacionada é "Existe um objetivo que foi traçado?" Ao longo dos últimos quinze anos, o primeiro autor deste livro e seus alunos implementaram variados projetos de GP em pequenas empresas. Em quase todo tipo de ambiente, de franquias de sorveteria a distribuidoras de refrigerante, descobrimos que, quando perguntados sobre detalhes específicos de seu trabalho, muitos funcionários não entendem exatamente o que deveriam fazer. A orientação do emprego foi incompleta ou distorcida pela pessoa responsável por realizar o treinamento. Nos estudos conduzidos com essas pequenas empresas, quando o supervisor ou gestor chamava uma pessoa separadamente e fornecia instruções diretas sobre como o trabalho deveria ser feito de maneira precisa ("esclarecimento de tarefa"), a melhoria do desempenho ficou entre 10% e 30%. Como

3 Essa avaliação foi desenvolvida pelo primeiro autor deste livro como parte da Undergraduate Performance Management Track na Universidade Estadual da Flórida. [N. do A.]

analistas do comportamento, entendemos que melhorias de uma intervenção simples como explicar como um trabalho deve ser feito não costumam durar muito. No entanto, esses resultados confirmam que antecedentes na forma de descrições de trabalho claras podem fazer a diferença. Muitos funcionários se esquecem de determinar uma meta para desempenhos específicos e, depois, não entendem por que não conseguem ver os garçons ou a equipe de cozinha se esforçarem. A determinação de metas também pode produzir um aumento no desempenho de 10% a 20%, ainda que, novamente, seja outra intervenção que talvez não sustente resultados ao longo do tempo. Os gestores que responderem de modo afirmativo à Questão 1 podem passar para a próxima.

Questão 2: Existe uma Ajuda Específica para o Comportamento? Um exemplo de uma ajuda específica pode ser uma frase impressa afixada na máquina registradora dizendo: "Você gostaria de um biscoito de aveia recém-assado para comer com seu sanduíche?" Uma ajuda geral pode ser a seguinte frase, feita no final de uma reunião mensal: "Tudo bem, escutem. Mais uma coisa antes de irmos embora: Nós temos um memorando aqui vindo da sede que diz que precisamos realizar mais vendas por sugestão. Entenderam? Então, vamos encorajar o cliente a considerar nossas orientações." Uma coisa que aprendemos com a análise do comportamento é que os estímulos antecedentes devem ser do tipo certo, localizados no lugar certo, no momento certo. Pilotos usam checklists antes de levantarem voo para se assegurarem de não deixar passar nada importante relacionado à integridade e prontidão da aeronave: "Tanque auxiliar cheio — verificado." O último tipo de antecedente que precisa ser considerado é o supervisor.

Questão 3: O Supervisor Está Presente? Caso Esteja, Esse Indivíduo Fornece Feedback, Correção ou Reforço? Dezenas de estudos demonstram que os funcionários ficam relaxados quando os supervisores saem de perto. Ainda que isso não seja surpresa para analistas do comportamento experientes, em muitas organizações os gestores ficam chocados em aprender essa regra tão básica. A tendência a parar de trabalhar quando os supervisores desaparecem é especialmente o caso se não houver feedback automático ou consequências do próprio trabalho ou dos clientes. Para um trabalho que seja interessante por si próprio ou no qual os clientes mantêm os funcionários focados com o feedback fornecido por *eles*, o papel do supervisor é muito menos significante. Na área de transtornos do desenvolvimento, na qual os funcionários devem conduzir determinados tipos de atividades estimulantes com os clientes, pode haver um declínio bastante significativo de tais exercícios quando o supervisor deixa o ambiente. Combine atividades que são entediantes para a equipe (ex.: projetos de arte) com clientes que fornecem quase nenhum reforço, e você tem a fórmula para uma atividade que parará quando não houver supervisão.

Questão 4: O Funcionário Tem um Problema Pessoal Que Necessita de Aconselhamento ou Tratamento Clínico? Alguns exemplos de baixo desempenho de funcionários acontecem devido a circunstâncias adversas com as quais a pessoa tem que lidar em sua vida pessoal. Funcionários podem chegar cronicamente atrasados ao trabalho por muitos motivos. Filhos ou cônjuges doentes e carros velhos que necessitam de reparos grandes no motor, os quais são caros e inacessíveis, são apenas alguns dos problemas na vida das pessoas ou de um funcionário que podem afetar a frequência ao trabalho e o desempenho. Em outros casos, o funcionário pode estar lutando contra a depressão, um relacionamento abusivo, alcoolismo ou problemas com drogas em casa. O consultor comportamental sábio considerará essas variáveis na Questão 4 e determinará se elas estão operando antes de tentar implementar incentivos econômicos ou consequências para baixo desempenho.[4] Para lidar com assuntos pessoais de um funcionário, o analista do comportamento precisará trabalhar junto com a equipe de recursos humanos, porque muitos desses assuntos são confidenciais.

Variáveis de Equipamento e Ambientais

Para alguns tipos de trabalho, as ferramentas e equipamentos que um funcionário utiliza podem afetar, e muito, sua performance; do mesmo modo, o ambiente físico é um fator maior para determinados comportamentos.

Questão 5: O Equipamento Funciona? Está em Bom Estado? O Ambiente é Favorável para um Alto Desempenho? Há alguns anos, o primeiro autor deste livro, junto com alguns estudantes de pós-graduação em análise do comportamento, estava trabalhando no Department of Revenue [Secretaria da Fazenda] de um governo estadual. Os consultores comportamentais estavam tentando encontrar as variáveis de controle para "tempo de resposta insuficiente para ligações telefônicas de contribuintes". O ambiente de trabalho era uma sala de um tamanho de mais ou menos 9 x 15 metros, e estava lotada de estações de trabalho. Telefones tocavam constantemente e o barulho era insuportável. Um funcionário que atendia uma ligação tinha que segurar uma mão sobre a orelha para bloquear o ruído enquanto tentava fazer anotações com a outra mão. O trabalho parecia constrangedor, desagradável e doloroso. A expressão típica na face dos consultores fiscais confirmava o que os trabalhadores nos disseram no privado: esse emprego era horrível. Esses funcionários precisavam desesperadamente de saletas à prova de som e fones de ouvido para realizar um trabalho decente e lidar com questões complexas sobre taxas fiscais corporativas, descontos para a compra de novos equipamentos e perdas amortizáveis em 3 ou 5 anos. Eles sabiam o que deveriam fazer, sabiam como e tinham metas muito claras, mas era impossível naquele ambiente caótico.

Análise Processual

A GP é originalmente derivada da metodologia básica da análise do comportamento aplicada que enfatiza a compreensão das contingências que controlam o comportamento dos indivíduos. A metodologia de B. F. Skinner nos deu uma maneira de focar a *taxa* de resposta como variável dependente primária. Durante muitos anos, a GP manteve essa tradição, e os primeiros trabalhos publicados nesse campo claramente mostram como os princípios comportamentais podem ser utilizados para modificar o comportamento de funcionários mediante designs reversos básicos ou de múltiplas linhas de base para demonstrar controle experimental. Nos anos 1980, outra abordagem, *O Método Deming de Administração* (Walton, 1986), surgiu

> **"A análise processual tenta examinar as partes elementares da cadeia para determinar se elas são eficientes ao máximo e livres de erros."**

4 Não estamos sugerindo que o analista do comportamento consultor deveria tentar fornecer aconselhamento ou terapia, e sim que deveria encaminhar o funcionário ao setor de recursos humanos para buscar assistência. [N. do A.]

em cena de uma direção completamente diferente, e de outro país, o Japão. Análises estatísticas de taxas de erros, as quais criavam uma abordagem chamada "controle estatístico de processos" [SPC, na sigla em inglês], evoluiu para o ainda popular Seis Sigma (Pande, Neuman e Cavanagh, 2000). Em termos comportamentais, análise processual é uma maneira de observar encadeamentos de comportamentos em vez de taxas de comportamentos individuais. Encadeamentos são um assunto importante em muitas organizações, e podem envolver múltiplos funcionários em vários departamentos. A análise processual tenta examinar as partes elementares da cadeia para determinar se elas são eficientes ao máximo e livres de erros. Em alguns casos, essa análise resultará em uma maneira diferente de produzir algo ao eliminar alguns dos passos ou, então, otimizar o processo. Elementos essenciais da análise processual incluem (a) medir a qualidade do produto produzido a cada passo, depois (b) modificar gradualmente a maneira como o passo é executado por meio de amostragem estatística para se assegurar de que a qualidade esteja sendo sempre aprimorada. Analistas do comportamento que trabalham nas áreas empresariais, industriais e organizacionais, então, precisam estar preparados para responder às seguintes questões.

Questão 6: A Tarefa Está Elaborada para Ser Conduzida de Maneira Eficiente? Ela Pode Ser Otimizada ou Eliminada? Essas perguntas significam pegar um problema que já foi apresentado — como "Não conseguimos reduzir o número de rejeitos e nosso reprocessamento está nos matando" — e traduzi-lo para uma revisão e exame minucioso do processo em funcionamento. Não é incomum descobrir passos redundantes ou ligações frágeis no processo nos quais mudanças devem ser feitas. Esse processo envolverá a modificação do comportamento de funcionários individualmente mediante intervenções como maior quantidade de treinamento ou feedback imediato. Também pode envolver observação direta e frequente de desempenho e, sob algumas circunstâncias, gravações de vídeo para que todos os passos da tarefa possam ser observados com cuidado.

Treinamento

Tradicionalmente, a solução para cada problema de desempenho nas áreas empresariais e industriais era o treinamento. Quando as pessoas não executavam suas tarefas, era óbvio que seria necessário que as reaprendessem. Ainda que a GP não ignore o treinamento, ela reconhece que ele é apenas uma parte da solução e que, sozinho, provavelmente não seja suficiente. Dados de inúmeros estudos dos últimos vinte anos demonstram que o treinamento sozinho pode ter um efeito de curta duração, porém, serão necessárias muitas outras intervenções para que mudanças duradouras de comportamento sejam realizadas.

Questão 7: Você Já Observou o Comportamento? O Funcionário Tem Mesmo a Habilidade Necessária? Para muitos proprietários ou gestores, supõe-se que, uma vez que alguém tenha sido treinado, os problemas de desempenho terminam. É raro que observem uma pessoa antes e depois do treinamento para identificar se alguma habilidade foi adquirida. Em muitos casos, as mudanças de comportamento como resultado de treinamento são tão leves que podem ser negligenciadas e invisíveis ao olho humano. Perguntando à pessoa em questão sobre os efeitos do treinamento, você está essencialmente questionando o valor dele e sugerindo que pode precisar ser analisado como variável e talvez substituído por algo mais eficaz. Se a resposta para a questão sobre a eficácia do treinamento for "não", então o consultor de GP desejará implementar uma avaliação sistemática do treinamento. Dependendo dos resultados, a tendência é que uma reformulação completa dos métodos de treinamento seja realizada para torná-lo mais orientado para o desempenho ou para os resultados.

Contingências de Reforço

As questões de 8 a 12 são sobre consequências no ambiente que podem afetar o desempenho de um indivíduo. Os analistas do comportamento reconhecem o poder dessas variáveis, mas como poucas pessoas do mundo empresarial parecem entender isso, uma série de questões foi elaborada para trazer as informações necessárias.

Questão 8: O Comportamento Produz um Efeito Observável? Ao fazer essa pergunta, será necessário que você determine exatamente o que acontece quando um funcionário se engaja no comportamento desejado. Em alguns ambientes de trabalho, o comportamento não produz nenhum efeito. Muitas tarefas exigem que os funcionários levem muito tempo antes de produzir qualquer coisa, e nesta era dos computadores as pessoas trabalham em teclados em tarefas que parecem voar pela rede. Além de não haver efeitos nem produtos, ninguém percebe isso. A tarefa do analista do comportamento é determinar se o ambiente pode ser modificado para adicionar feedback ao sistema. Para obter o máximo de efeito, é preferível o imediato ao tardio.

O primeiro autor deste livro, junto com seus alunos de GP, trabalhou em um projeto na Bureau of Motor Vehicles (BMV). Em um determinado trabalho da BMV, centenas de funcionários de entrada de dados preenchiam milhares de formulários todos os dias. As oportunidades de errar eram muitas, mas os digitadores recebiam feedback somente uma vez por mês em uma grande planilha. Após investigação, os analistas do comportamento consultores descobriram que terminais poderiam ser programados para fornecer feedback de hora em hora. Uma decisão administrativa havia determinado que isso não seria necessário, então esse recurso não foi habilitado nos computadores utilizados pelos funcionários. Foi dito aos consultores: "Pessoas que cometem um monte de erros são demitidas ou encaminhadas ao RH para receberem mais treinamento." Que radical — erros poderiam resultar em mais treinamento ou demissão!

Questão 9: "Algum Comportamento Competitivo Está Sendo Reforçado?" Essa pergunta examina um problema que será mal observado por muitas pessoas que não são analistas. Nós entendemos que os indivíduos podem se engajar em múltiplos comportamentos que ocorrem com pequeno intervalo de tempo e, se forem reforçados, isso tende a se repetir. Uma pessoa com a tarefa de receber os clientes com "Posso ajudá-lo?" precisa manter um olho na entrada da loja e permanecer em movimento, sempre vigilante para novos clientes. Ao mesmo tempo, se o colega da pessoa que dá as boas-vindas estiver ao lado dele, contando uma história interessante sobre uma festa em Cancún, para ele engajar-se no comportamento de ouvir costuma ser bem mais reforçador do que procurar novos clientes. Se você descobrir que um comportamento competitivo *está* sendo reforçado, como consultor comportamental você precisará recriar as contingências para reduzir a competição e/ou aprimorar o reforço de desempenho desejado. Gestores que não compreendem contingências de reforço sutis tentam resolver problemas como esses com pedidos específicos, demandas e ameaças vagas: "Alguns de vocês, e todos sabem quem, precisam prestar mais atenção aos clientes na porta ou então a porta será a serventia da casa." Na verdade, gestores e supervisores precisam entender que os reforçadores que as pessoas recebem ao dar as boas-vindas aos clientes simplesmente não competem com uma história louca de um colega que tem idade para estar na faculdade e acabou de voltar de férias de verão em Cancún. Conversar com amigos em vez de trabalhar pode custar atrapalhar as vendas em um restaurante e resultar em animosidade dentro da franquia inteira. Os supervisores precisam encontrar reforçadores mais fortes para competir com comportamentos fora das tarefas e, se houver um problema, precisarão passar um tempo na frente do restaurante promovendo e reforçando mais comportamentos amigáveis ao consumidor.

Questão 10: "Existe Algum Custo de Resposta ou Punição Associado Com o Desempenho da Tarefa?" Em alguns casos, o motivo primário por que o comportamento desejado não está ocorrendo é que ele tem um custo ou esforço de resposta embutido, que serve como um tipo de micropunição automática. Garçons e garçonetes que recebem ordens da gerência do restaurante para se engajarem em comportamentos de vendas ou sugestão de vendas costumam sentir aversão por essas tarefas por causa das respostas que elas suscitam. Vez ou outra, os clientes fazem comentários sarcásticos como "Se eu quisesse vinho, você não acha que eu teria pedido vinho?", ou "Eu tenho cara de quem poderia estar 'considerando uma sobremesa'?" Tais consequências punitivas tornam as vendas por sugestão muito menos prováveis de serem feitas pela equipe de garçons e garçonetes do restaurante. Além do mais, se isso for vinculado ao detalhe de que não há reforço se o cliente disser "sim", é fácil ver por que esse comportamento não ocorre. Se, como consultor de GP, você pudesse convencer a gerência a fornecer algum tipo de reforçador tangível para venda sugestiva, como R$0,50 para cada sobremesa vendida, isso poderia compensar a aversão à tarefa até certo ponto. Outras formas de custo ou esforço de resposta são um pouco mais difíceis de identificar. Em uma empresa de consultoria, o CEO estava tendo problemas para fazer com que os consultores de campo entregassem suas horas trabalhadas no prazo. Depois de enviar vários e-mails com chamamentos do tipo "baixe o PDF, preencha-o e o envie para mim até o dia 15", ele decidiu analisar mais de perto o processo e entrevistou dois dos indivíduos mais consistentemente "delinquentes". Eles reclamaram de ter que reunir folhas de papel, encontrar o formulário no computador, colocar todos os números, calcular as diferentes taxas para cada cliente, preencher o formulário, encontrar um selo, depois um envelope, e levar tudo para a caixa de correio antes do carteiro chegar. O CEO considerou tudo isso e contratou alguém para fazer um programa de contagem de horas trabalhadas que permitisse que cada consultor anotasse essas horas todos os dias (as taxas eram calculadas automaticamente). Então, no fim do período de pagamento, as horas eram enviadas para a direção com apenas alguns cliques. Nosso sábio CEO analista do comportamento percebeu que poderia ter 100% de conformidade apenas reduzindo (quase completamente) o custo de resposta com a conversão de horas. Nós agora sabemos que cada

> **"Alguns trabalhos necessitam de muito pouco no quesito de reforço extrínseco porque o reforço intrínseco é excelente."**

comportamento em que nos engajamos ao longo do dia apresenta algum custo ou esforço de resposta embutido. Se você quiser respostas mais rápidas, taxas mais altas ou comportamentos de melhor qualidade, procure por essas consequências aversivas embutidas e verá que elas podem ser reduzidas ou eliminadas.

Questão 11: Existe Algum Tipo de Feedback dos Colegas, Clientes ou Supervisores para o Comportamento? Essa pergunta trata da cultura sob a qual o trabalho é realizado. Nós sabemos que um simples feedback para um comportamento pode fazer uma grande diferença na probabilidade de a resposta ocorrer outra vez. Se os clientes reforçassem a equipe de garçons e garçonetes por seu serviço excelente, este provavelmente seria repetido com mais frequência. Se os colegas fizessem comentários positivos, os comportamentos desejados seriam fortalecidos. Contudo, os clientes não fazem comentários, nem os colegas dos funcionários. A última esperança é que os gerentes forneçam algum tipo de feedback, ao menos de tempos em tempos, quando eles observarem comportamentos desejáveis. Infelizmente, muitos gestores quase nunca dão feedback por completar tarefas da maneira correta. Em vez disso, a tendência geral é ficar sentado no fundo e brigar com as pessoas quando elas cometem um erro ou fornecem serviços insuficientes ao consumidor. Se você estiver realizando consultoria em uma empresa na qual a queixa é de que determinados comportamentos estejam em falta ou ocorrendo pouco, com certeza é aconselhável passar algum tempo observando para verificar qual é a taxa de feedback positivo para o desempenho desejado. Não se surpreenda se não houver. Ao responder essa questão e tomar notas sobre comportamentos do supervisor, você começará a desenvolver uma estratégia que pode fazer grande diferença nesse ambiente de trabalho. Nota mental: "Preciso trabalhar com o supervisor e ensiná-lo a observar mais, detectar a performance desejada e fornecer feedback positivo."

Questão 12: Existe Algum Reforço Intrínseco ou Extrínseco para o Comportamento? Nossa última pergunta tem a ver com os reforçadores que são associados com o desempenho desejado. Deixamos essa questão por último porque, em termos de intervenção, é a mais difícil de desenvolver e, em termos de organização, ela representa possivelmente o investimento mais caro. Alguns trabalhos necessitam de muito pouco no quesito de reforço extrínseco porque o reforço *intrínseco* é excelente. É provável que pessoas que amem jardinagem e conversar com pessoas seriam bastante motivadas a prestar ótimos serviços ao consumidor se trabalhassem em empresas de jardinagem. Elas sorririam para cada pessoa, dividiriam seu amor por plantas com cada cliente, e percorreriam grandes distâncias para encontrar as plantas perenes certas para as circunstâncias de jardim e quintal do cliente. Esse tipo de conexão entre uma pessoa com um trabalho representa uma situação ideal, porque em muitos empregos há uma falta de conexão total. Imagine o mesmo emprego, mas agora com um adolescente calado, socialmente deslocado, cujos pais mandaram se candidatar e aceitar esse emprego nas férias. As chances são de que o adolescente tentará evitar os clientes e fornecerá o mínimo de informação possível para eles. Esse adolescente, que foi forçado a fazer um trabalho com o qual ele não se importava, pode se esconder pelos cantos do gazebo e fumar. Ele pode encontrar um motivo para ir *fumar um verde* nesse gazebo, ou então poderá passar muito tempo em seu celular, mandando mensagens de texto ou conversando com seus amigos. A motivação intrínseca encontrada em trabalhar em uma loja de jardinagem está totalmente perdida nesse jovem. Para fazer com que ele alcance o ponto de prestar um serviço de alto nível ao consumidor, seria necessário muito treinamento, supervisão e motivação *extrínseca*, provavelmente na forma de dinheiro. Para o local de trabalho mais comum onde a maior parte do trabalho é feita por meio de computadores e há zero contato com os clientes, é provável que haja zero motivação intrínseca, pois a tarefa por si só não fornece satisfação. Em uma situação como essa, é provável que o tédio se instale depressa. Nenhuma quantidade de treinamento é capaz de superar o custo de resposta instaurado e a fadiga que vêm com uma tarefa desestimulante; a gestão terá que encontrar maneiras de fornecer motivação extrínseca para esses funcionários.

RESUMO

O processo de consultoria de GP é muito similar ao processo feito em escolas ou com famílias. Você começa com um encaminhamento, trabalha com a pessoa que é seu contato (no ambiente) para realizar *pinpointing* com o problema, e depois faz observações diretas e coletas de dados informais. No ambiente empresarial, você precisará submeter uma proposta indicando o escopo do trabalho que planeja realizar, assim como o tempo estimado e o custo para completar o plano. Contratos empresariais e industriais costumam acontecer em intervalos trimestrais, ou seja, você submeterá uma proposta de tempo e trabalho por um período de três a seis meses. Consultores de GP geralmente trabalham para empresas que possuem divisões ou equipes específicas para preparar os contratos. Um representante trabalhará os detalhes com a empresa. Se você estiver trabalhando em uma escala menor, como um centro de reabilitação que está tendo problemas de lentidão ou rotatividade, você tenderá a submeter uma proposta para trabalhar em um comportamento-alvo. Você submeterá um número estimado de horas que acredita que precisará para esse plano. Assim como os consultores clínicos e educacionais, os consultores de GP contam com mediadores para conduzir seus projetos, por isso você precisará planejar seu tempo para treinar o pessoal necessário para cumprir sua tarefa.

A quantidade de tempo que você precisará pode ser considerável, porque muitos gestores não estão acostumados a pensar sobre como gerir suas organizações de maneira comportamental. Eles estão mais confortáveis com um modelo de comando/controle no qual emitem instruções e esperam que elas sejam seguidas. Eles deduzem que os funcionários farão o que lhes foi dito, virão ao trabalho motivados e não necessitarão de feedback. Você precisará usar todas suas habilidades de persuasão (Capítulo 9), além de suas habilidades básicas de etiqueta (Capítulo 1), assertividade (Capítulo 2) e repertório de liderança (Capítulo 3) para maximizar seu sucesso.

PARA LEITURA ADICIONAL

ABERNATHY, W. B. *Managing without supervising*. Memphis, TN: PerfSys Press, 2000.

DANIELS, A. C.; DANIELS, J. E. *Performance management*: Changing behavior that drives organizational effectiveness. Atlanta, GA: Performance Management, 2004.

PANDE, P.; NEUMAN, R.; CAVANAGH, R. *The Six Sigma way*: How GE, Motorola, and other top companies are honing their performance. Nova York: McGraw-Hill, 2000.

RUMMLER, G. A.; BRACHE, A. P. *Improving performance*: How to manage the white space on the organizational chart. São Francisco: Jossey-Bass, 1995.

WATTON, M. *The Deming management method*. Nova York: Dodd, Mead & Company, 1986.

Seção

Quatro

Hábitos de Trabalho Vitais

17 Gestão de Tempo do Procedimento Comportamental

Separe 5 minutos para planejar seu dia.

Brian A. Iwata

Analistas do comportamento são pessoas ocupadas que costumam ser muito solicitadas por consumidores, gestores, professores, pais, coordenadores de tratamento e outros, visando melhorar a vida de seus clientes. Ainda que não haja nenhum dia "normal", um dia típico pode começar de manhã cedo com uma reunião entre uma Board Certified Behavior Analyst® e uma diretora para corrigir alguns assuntos com um cliente que se foi. A analista sai dessa reunião e vai trabalhar com uma professora que está tendo um problema com um novo programa comportamental. No intervalo, o celular da ocupada analista vibrou três vezes, indicando que ela tem ligações para retornar assim que tiver um tempo livre. Seu tempo livre provavelmente será em seu carro enquanto está indo para a casa de um cliente para supervisionar um estagiário. E assim segue a semana, com a analista do comportamento correndo para evitar chegar atrasada por causa do trânsito pesado ou porque um cliente estava tendo uma crise. As exigências do emprego também incluem contabilizar suas horas de trabalho em intervalos de quinze minutos, completar relatórios de progresso e fazer apresentações para as equipes que estão desenvolvendo programas educacionais individualizados.

Aprender a planejar seu dia e a gerir seu tempo é uma habilidade essencial para o consultor comportamental eficaz, e haverá muitas (muitas) distrações competindo por sua atenção. Suas reflexões no final de um dia normal o fazem perceber que a reunião de trinta minutos com a diretora foi boa porque você foi capaz de dar a orientação de que ela precisava sobre como lidar com um colaborador que não responde a feedbacks; em uma das ligações telefônicas de um ex-cliente, você foi capaz de garantir que ele fez a escolha certa de namorada e de emprego; e, infelizmente, teve que recusar um convite por e-mail de uma amiga convidando você para tomar uns drinks depois do trabalho. Por mais divertido que isso possa parecer, não seria uma boa hora porque você tem um grande relatório para o dia seguinte sobre uma situação que pode levá-la ao tribunal.

COMO DESPERDIÇAR TEMPO

Como uma mudança de ritmo, vamos dar uma olhada em algumas maneiras de perder seu recurso mais precioso: o tempo.

Em primeiro lugar, a maneira mais óbvia de perder tempo é realizar tarefas que outras pessoas podem e deveriam fazer. A Board Certified Behavior Analyst® (BCaBA) que deveria coletar e fazer os gráficos de dados para a apresentação chega atrasada (dizendo que ela realmente não entendeu as instruções), então você gasta 25 minutos preparando os dados para uma reunião às 13h. Isso a impede de observar uma sessão de análise funcional com um cliente que apresenta comportamento autolesivo (SIB). Agora você precisa reagendar a sessão de análise funcional (AF) para segunda-feira, e a agenda de segunda já está cheia. A solução, claro, é certificar-se de que suas instruções para sua BCaBA sejam claras em primeiro lugar. Você deu a ela vários exemplos? Fez com que ela praticasse enquanto você assistia? Forneceu feedback corretivo? Disse a ela aonde ir quando ela tivesse dúvidas? Enfatizou a importância de completar a tarefa no prazo?

Em segundo lugar, se analisar como você gasta seu tempo a cada dia, pode descobrir que um desgaste ou deslize aconteceu. Reuniões que você realiza ou participa, e que deveriam durar uma hora, estão levando quinze minutos a mais devido à má gestão de reunião. Se você for o responsável, pode verificar os itens de sua agenda para ver se alguns deles podem ser deletados? Em vez de utilizar quinze minutos no começo da reunião para anúncios, você pode imprimi-los e distribuí-los para quem comparecer? Algumas pessoas estão dominando a reunião com seus comentários ilógicos? E quanto a seu trabalho escrito? Sem comprometer a qualidade, você pode otimizá-lo para produzir seus relatórios em 30 minutos em vez de em 45? Existe uma maneira de registrar suas horas trabalhadas no assistente digital assim que você completa cada hora em vez de ficar procurando em anotações amassadas durante o fim da semana, tentando adivinhar onde esteve e o que fez?

Terceiro, ter que retrabalhar em projetos pode ser um desperdício de tempo. Se você olhar para o que fez durante a semana e perceber que alguma tarefa envolve ter que refazer um relatório de avaliação porque deixou de fora os dados de escala de preferência do reforçador ou outro detalhe similar, talvez seja hora de pensar em uma análise de resultado de seu trabalho. Eliminar o retrabalho pode economizar até uma hora por semana para você.

Em último lugar, permitir que outras pessoas tomem seu tempo com trivialidades é um desperdício. Esse é um assunto sensível para alguns analistas porque parece entrar em conflito com o networking (Capítulo 4) e com se tornar um profissional confiável. Muitos analistas do comportamento, devido à sua natureza de reforçar positivamente as pessoas, serão procurados como amigos, conselheiros e confidentes. Ainda que isso seja importante, e certamente gratificante, pode lhe tirar um tempo valioso, o qual deveria gastar fazendo seu próprio trabalho. A palavra-chave de alerta aqui é *trivial*, que tem diferentes significados para cada um. Uma amiga está no hospital tendo um bebê; você *realmente*

> **"Muitos analistas do comportamento, devido à sua natureza de reforçar positivamente as pessoas, serão procurados como amigos, conselheiros e confidentes."**

tem que cruzar a cidade de carro para vê-la? É claro que sim, pois ela é sua melhor amiga. Um vizinho a convidou para a festa de aniversário de sua sobrinha de sete anos no fim de semana. Você precisa ir? Provavelmente não, mas se seu trabalho não estiver feito e você sentir vontade de participar da festa, considere ficar menos tempo lá e deixar o trabalho pronto para segunda-feira. É dia de futebol e todos se encontrarão na porta do estádio para comer e beber antes da partida. Se você sentir que não pode perder essa atividade, termine seu trabalho com antecedência. Aprenda a dizer "Estarei ocupado a semana toda, então não poderei sair durante a semana. Obrigado por me convidar para jantar, mas preciso ficar em casa e terminar tudo para conseguir ir ao jogo e às festas deste fim de semana." Exemplos de pessoas convidando você para participar de atividades que possam distraí-lo de seu trabalho são inúmeros. Em um cenário ideal, você estará tranquilo e encontrará o equilíbrio saudável entre o lazer e o cumprimento de todas as obrigações profissionais. No geral, nosso conselho é que você seja gentil, atencioso e analítico em suas tomadas de decisão em relação a pedidos fora de suas horas de trabalho enquanto ajusta sua rotina de uma maneira que faça com que seu trabalho seja realizado, mantendo, assim, sua reputação profissional.

A ARTE DE FAZER ACONTECER[1]

David Allen — com sua análise cuidadosa e detalhista dos obstáculos diários, cuja intenção é atingir resultados importantes, e suas sugestões inspiradoras sobre como atravessar esse labirinto usando algumas regras para simplificar e organizar sua vida profissional — virou o guru da produtividade (Allen, 2001). Conforme mostrado em seu diagrama do fluxo de trabalho (ver Figura 17.1), ele recomendou tomar uma série de decisões sobre todas as "coisas" que passam por sua mesa de trabalho (ou tela de computador).

Em primeiro lugar, você precisa decidir se o que está na sua frente precisa de um pouco de ação de sua parte; se não, pode descartar ou arquivar isso. Se necessita de atenção, Allen sugeriu perguntar "Isso levará menos do que dois minutos?" Em caso afirmativo, faça. Se não, você pode decidir delegar ou adiar a tarefa para outro momento. Caso escolha adiar, coloque-a em seu calendário para uma hora específica ou guarde-a dentro de um arquivo chamado "para realizar assim que possível." Allen criou diversas ferramentas conceituais e pragmáticas que, quando utilizadas juntas, aumentam, e muito, a probabilidade de que você seja produtivo. A regra dos "2 minutos", por exemplo, é ótima para decidir o que fazer no momento e o que fazer depois, especialmente porque, se você for fazer isso mais tarde, precisa decidir adicionar em um segundo um monte de coisas. Note que fazer a questão da delegação é importante em seu sistema de produtividade. De acordo com a experiência de Allen, perguntar "Eu sou a melhor pessoa para fazer isso?" (Allen, 2001, p. 133) pode reduzir grandemente sua carga de trabalho e aumentar sua eficácia. Se o item à sua frente demorar mais do que dois minutos e você não conseguir delegá-lo, ele irá para "Próximas Ações". É como uma lista de itens a fazer, porém, é uma lista nova e aprimorada que reconhece que "Projetos" maiores apresentam muitos passos para serem completados antes de serem concretizados. Outra inovação que Allen incluiu em seu sistema é a Revisão Semanal. Fazendo com que você mesmo olhe para todos seus

1 É o título de um best-seller escrito por David Allen que todos deveriam ler. Ele também tem um site [conteúdo em inglês]muito útil para se organizar e aumentar a produtividade: www.davidco.com [N. do A.].

Projetos Atuais e Próximas Ações, bem como para os itens "Esperando" (o que inclui tarefas de trabalho delegadas), você está essencialmente eliminando a possibilidade de esquecer um projeto no meio de sua ocupada semana de trabalho.

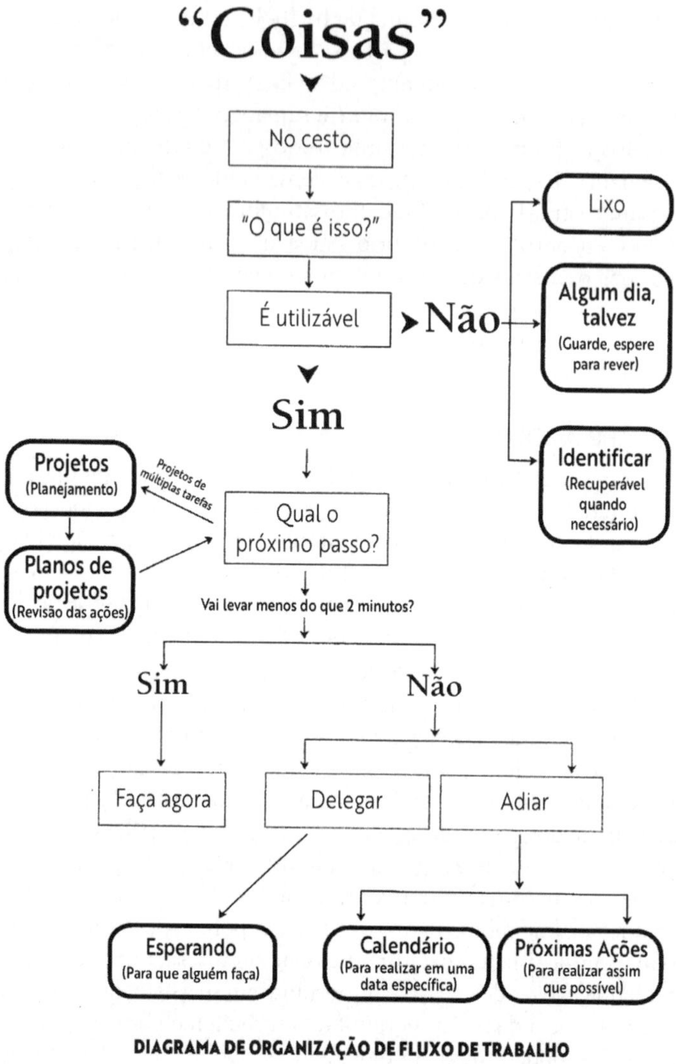

Figura 17.1 Diagrama do fluxo de trabalho de David Allen. Fonte: ALLEN, D. *Getting things done*: The art of stress-free productivity. Nova York: Penguin, 2001, p. 139.

GESTÃO DE TEMPO DO PROCEDIMENTO COMPORTAMENTAL

O sistema de Allen cobre todos os aspectos importantes de gestão de tempo e de projeto, e nós recomendamos muito seu livro para todos os consultores comportamentais novatos. Existe um recurso que não está incluído e que pode ser importante para analistas do comportamento que estão interessados nos aspectos motivacionais da finalização de trabalhos. Allen afirmava que a finalização da tarefa é um reforçador natural por si só. E pode ser para muitas pessoas, mas para alguns existe a necessidade de algo mais, como uma consequência para continuar a fazer tarefas que são entediantes, árduas ou insatisfatórias. Para preencher essa lacuna, sugerimos um procedimento comportamental básico com o qual você, sem dúvida, já está familiarizado: o Princípio de Premack. Basicamente, ele afirma que comportamentos mais prováveis reforçarão comportamentos menos prováveis. Por exemplo, é provável que você tenha uma lista de coisas que gostaria de fazer todos os dias, desde jogar um jogo em seu celular até assistir um vídeo no YouTube, mandar mensagem de texto ou ligar para um amigo, ir ao cinema ou sair para comer pizza com seus colegas. Para muitas pessoas, essas são tarefas para o final do dia, quando estão prontas para relaxar. Mas para as indisciplinadas, essas tarefas preferidas causam problemas quando ficam na frente do trabalho ou de tarefas que precisam ser cumpridas.

Outra maneira de conceber atividades preferidas são os "comportamentos de alta probabilidade" que podem ser utilizados como reforçadores para a finalização de determinadas tarefas que não são naturalmente reforçadoras. Cinco minutos assistindo vídeos no YouTube podem ser contingentes a retornar um monte de ligações relacionadas ao trabalho que precisam ser feitas, mas não são tão divertidas. Sair para almoçar com um amigo seria muito mais divertido se você marcasse a refeição para depois de concluir um relatório que levou semanas para fazer.

Esse conceito adiciona outro nível de planejamento à sua rotina diária. Além de fazer uma lista das tarefas que devem ser finalizadas, considere o Princípio de Premack e desenvolva uma ordem para completá-las (ver Figura 17.2). Utilizando a abordagem comportamental para desenvolver seu eu novo, empoderado e produtivo, você traduzirá suas "coisas a fazer" em comportamentos. Você terá um comportamento e, depois dele, terá a Próxima Ação.

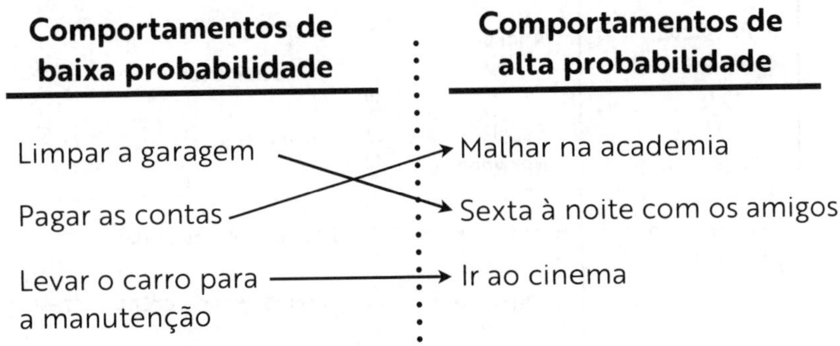

Figura 17.2 Um exemplo de uso do Princípio de Premack para reforçar suas atividades de trabalho diárias.

Para animar seu dia, fazê-lo mais interessante e, é claro, mais reforçador, conforme for preenchendo sua lista de Próximas Ações, considere adicionar um comportamento ocasional de alta probabilidade como consequência. Nós também recomendamos o simples ato de colocar um "verificado" em cada item finalizado para que no fim do dia você possa escanear seu calendário e ver o quanto fez. Se você não utiliza um calendário eletrônico como o iCal para seu Mac ou Google Calendar para seu celular, nós recomendamos um planner simples de papel, o Day-Timer (ver Figura 17.3)[2]

GESTÃO DE TEMPO VIA GESTÃO COMPORTAMENTAL

Se você reconhece que o tempo é um recurso muito valoroso e deve ser saboreado apenas durante os eventos mais importantes, apreciará esta última dica. Todos os dias, sem dúvidas, você será abordado por oportunidades para assumir responsabilidades (que alguém está tentando delegar para você), compartilhar experiências ou se voluntariar para uma causa que vale a pena. Como analista do comportamento, você tende a ser um alvo para essas ofertas porque, provavelmente, é uma pessoa sensata, eficaz, que parece ser agradável e aberta as outras pessoas. E, no início de sua carreira, é empolgante ter tantas opções para se engajar em tarefas interessantes e que valem a pena com amigos, parentes e colegas. No entanto, caso seu objetivo a longo prazo for subir de nível em sua empresa ou comunidade, você precisará (a) discriminar as ofertas que têm relevância e valor daquelas que são menos importantes e (b) aprender a dizer "não". Você deve ser cuidadoso ao considerar a decisão de recusar uma oferta. Ofender a pessoa que ofereceu a oferta é uma grande preocupação.

"Caso seu objetivo a longo prazo for subir de nível em sua empresa ou comunidade, você precisará (a) discriminar as ofertas que têm relevância e valor daquelas que são menos importantes e (b) aprender a dizer 'não'."

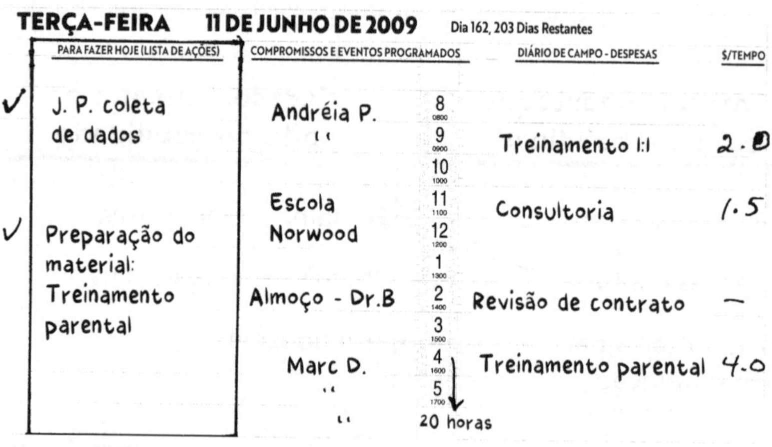

Figura 17.3 Uma página do planner do Day-Timer.

2 O Day-Timer possui uma ampla variedade de produtos para ajudar você a se tornar mais produtivo. Para mais informações, visite o site [conteúdo em inglês] www.daytimer.com. [N. do A.]

HONESTIDADE É A MELHOR POLÍTICA

Você pode piorar a situação com uma desculpa inconsistente claramente falsa. Seu objetivo ao dizer "não" é fazer com que a pessoa que o convidou saiba que você aprecia o convite, mas precisa expressar com firmeza que não está mesmo apto a aceitar a oferta desta vez. É uma péssima ideia mascarar uma desculpa: "Desculpe-me, não posso. Preciso ir a um funeral." Isso pode livrar você no momento, mas se a pessoa mandar um cartão de condolências e depois vê-lo no shopping ou no cinema quando deveria estar no cemitério, você estará com sérios problemas.

Haverá pessoas insistentes que sempre responderão a seu educado "Não, me desculpe. Eu não posso. Mas agradeço o convite" com um "Por que não?" Lembre-se de que você não precisa dar nenhuma explicação, e nós ficaríamos longe de desculpas. Provavelmente, é melhor apenas assumir uma postura decidida, fazer contato visual e repetir sua resposta original com um tom de voz firme e objetivo: "Não, me desculpe. Eu não posso. Mas agradeço o convite."

RESUMO

Uma vez que muitos trabalhos em análise do comportamento envolverão muitas e muitas pequenas tarefas que variarão durante cada semana, a gestão de tempo é uma habilidade crucial para o sucesso de um analista do comportamento consultor. Planejar seu dia, evitar desperdiçar tempo, utilizar o método de Allen para lidar com o fluxo de trabalho e aplicar o Princípio de Premack em sua vida o ajudarão a se tornar uma pessoa que entrega trabalhos de alta qualidade e dentro do prazo com energia e entusiasmo de sobra.

PARA LEITURA ADICIONAL

ALLEN, D. *Getting things done*: The art of stress-free productivity. Nova York: Penguin, 2001.

18
Torne-se um Profissional Confiável

Confiança é minha fé em sua habilidade ou palavra em alguma área específica.

Hyler Bracey (2002)

Uma caloura entusiasmada de um programa de pós-graduação em análise do comportamento aplicada estava aguardando para iniciar seu estágio e aprender novas habilidades. Ela estava esperando conhecer seu supervisor clínico, que tinha capacidades comportamentais excelentes e havia prometido ensinar a ela tudo que precisaria para ser uma boa analista. Cheia de empolgação, a estudante foi até sua primeira reunião agendada com o supervisor clínico. Ele iniciou a reunião falando para a caloura que ela precisaria ajustar seus horários de visitas à escola para combinar com os dele. A estudante foi informada que receberia treinamento e observações do supervisor e feedback uma vez por semana, iniciando na próxima segunda-feira. Eram ótimas notícias. Afinal, o supervisor tinha quinze anos de experiência e uma reputação como um clínico comportamental que conseguiria resolver quase qualquer problema. A segunda-feira chegou e o supervisor entrou na sala com mais de trinta minutos de atraso. Ele soltou: "Eu realmente não tenho tempo para trabalhar com você hoje. Apenas me mostre o que você sabe como fazer." A estudante foi observada, mas o supervisor estava lendo e retornando e-mails em seu celular o tempo todo. No fim da sessão, ele disse "Você está indo bem", e foi isso. Na semana seguinte, o supervisor ligou para a estudante cinco minutos antes de sua reunião e disse que precisaria cancelar, resmungando que sua esposa estava fora da cidade e ele tinha que "levar a Jenny para o médico, ela está com febre". Na semana seguinte, o supervisor não compareceu nem telefonou. A estudante ligou para ele e deixou mensagens que não foram retornadas. Mais duas semanas se passaram sem nenhum contato do supervisor. Agora já estava no meio do semestre e a estudante não havia recebido treinamento nem feedback. Na oitava semana, ele apareceu na hora certa, perguntou "Como estão as coisas", e fez duas ligações em seu celular. Ele não se desculpou por estar ausente ou forneceu qual-

"Se você for um bom ouvinte, oferecer sugestões atenciosas e for além de suas obrigações para ajudar aqueles que necessitam, será visto como um membro valorizado de sua profissão e confiarão em você."

quer explicação. Quando ele saiu do edifício, disse "Ok, vejo você na próxima semana", e foi embora apressado.

Infelizmente, esse cenário é uma história verdadeira envolvendo um supervisor que parecia fazer de tudo que podia para construir falta de confiança. Ele pode ter tido ótimos motivos para perder sessões ou chegar atrasado, mas a estudante teria seus motivos para ter pouquíssima confiança nele no futuro.

Como analista do comportamento, você se verá interagindo com colegas comportamentais e não comportamentais toda semana sobre assuntos pessoais e profissionais de todo tipo imaginável. Eles oferecerão orientação, conselhos e advertências sobre uma ampla variedade de tópicos que afetam você e seus clientes. Algumas vezes, você respeitará alguns desses indivíduos por sua honestidade e integridade. Outras, você os colocará em um nível mais baixo, considerando-os não confiáveis e indignos e, talvez, até de caráter questionável. Do mesmo modo, você será julgado pelas outras pessoas com base no seu comportamento em relação a elas, os conselhos que você dá e as posições que toma em assuntos profissionais conforme eles surgem. Se parecer distante e indiferente ao sofrimento dos outros ou minimizar as dores deles, será duramente julgado. Em contraste, se for um bom ouvinte, oferecer sugestões atenciosas e for além de suas obrigações para ajudar aqueles que necessitam, será visto como um membro valorizado de sua profissão e confiarão em *você*.

CONQUISTANDO CONFIANÇA

Confiança é difícil de ser conquistada, e é adquirida apenas por meio de trabalho duro ao longo do tempo. Para ganhar a confiança das outras pessoas, você precisa demonstrar um temperamento estável e consistente, além de ser honesto e confiável (Harvard Business School Press, 2005). "Confie em mim" é talvez a expressão mais excessivamente utilizada no meio dos negócios hoje e é, claro, com frequência, um sinal de que *não* devemos confiar no falante. A verdadeira confiança é conquistada ao longo do tempo conforme você se engaja em suas atividades diárias com colegas e clientes. Você promete encontrar uma pessoa em determinada hora e, apesar do tempo horroroso, comparece. Ouve o sofrimento de um amigo que divide uma confidência, e *nunca* a revela para ninguém. Expressa seu forte apoio em tratamentos com base em evidências e, apesar da pressão e súplicas de um cliente, você se recusa a apoiar um tratamento que está na moda. Todos esses são exemplos de maneiras nas quais a confiança é ganha com o tempo.

Parece que em todo escritório existe um piadista que falará de tudo para se destacar das outras pessoas. Os comentários inadequados do piadista, que podem ser cruéis ou insensíveis, costumam ser seguidos por "é brincadeira". Indivíduos que se engajam em tais artimanhas podem ser divertidos, e podem ajudar a tornar o dia no escritório mais leve, mas eles não tendem a receber confiança das outras pessoas ao redor deles. Pessoas que não conseguem controlar as brincadeiras são consideradas fofoqueiras, excêntricas, pregadoras de peças e superficiais, e suas demonstrações ocasionais de comprometimento e sinceridade não são levadas a sério. Uma preocupação para o analista do comportamento que deseja se tornar um profissional confiável é o velho ditado "Diga-me com quem andas e te direi quem és", que é claramente relevante neste tópico.

DESENVOLVENDO CONFIANÇA

É essencial que os analistas do comportamento se tornem profissionais confiáveis para que suas ideias sobre assuntos importantes sejam procuradas e suas opiniões, respeitadas. Esse status não é atribuído automaticamente devido a títulos ou referências. O status de confiável é recebido mediante pequenos incrementos com o passar do tempo. Você terá uma oportunidade de construir confiança toda vez que participar de uma reunião, ajudar um cliente a tomar uma decisão sobre tratamentos, oferecer uma opinião sobre um assunto em voga ou firmar um compromisso, mesmo que pequeno. Você não precisa oferecer uma opinião para cada assunto ou dar ideias em toda reunião; de fato, ser um pouco reservado e talvez até relutante em ser arrastado para uma disputa é um sinal de uma pessoa que deseja ser levada a sério. Examinar os assuntos com cuidado e reservar um tempo para deliberar e pesquisar sobre algo *antes* de expressar uma opinião são características de alguém em quem confiamos. Uma pessoa que está sempre falando seus pensamentos incompletos sobre todos os tópicos parece ser alguém que está querendo chamar atenção, em vez de uma pessoa que pode ser confiável para oferecer uma alternativa segura.

"Você não precisa oferecer uma opinião para cada assunto ou dar ideias em toda reunião; de fato, ser um pouco reservado e talvez até relutante em ser arrastado para uma disputa é um sinal de uma pessoa que deseja ser levada a sério."

COMEÇANDO A CONSTRUIR CONFIANÇA

O primeiro passo para *se tornar* um profissional confiável é ser capaz de identificar as características desses indivíduos raros. Um profissional confiável é uma pessoa que, acima de tudo, é honesta ao lidar com as outras pessoas, é justa em sua avaliação de situações difíceis (imparcial, não julgadora) e não atribui culpa, mas utiliza suas habilidades analítico/comportamentais para encontrar soluções viáveis que sejam boas para todas as partes. Em termos comportamentais, afirmamos que um profissional confiável é uma pessoa que responde às evidências disponíveis e é consistente nesse sentido. Subjetivamente, o indivíduo confiável é alguém calmo, reservado, consciente, atencioso, consistente, com quem se pode contar, sigiloso, responsável, leal e firme. Se você olhar à sua volta e perguntar "Quem são meus colegas que apresentam tais características?" estará na direção certa. Assim que identificar uma pessoa confiável, desejará estudá-la, começar a observá-la em várias situações e, se possível, associar-se com esse profissional. Esses profissionais confiáveis tendem a estar em posições de liderança, ter boa visibilidade e serem, sem dúvidas, ocupados. Você não vai querer se tornar uma incomodação ou insultá-los com bajulação; observar silenciosamente como eles lidam com situações difíceis é sua melhor estratégia. Se você conseguir fazer parte de um grupo de trabalho com essa pessoa e aprender em primeira mão sobre a maneira que esse indivíduo enxerga o mundo e calcula os problemas assim que surgem, você aprenderá muito.

CONFIANÇA

Em seu ótimo e curto livro *Building Trust* (2002) [sem publicação no Brasil], Bracey destacou cinco passos soletrando a palavra TRUST [confiança, em inglês]. Ele delineou os seguintes passos que um profissional pode dar para construir confiança:

Ser T*ransparente*

Ser R*esponsivo*

U*tilizar Cuidados*

Ser S*incero e*

T*er a Confiança das Pessoas*

Ser Transparente

Bracey argumentou que para que as outras pessoas confiem em você, elas devem ser capazes de ver como você pensa quando há problemas. Você também deve ser "facilmente decifrável" para os outros a seu redor. Se fizer uma recomendação totalmente fora de contexto, sem conexão com ideias ou sugestões que já foram compartilhadas, pode ser difícil para as outras pessoas confiarem em sua lógica ou julgamento. Ser capaz de pensar em voz alta de maneira lógica sobre um problema, permitindo que os ouvintes entendam que cada passo é lógico e racional, é uma ótima maneira de construir a confiança das outras pessoas sobre suas opiniões. Você não precisa fazer isso com todas suas ideias, mas isso com certeza o ajudará no início quando estiver tentando se firmar como digno de confiança.

"Ser capaz de pensar em voz alta de maneira lógica sobre um problema, permitindo que os ouvintes entendam que cada passo é lógico e racional, é uma ótima maneira de construir a confiança das outras pessoas sobre suas opiniões."

Um segundo método para estabelecer confiança envolve apresentar "comportamentos facilmente decifráveis" quando estiver lidando com pessoas (Bracey, 2002, p. 20). Bracey afirmou que permitir que as pessoas vejam como você se sente acerca de situações constrói confiança no sentido de que elas saibam seu posicionamento e não sejam surpreendidas com alguma decisão no meio do caminho. De maneira diplomática, permitir que as pessoas saibam que você está feliz ou infeliz com o rumo que um projeto está tomando dá a elas a informação que necessitam para realizar correções. Elas irão respeitá-lo e confiar em você, em especial se suas decisões combinarem com seus comportamentos decifráveis. O administrador com cara de planta de plástico faz com que todos fiquem nervosos, porque as pessoas nunca sabem em que pé estão com ele. A confiança vem da projeção de uma abertura estratégica durante reuniões cruciais.

Ser Responsivo

Bracey argumentou que a confiança também vem quando se é responsivo com as pessoas ao redor, ou seja, fornecer feedback de uma maneira construtiva, espontânea e atenciosa (Bracey, 2002, p. 23). Costumamos pensar em feedback como uma maneira de mudar o comportamento de alguém, mas Bracey trouxe uma visão diferente, sugerindo que, se o intuito for ajudar outra pessoa, o resultado final será que o indivíduo confiará em você. Fornecer feedback positivo modifica comportamentos e constrói confiança. Ao pensar mais amplamente sobre o motivo pelo qual o fornecemos, conseguimos entender que a observação de Bracey é, de fato, verdadeira. Quando modelamos o comportamento de alguém, nós estamos basicamente falando "Estou preparado para fazer um investimento em seu futuro. Sei que você tem potencial, vejo que está tentando e eu estou preparado para torná-lo bem-sucedido. Você merece feedback, e tenho certeza de que pode se aprimorar e fazer a diferença na vida desses clientes." Como analistas do comportamento, muitas vezes, ignoramos essa visão sobre a importância de fornecer feedback positivo às pessoas que nos cercam, o que pode fazer com que percamos oportunidades de construir confiança.

Haverá vezes em que o feedback negativo será necessário. Ele deve ser utilizado de maneira não emocional e construtiva, para que o aprendiz saiba que não apresentou o comportamento de maneira correta: "Obrigado por entregar seu relatório a tempo, Jim. Peço que você faça uma parte dele novamente e inclua um gráfico que mostre mudanças no comportamento-alvo neste mês." É comum que o feedback negativo seja dispensado se não for antecedido por doses saudáveis de reforço positivo. De fato, é provável que as pessoas que recebem feedback positivo e negativo confiem nesses supervisores mais do que naqueles que nunca tentam realizar modelagem e fazem somente comentários positivos.

Utilizar Cuidados

Ganhar a confiança dos colegas significa prestar atenção às sutilezas das interações sociais. A maneira com que você reage às perguntas, comentários ou apresentações deles pode fazer uma grande diferença na decisão de seus colegas confiarem em você com determinados tipos de informação. Fazer contato visual quando estiver ouvindo, parafrasear o que eles falam e não interromper são maneiras de reconhecer os outros e construir confiança. Ser cuidadoso com sua linguagem e não colocar outra pessoa sob pressão se os colegas ou o supervisor dela estiverem por perto são aspectos importantes para construir confiança. Falar "Estou confuso. Pode repetir o que disse?" é muito melhor do que "Você está confuso. Não tenho ideia do que você está falando". Dale Carnegie abordou esse assunto quando disse "Deixe a outra pessoa manter a dignidade" (1981). Utilizar essa estratégia é muito importante se a pessoa *estiver* confusa, porque destacar isso publicamente poderia causar muitos danos à sua tentativa de construir confiança. Separar um tempo para escolher suas palavras com cuidado e permitir que as outras pessoas saibam que você se importa com o sentimento delas dará frutos quando chegar o momento em que você precisará que alguém faça um esforço extra. Quando chamadas, as pessoas que confiam em você irão até você porque sabem que aprecia o esforço delas de verdade.

"Quaisquer esforços que você faça para desenvolver confiança terão tendência a falhar se não soar sincero."

Ser Sincero

Ser capaz de combinar o que você mostra em suas expressões faciais e linguagem corporal com o que você fala ou faz é a fórmula para criar uma relação sincera e confiante com as pessoas à sua volta. Quaisquer esforços que você faça para desenvolver confiança terão tendência a falhar se não soar sincero. Utilizar bajulação óbvia, sorrir quando não está feliz e utilizar reforçadores positivos de afeto neutro como "Bom trabalho" são detectáveis por amigos e colegas e terão o efeito reverso para convencer as outras pessoas sobre sua sinceridade. Todd Risley (1937–2007) foi conhecido como pioneiro e gênio no campo da análise do comportamento. Entre suas muitas contribuições para o campo está o seu trabalho sobre a coerência de Falar–Fazer (Risley e Hart, 1968). Na pesquisa de Risley sobre a primeira infância, ele mostrou maneiras de ensinar crianças em idade pré-escolar a falar a verdade por meio da modelagem de seus comportamentos de Falar–Fazer. Como adultos, podemos utilizar o mesmo tipo de contingências em nós para mostrar aos outros que podem confiar em nós para demostrar bom julgamento e tomar boas decisões. Se você for confiável, seus colegas ouvirão o que tem a dizer e seguirão sua liderança.

Ter a Confiança das Pessoas

Ser visto pelas outras pessoas como um profissional confiável tem um certo lado negativo. Se você concordar em fazer alguma coisa e falhar, haverá consequências. Sua reputação será prejudicada e você perderá um grau de confiança que precisará conquistar novamente. Uma vez que a confiança é perdida, a recuperação pode levar um tempo e o processo é doloroso. Compreender que os comportamentos têm consequências não é novidade para os analistas, ainda que estejamos mais inclinados a pensar nisso em termos de comportamentos de outras pessoas em vez dos nossos. Prestar atenção aos pequenos compromissos oferecidos todos os dias pode fazer uma grande diferença no fato de você ser ou não confiável de acordo com os olhos de outra pessoa. Alguém perguntando "Por que você não vem tomar uns drinks com a gente depois do trabalho?" é um tipo de cumprimento. A pessoa que o convida deseja passar algumas horas a mais com você. Quando você responde "É claro, onde?", parece que comparecerá. Se você não tem intenção de ir ao happy hour, mas não sabe como dizer "não", despedaçou um pouco de sua credibilidade e confiança. Faça isso mais vezes e terá uma reputação de ser uma pessoa não confiável. Uma pessoa socialmente sensível pode até dizer que você mentiu para ela ou a deixou envergonhada porque ela contou para os amigos que você estaria lá. Do outro lado, está o analista do comportamento que deseja construir credibilidade e confiança se forçando a realizar pequenos compromissos para fazer algo em momentos específicos. Na verdade, não importa qual é a atividade contanto que você prossiga até o fim. Um compromisso pequeno é "Vou enviar um PDF daquele artigo para você. Eu o tenho no meu computador em casa e enviarei perto das 20h." No panorama geral, não importa se a pessoa receber o artigo esta noite, amanhã ou na semana que vem. Todavia, isso importa muito em termos de construir confiança. É como se o destinatário se sentisse ligeiramente surpreso ao receber o documento na hora certa. Se você é capaz de fazer esse tipo de exercício de construção de confiança com todas as pessoas importantes de sua vida, tanto pessoal quanto profissional, perceberá que elas o verão de maneira diferente de todas as pessoas que elas conhecem. Note: nesse exemplo, você poderia *não* ter prometido o PDF às 20h e apenas tê-lo enviado como uma cortesia, mas isso não constrói confiança. O ganho de confiança vem da contingência Falar–Fazer. Construir confiança dessa maneira envolve apenas duas regras: em primeiro lugar, não faça nenhum acordo que você não pretende cumprir completamente. Segundo, faça um esforço extra para realizar pequenos compromissos frequentes que você consegue e cumprirá, a fim de construir confiança programaticamente em colegas, amigos, supervisores e clientes.

TORNAR-SE UM PROFISSIONAL CONFIÁVEL É ESSENCIAL PARA OS ANALISTAS DO COMPORTAMENTO

O paradigma comportamental é desconhecido por muitos e contrário a tantos outros profissionais que trabalham na arena de serviços humanos. Uma criança que tem comportamentos interferentes em sua sala de aula do segundo ano (e faz isso para ganhar a atenção da professora e dos colegas) deve ter um programa comportamental que inclua extinção de birra.[1] Essa ideia é certamente contrária àquilo que a conselheira escolar, a psicóloga da escola e a diretora-assistente recomendariam. O pensamento comum em relação a esse tipo de comportamento é de que a criança precisa de atenção ("Ele só precisa vir até meu escritório e me falar sobre seus problemas"), testagem ou talvez disciplina ("Ele só precisa vir até meu escritório para uma boa conversa e talvez algumas horas de suspensão dentro da escola"). Se a analista do comportamento que está realizando consultoria nessa escola quiser ter um pouco de adesão quando se trata de trabalhar com a professora e demais profissionais, precisará ser um pouco confiável para eles. Se a analista não for vista como uma profissional confiável, ninguém apoiará o programa que ela está apresentando, o qual envolve ignorar comportamentos interferentes menores, e isso vale especialmente para a professora que está na linha de frente dessa batalha pelo controle de sua sala de aula. No mais, se a analista pedir para a professora, que não gosta nem um pouco desse aluno, para utilizar reforçamento diferencial de outros comportamentos (DRO) com o pequeno Bobby, ela tenderá a dar uma resposta como: "Elogiá-lo por permanecer sentado e quieto? Depois do que ele disse para mim? Acho que não!"

Uma estratégia para ganhar confiança é resolver depressa alguns problemas simples para pessoas-chave que precisam de ajuda. Demonstrar que você é eficaz ajudará de maneira considerável na questão da confiança. O que as outras pessoas nunca apreciam é um excesso de desculpas por que você não pode ajudá-las, por que um programa não está funcionando e por que é tão difícil conversar com você quando chega a hora do aperto. Construir credibilidade e confiança a cada dia resultará na cooperação e suporte de que você precisa para implementar programas eficazes.

RESUMO

Analistas do comportamento eficazes conquistam a confiança das outras pessoas por serem bons ouvintes, oferecerem sugestões ponderadas, guardarem confidências em segredo e irem muito além do que é esperado para ajudar os outros. Profissionais confiáveis são conhecidos como pessoas honestas e seguras que oferecem reflexões ponderadas para as questões antes de respondê-las, e podemos confiar neles para que façam o que dizem.

PARA LEITURA ADICIONAL

BRACEY, H. *Building trust*: How to get it! How to keep it! Taylorsville, GA: HB Artworks, 2002.

CARNEGIE D. *How to win friends and influence people*. Nova York: Simon & Schuster, 1981.

HARVARD BUSINESS SCHOOL PRESS. *Power, influence, and persuasion*. Boston: Author, 2005.

RISLEY, T. R.; HART, B. Developing correspondence between the non-verbal and verbal behavior of preschool children. *Journal of Applied Behavior Analysis*, *1* (4), 267–281, 1968.

---

1 Imagine que a analista certificada pelo Board Certified Behavior Analyst® realizou uma análise funcional adequada e determinou que esse é um comportamento mantido por atenção. [N. do A.]

19

Aprenda a Lidar com o Estresse de Maneira Comportamental

Estresse é a resposta física e emocional prejudicial que ocorre quando as exigências do trabalho não combinam com as capacidades, recursos ou necessidades do trabalhador.

National Institute for Occupational Safety and Health Administration (1999)

Analistas do comportamento são particularmente propensos ao estresse devido à natureza de seu trabalho. Eles experimentam em grande período, o contato direto com clientes que podem apresentar comportamentos vistos como imprevisíveis. Os clientes podem apresentar, em alguns momentos, comportamentos interferentes agressivos como morder, arranhar, chutar ou dar socos. Além do fator estresse, há o fato de que os analistas do comportamento quase sempre trabalham na frente do público, abertos às críticas daqueles que não são bem instruídos em nossa teoria ou metodologia ou, então, pessoas e profissionais sem treinamento, até mesmo, carentes de uma base sobre comportamento humano.

Dirigir até o outro lado da cidade ou de um município a outro para atender clientes que residem em áreas remotas pode adicionar mais estresse para um analista do comportamento que já possui uma agenda agitada. Enfrentar atrasos no trânsito, receber chamadas telefônicas urgentes enquanto está contornando um desvio ou derramar seu café quente enquanto realiza uma curva em U, pode transformar o trajeto de um cliente para o próximo em um pesadelo. Os pais costumam ter expectativa de que a mudança de comportamento aconteça rapidamente e eles podem ficar desapontados se o pequeno Adam não estiver curado de sua hiperatividade, agressividade ou aprendizagem lenta em apenas algumas sessões. Do mesmo modo, os supervisores podem esperar que você trabalhe "com só mais um cliente" e garantem que "É muito apreciado, você verá. Eu vou te compensar. Só me ajude com este aperto".

SINTOMAS COMUNS, SOLUÇÕES PADRÃO

Um pequeno estresse não é uma coisa ruim, porque ele pode aprimorar seu foco e proporcionar um aumento de adrenalina em uma situação de emergência. No entanto, o estresse prolongado relacionado ao trabalho pode causar dores de cabeça, dor no peito, respiração reduzida, dores de estômago, cansaço e problemas para dormir. Isso, por sua vez, pode causar ansiedade, irritabilidade, alterações de humor, ressentimento e "burnout". Os efeitos no comportamento podem incluir parar de comer, comer demais, ter explosões de raiva, chorar e diminuição da produtividade

Soluções tradicionais para estressores da vida incluem fazer exercício físico, relaxar, dormir horas suficientes e, em alguns casos, fazer psicoterapia.[1] Porém, esses métodos padrões de administração do estresse não lidam com a *causa* do estresse, e um método contrastante é promover *mudança organizacional* como solução.[2] Isso envolve analisar os fatores estressantes em um ambiente de trabalho, como carga de trabalho excessiva ou expectativas conflitantes e realizar mudanças no ambiente para reduzir o estresse. Além disso, você desejará considerar os Três Grandes fatores que, se equilibrados adequadamente, podem atenuar o estresse crônico: dieta adequada, sono adequado e exercício suficiente. Pode acontecer de você estar trabalhando tanto e de forma tão intensa que não está cuidando de sua saúde física. Viver de fast-food frito e gorduroso; dormir apenas cinco horas por noite; e não se engajar em nenhum exercício é uma prescrição para um sério desgasre emocional ou físico. A base da prevenção do estresse é ter uma dieta saudável, oito horas de sono e exercícios vigorosos, ao menos três vezes por semana. Se você não segue esse regime, considere melhorar sua dieta, hábitos de dormir e de se exercitar para ajudá-lo a lidar com outros estressores em sua vida.

"A base da prevenção do estresse é ter uma dieta saudável, oito horas de sono e exercícios vigorosos, pelo menos três vezes por semana."

MUDANÇA ORGANIZACIONAL PARA LIDAR COM O ESTRESSE

De uma perspectiva comportamental, a abordagem de mudança organizacional faz muito mais sentido do que realizar "meditação de consciência sem escolha", ouvindo sons da natureza enquanto você dirige na rua ou fazer aulas de ioga nas noites de quinta-feira. Se você estiver sobrecarregado pelo volume de trabalho, comendo muito chocolate e constantemente procurando por outra placa de "Happy Hour das 16h às 20h", fazer uma aula de pilates não é a melhor solução para você. Pilates e outras formas de exercício deixarão você forte e em forma, mas apenas a atividade física não melhorará seu estresse. Você tem que cuidar do problema real. Como você chegou a essa carga a mais de trabalho? Foi uma falha na hora de dizer "não" quando sentiu necessidade? Está tendo dificuldade em fechar seus casos? Precisa de ajuda com um caso difícil, mas não sabe com quem conversar?

Então, o que você pode fazer para administrar melhor sua vida? Para iniciantes, recomendamos uma revisão das dicas do Capítulo 17 sobre gestão de tempo. Uma parte do

1 Visite o site [conteúdo em inglês] da Clínica Mayo: mayoclinic.com/health/stress-symptoms. [N. do A.]

2 Visite o site [conteúdo em inglês] cdc.gov/niosh/stresswk.html [N. do A.]

seu estresse pode ser resultado de não seguir um planejamento diário e semanal sensato que lhe possibilite ir de um local de consultoria a outro eficientemente. Se você ficar estressado como resultado de lidar com o congestionamento do tráfego, confira sua agenda para determinar se existe uma maneira mais eficiente de ir de A para B e para C. Talvez alguns de seus clientes estejam dispostos a mudar o horário de suas consultas; isso pode fazer com que você evite o horário de pico da manhã. Se alguma parte do estresse estiver relacionada ao fato de chegar sempre atrasado, examine bem os fatores que poderiam estar causando esses atrasos. Um colega tinha essa frustração e descobriu que ele era o culpado por não informar seus clientes de que precisaria sair do local em uma hora fixa; ele deixou isso vago, pensando que seria rude interromper uma conversa. Ao informar esses clientes no início da consulta sobre sua hora de partida, ele foi capaz de oferecer dicas para eles como: "Ok, Sra. Rudd. Eu tenho só 5 minutos antes de ir embora." Ao exercitar uma combinação de assertividade, gestão de tempo e habilidades de comunicações pessoais, ele foi capaz de ir embora a tempo e evitar acelerar seu carro nas luzes amarelas dos semáforos para chegar em sua próxima reunião.

Futuras análises de sua semana de trabalho podem revelar outras oportunidades de economizar tempo. Essas maneiras incluem empregar um método mais eficiente de escrita de relatório, utilizando um software em seu assistente digital para monitorar suas horas trabalhadas ou treinar mediadores com videoclipes em vez de *role-plays*. Você pode descobrir que é mais eficiente retornar chamadas telefônicas e e-mails de uma só vez do que em horas aleatórias ao longo do dia. Você pode desejar abordar essas tarefas diárias utilizando o Princípio de Premack (conforme descrito no Capítulo 17), ou seja, se tiver completado todo o trabalho escrito diário, pode passar uma determinada quantidade de tempo ao telefone para que chamadas não se acumulem ao longo do dia.

ESTRESSORES EXTERNOS

Talvez uma das maneiras mais delicadas, porém importantes, de reduzir o estresse seja analisar a natureza do trabalho que você está realizando para determinar se isso faz parte da causa. É provável que tenha existido um ponto lá atrás, em seu trabalho atual, no qual você sentia que tinha tudo sob controle. Você entendia os problemas de seus clientes, tinha a cooperação de seus mediadores, seu programa comportamental estava tendo bons resultados, e você tinha reconhecimento e um bônus do CEO. A vida era boa. Depois de um ano ou dois, tudo saiu do controle. O que aconteceu exatamente? Você concordou em supervisionar dois estudantes do primeiro ano e acabou descobrindo que eles precisavam de muita ajuda? Ou foi o caso da mãe solo com a criança com autismo que estava progredindo tão bem e então, de algum modo, ficou estagnado? A mãe começou a fazer perguntas sobre análise do comportamento aplicada. Ela estava lendo artigos sobre dietas especiais e pensando se talvez a análise do comportamento aplicada seria mesmo, afinal de contas, a solução. Exigente, exigente, exigente. Era esgotante; ela não ficava satisfeita com aquilo que você lhe dizia e queria falar com seu

"Talvez uma das maneiras mais delicadas, porém importantes, de reduzir o estresse, é analisar a natureza do trabalho que você está realizando para determinar se isso faz parte da causa."

supervisor. E, então, seu supervisor ficou do lado dela e começou a questionar seu plano comportamental. *Isso* é capaz de deixar uma pessoa nervosa.

E você se lembra de quando sua colega de quarto decidiu sair da cidade de repente, e você ficou atolada com o aluguel inteiro até o fim do contrato? Foi quando você começou a usar aquela camiseta onde dizia: "ESTRESSE: a confusão criada quando a mente de alguém supera o desejo básico do corpo de arrancar o couro de alguém que desesperadamente merece isso." Graças a sua colega de quarto, você precisou assumir três casos a mais para compensar a diferença do valor do aluguel: "Eu sou jovem. Não tenho um namorado, então posso trabalhar cinquenta horas por semana, no mínimo, até encontrar uma colega de quarto."

O QUE FAZER QUANTO AO ESTRESSE: UMA ABORDAGEM COMPORTAMENTAL

Muito da literatura tradicional e conselhos na internet falam sobre a identificação de sinais de estresse e dar passos para controlar os sintomas. Analistas que confiam em sua habilidade de compreender o comportamento humano, incluindo o deles mesmos, tendem a rejeitar essa estratégia a favor de uma abordagem mais confortável e familiar. Afinal, se um cliente viesse até você com todos esses sintomas, você não começaria o processo identificando os comportamentos e realizando uma análise funcional?

É claro que faz sentido ter um quadro geral do estresse. Ele pode ser resultado de mudanças de vida maiores, como ter se casado recentemente (ou se divorciado), engravidar (especialmente se for uma gravidez não planejada), mudar para outra cidade ou trocar de emprego. Um novo vizinho com um cachorro que late muito e interrompe seu sono, um colega de quarto com horários desregulados ou o cara desempregado do apartamento de cima que aparentemente ganhou uma bateria de Natal e está fazendo experimentos de percussão durante a noite toda, com certeza causarão estresse para aqueles que estão próximos deles. Problemas familiares pessoais também podem derrubar uma pessoa: um cônjuge que decide sair do emprego repentinamente, sogros, cunhados e outros parentes intrometidos ou uma antiga paixão que encontrou você em uma rede social e deseja voltar a ter um romance.

Passo 1: Identifique Emoções, Sentimentos e Comportamentos Estressantes

Assim como em qualquer situação que encontraria no trabalho, você sabe que a primeira coisa que deve fazer é identificar o comportamento ou resultado que está causando o problema. É algo físico? Dores no peito, respiração fraca, ansiedade? Se for, um check-up realizado pelo médico de sua família é bastante recomendado. O que dizer sobre os comportamentos que você adotou e que parece que podem causar problemas com o tempo: comer demais, crises de choro ou produtividade reduzida? Você sabe fazer listas e fichas de dados, então comece com isso. Coloque seus sintomas (comportamentais e físicos) em um gráfico para determinar a frequência e crie uma coluna para possíveis antecedentes. Você deve anotar a hora do dia, bem como os eventos coincidentes. Por exemplo, caso sua ansiedade aumenta lá pelas 15h em alguns dias, mas não em outros, confira sua agenda para ver o que está acontecendo por volta desse horário. Seria ter que enfrentar o tráfego ou lidar com sua família que parece estar sabotando seu plano de tratamento de vida saudável? Isso acontece somente em dias em que você ficou acordado até tarde na noite anterior e não dormiu o suficiente? Você pode analisar seus dados utilizando uma análise ABC[3] (antecedente - comportamento - consequência) com a adição de um "Evento Estabelecedor" como uma categoria ampla de questões vagas que podem definir a ocasião para um conjunto de experiências desagradáveis durante o dia (ver Figura 19.1).

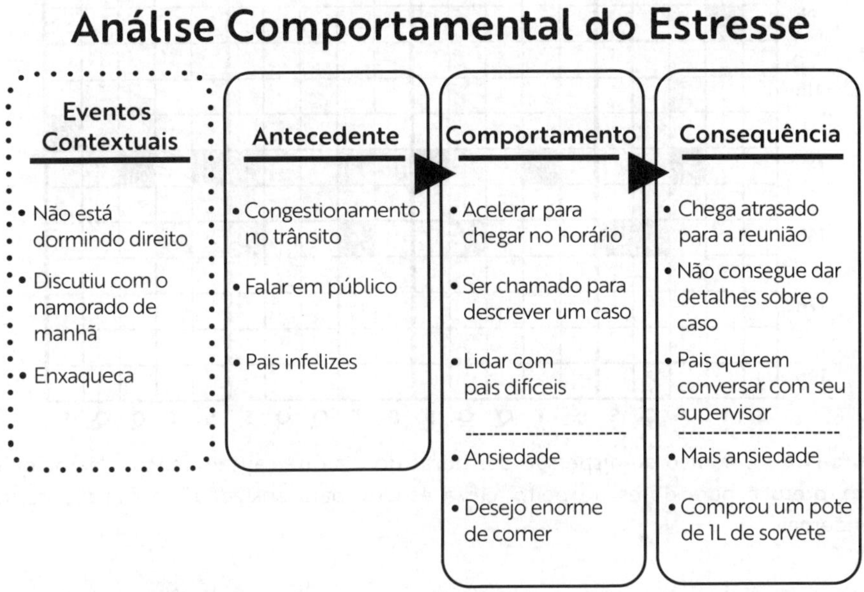

Figura 19.1 Uma análise comportamental do estresse.

Passo 2: Realize uma Análise Funcional

Isso será complicado porque você está, essencialmente, fazendo um experimento com você mesmo. Seja objetivo, começando com o registro de ocorrências de comportamentos problemáticos e estados emocionais complicados. Um gráfico de dispersão, que você preenche cada hora que sentir ansiedade, dores no peito ou comer em excesso deve se parecer com o da Figura 19.2. Há um código de cores para cada comportamento, sendo preto para dores no peito, cinza escuro para ansiedade e cinza claro para comer em excesso. Em seguida, é necessário verificar sua agenda diária para identificar quais eventos estão associados a esses sintomas de estresse em sua vida.

3 Sigla em inglês para "antecedent - behavior - consequence". [N. da R.]

Figura 19.2 Gráfico de dispersão das horas do dia que causam reações emocionais. *Nota:* preto é para dores no peito; cinza escuro, para ansiedade; e cinza claro, comer demais.

Para determinar se a hipótese está correta e você, de fato, identificou a variável de controle, precisará realizar uma mudança temporária em sua agenda ou na sequência de eventos. Realizar consultoria para três casos de clientes intensos consecutivos sem nenhum intervalo pode ser demais, ou correr até o outro lado da cidade para uma reunião de supervisão sem tempo para revisar suas anotações pode ser demais. Ao mudar sua agenda e registrar os resultados honesta e objetivamente, você deve estar apto a isolar os fatores que estão causando estresse em sua vida. Algumas variáveis serão difíceis de manipular, especialmente se elas ocorrerem com pouca frequência, como dormir pouco ou uma discussão com seu cônjuge. Você ficará acordado até tarde porque bebeu muito café no jantar, ou tem o hábito de assistir *The Daily Show* e *The Colbert Report* todas as noites, ou porque possivelmente tem um padrão de sono desestabilizado (apneia do sono)? Se o problema for o último item, seu médico deve ser capaz de realizar os testes necessários para isolar a condição médica. Caso seus problemas para dormir estejam relacionados a você cochilar enquanto assiste programas de televisão tarde da noite, pode ser o momento de investir em um dispositivo de gravação para que possa assistir aos seus programas favoritos mais cedo. Esse é o tipo de análise funcional que você faria caso um cliente expressasse preocupação sobre ansiedade ou baixo desempenho. Você deve isto a si mesmo: aplicar o que sabe para resolver seus problemas pessoais.

"Você deve isto a si mesmo: aplicar o que sabe para resolver seus problemas pessoais."

Passo 3: Desenvolva uma Intervenção a Curto Prazo

Dependendo do que você descobrir como resultado de sua análise funcional, pode ser possível trabalhar em uma solução a curto prazo que trará algum alívio enquanto você trabalha em uma solução a longo prazo. Por exemplo, se você descobrir que seu nível de estresse diminui durante o dia quando dorme mais na noite anterior, um pequeno conserto pode ser apenas uma questão de gerir melhor seu tempo e um pouco de disciplina em relação aos programas de televisão ou conversas telefônicas com amigos e familiares tarde da noite. O mesmo vale para variáveis que produzem estresse durante o dia. Ser mais firme com seu supervisor, deixando claro que, enquanto você não finalizar esses três casos que são uma sobrecarga, não assumirá mais nenhum caso, pode ser um grande passo em direção ao alívio de sua semana estressante. Do mesmo modo, quando for trabalhar com um cliente que parece estar insatisfeito com seus serviços e reclamará com seu gestor, consulte seu supervisor antes que o cliente o faça (você sentirá um tremendo alívio). Seu supervisor fornecerá os recursos para ajudá-lo com o cliente ou decidir que é hora de transferi-lo para outro consultor comportamental.

Passo 4: Desenvolva e Adote um Plano a Longo Prazo

Seu plano a longo prazo, no qual você deve estar trabalhando para obter resultado entre seis a nove meses, pode envolver algumas mudanças maiores em sua vida. Livrar-se do namorado ou namorada que gosta de discutir, trocar de emprego, mudar para uma parte do estado menos povoada onde a vida é menos agitada, estabelecer sua própria clínica privada na qual você trabalhará por conta, e mudar de um apartamento barulhento para sua casa própria são exemplos de maneiras de aliviar o estresse que envolvem uma grande quantidade de planejamento e, possivelmente, alguma dificuldade e estresse a curto prazo.

RESUMO

Ser um analista do comportamento pode ser tanto uma bênção quanto uma maldição. É realmente uma bênção ser um profissional que possui conhecimento minucioso e profundo do comportamento humano e as habilidades necessárias para mudar as vidas de outras pessoas de uma maneira positiva. A maldição é que todas as pessoas à sua volta esperam que você seja capaz de resolver seus próprios problemas comportamentais. Isso não está inteiramente incorreto; em nosso campo, preparamos os alunos com o lema "Analistas do comportamento começam em casa". Você *deve* ser seu melhor terapeuta comportamental, deve estar alerta em relação aos efeitos que o ambiente tem sobre seu comportamento e deve saber quando alguma coisa não está certa com sua saúde ou nível de estresse.

Além disso, você deve ser capaz de analisar seus próprios comportamentos e fornecer suas próprias intervenções. Comece se certificando de que sua saúde física e emocional estão em ordem com uma dieta adequada, sono suficiente e exercício físico vigoroso. Em seguida, conduza uma análise funcional e desenvolva uma intervenção a curto prazo. Você já teve bastante prática ao utilizar suas habilidades com clientes. Agora é a hora de utilizá-las para melhorar e aprimorar sua própria vida.

20

Saber Quando Pedir Ajuda (e Como Receber Feedback)

O feedback é o café da manhã dos campeões.

Ken Blanchard

"Obrigado por comparecer hoje, Michael. Infelizmente, o que temos que conversar não é agradável. O estabelecimento não está nada feliz com o seu trabalho e quer outro consultor."

"Você está brincando! Pensei que estivesse fazendo um ótimo trabalho."

Quando entrevistamos proprietários de clínicas de tratamento comportamental e analistas do comportamento seniores encarregados de treinar novos analistas certificados pelo Board Certified Behavior Analysts®, eles expressaram a mesma preocupação repetidamente. Era frequente que seus novos contratados, mesmo sendo jovens, dispostos e cheios de entusiasmo, estivessem completamente alheios às suas limitações profissionais. Como resultado, eles mergulhavam de cabeça em um caso, perdendo os sinais iniciais de perigo iminente, e começavam a se afogar. Os supervisores entrevistados relataram que, em muitos casos, bastaria uma ligação telefônica de um cliente insatisfeito para alertá-los sobre a situação. Em quase todos os casos, o analista do comportamento jovem e entusiasmado não sabia que estava havendo um problema. Nos poucos casos em que o iniciante sabia disso, ele ou ela não pediram ajuda por algum motivo.

Sempre existem sinais de alerta quando as coisas não estão indo bem, mas você deve ser sensível, muito sensível, em relação ao que está acontecendo ao redor para captar os sinais de que alguém está em apuros (e pode ser você). De muitas maneiras, os sinais são as mesmas pistas que surgem em relacionamentos interpessoais que perderam sua qualidade. Ligações telefônicas ou e-mails não são retornados, reuniões são canceladas ou pessoas-chave não comparecem a elas. Contatos diretos não são calorosos, o contato visual é breve e há pouca conversa informal no início da reunião. Uma consultora experiente saberá que existe alguma coisa errada na primeira vez que notar essa mudança em um relacionamento. Novos consultores frequentemente perderão os sinais de alerta ou os rejeitarão, pensando: "Acho que ele só estava tendo um dia ruim." Nós não treinamos analistas do comportamento necessariamente para essas sutilezas da linguagem corporal, mas deveríamos. Pode ser que estejamos passando muito tempo ensinando os consultores comportamentais sobre autoclíticos e intraverbais (Skinner, 1957) quando deveríamos estar focando mais a leitura de pistas faciais e linguagem corporal (Harvard Business School Press, 2004; Klaus, 2007). Quando você vir um administrador emburrado se afastando da mesa em um cenário de gestão de desempenho, deve saber que, se não agir rápido, existe uma boa chance de que seu contrato não seja aprovado. Ler a linguagem corporal e sinais sutis é uma habilidade difícil de ser ensinada em sala de aula. Infelizmente, essa habilidade costuma ser aprendida da maneira difícil, pela experiência. Você pode acelerar esse processo se estiver alerta em relação a alguns sinais comuns de que as coisas não estão indo bem.

CONTINGÊNCIAS SOCIAIS DE SUPERVISÃO

Admitir que não se sabe o que está fazendo pode ser constrangedor para algumas pessoas, e a esperança de que as coisas se acertarão de alguma maneira pode prevalecer. Pessoas iniciantes tendem a sentir medo de que pedir ajuda seja um sinal de fraqueza dificultando admitir que está enfrentando dificuldades. Pessoas são demitidas por isso, se a notícia se espalhar, você poderá perder futuros contratos, e isso é muito assustador. Se você indicar que pensa que existe um problema que na verdade não é visto como um problema para o supervisor, pode pensar ter desperdiçado o tempo de ambos em supervisão e talvez se espere que você resolva essas situações sozinho sem precisar de outras pessoas, pensamento esse que o impede de receber a ajuda necessária.

O que os consultores comportamentais e os analistas do comportamento parecem não entender é que a organização deseja muito que eles sejam bem-sucedidos. Em muitos casos, supervisores e gestores farão grandes esforços para dar o apoio, a supervisão e o treinamento necessários para que você se dê bem. Eles prefeririam que você não tivesse difculdades, é claro, mas pessoas prontas precisam de treinamento e experiência. Se precisar de algumas horas a mais de supervisão nos primeiros seis meses para garantir que você domine sua técnica, isso será providenciado. De outro modo, a empresa ficará com uma imagem ruim, e não é necessário haver relações públicas negativas com respeito aos funcionários. Além disso, há altos custos associados a trocas de equipe profissional.

QUANDO PEDIR AJUDA

A consulta ideal acontece de maneira suave do início ao fim. Sua reunião inicial com o cliente é cordial, você trabalha bastante para causar uma boa primeira impressão (Bixler e Dugan, 2001), é bem recebido e imediatamente começa a utilizar suas habilidades de Dale Carnegie de ouvir e refletir. Você ganha acesso ao cenário ou passa tempo com o cliente criança ou adulto, completa sua análise e desenvolve um plano de intervenção comportamental. Você mostra o plano, negocia os detalhes, obtém adesão, seleciona a mediadora, inicia o treinamento e assiste a mágica acontecer.

Aqui é onde as coisas podem dar errado. A mediadora pode não estar confortável em seu novo papel de treinadora ou gestora de contingência. Talvez algo tenha dado errado na primeira vez em que ela forneceu um reforçador ou aplicou uma consequência. De repente, ela não tem mais tanta certeza sobre essa abordagem comportamental. Mas ela está com medo de o ofender porque você colocou tanto empenho nesse projeto e é uma pessoa tão gentil e animada. A gestora não fala nada diretamente, porém está quieta durante a reunião semanal. Ela responde ao "Como vai?" com um curto "Bem". Se você entender essa resposta de forma literal, cometerá um grande erro. "Bem" significa "Estou desconfortável com esse procedimento e não tenho certeza se poderei realizá-lo com consistência." Se você observar a linguagem corporal, verá que ela está olhando para os sapatos dela na maior parte do tempo e brincando com uma caneta, suas respostas são curtas, ela se contorce em sua cadeira e quer que essa reunião termine. Agora, se você estivesse sendo direto, falaria: "Tenho a impressão de que você não gosta do que estamos fazendo aqui. Qual é o problema?" Mas é claro que você não pode ser direto ou perderá sua mediadora e talvez o projeto todo.

Anish estava trabalhando completamente sozinho com seu primeiro cliente empresarial. Ele acompanhou um consultor sênior durante seis meses e estava pronto para seu grande teste. As reuniões iniciais na companhia de seguros foram boas, e ele havia completado sua primeira rodada de treinamentos rápidos com o médio escalão. Em três dias, ele cobriu os princípios básicos de gestão de desempenho e agora estava se reunindo com gestores de departamento no território deles. Greg Shepard, o diretor de vendas, tem pouco mais de cinquenta anos de idade. Anish lembrou-se de Shepard como o cara sentado na parte dos fundos, com os braços cruzados e olhando para o notebook durante a maior parte do workshop. Anish fez o melhor que podia ao começar tranquilamente com uma conversa casual e leve sobre o clima e o jogo de futebol americano que estava por vir. Então, ele deu uma chance para Shepard descrever o ponto que ele gostaria de abordar primeiro em seu departamento. "Não consigo pensar em nada neste momento", Shepard disse. "Ok, vamos começar com esta planilha que mostra que seus supervisores de campo não estão se reportando para seus contatos e fornecendo leads para o call center", Anish ofereceu. "Pode ser" foi a resposta que Shepard deu, com tom monótono e sem contato visual. Anish teve dificuldades com o gestor de departamento de vendas pelos dois dias seguintes e, finalmente, obteve um plano de ação por escrito. Em um relatório por e-mail a seu supervisor, Anish descreveu seu progresso sem mencionar a atitude desinteressada de Shephard. Anish omitiu a falta de entusiasmo como se fosse algo normal, em que os clientes não agem de maneira feliz, concordam com relutância e apenas esperam esses caras da consultoria irem embora. Eles sempre vão. As reuniões de Anish com os outros gestores de departamento no mês seguinte foram iguais às do primeiro encontro. Anish não estava certo de onde estava pisando exatamente. Nenhum dado estava vindo da empresa, mas ele pensava que isso era normal. E então ele recebeu o telefonema. Parece que o CEO da empresa de seguros ligou para o CEO dele e disse: "Não está funcionando. Nós gostaríamos de cancelar o resto do contrato como está descrito no nosso acordo por escrito na página 4." Não foi fornecida mais nenhuma explicação e Anish foi chamado pela direção para um interrogatório completo. Era humilhante ter que contar os detalhes, mas agora ele conseguia enxergar que os sinais estavam todos ali: reuniões canceladas, prazos perdidos por diretores de departamento e

"Grande parte da análise do comportamento aplicada é um intenso empreendimento social."

e-mails não retornados. As respostas legais para os convites de almoços de repente pareceram todas placas de neon em uma noite fria e escura.

PISTAS SOCIAIS PARA CONSULTORES COMPORTAMENTAIS

Grande parte da análise do comportamento aplicada é um intenso empreendimento social. Como consultor profissional, você deve primeiro vender a si mesmo e depois vender seu produto. Seu produto é nossa abordagem com base em evidências para aprimoramento de desempenho. Se não gostarem de você, não funcionará. Se o cliente não confiar em você, isso não funcionará. Caso sua prestação de serviço ao consumidor não for melhor do que a do competidor, você, com certeza, perderá o cliente. Um erro comum de novos consultores é focar demais em sua apresentação e pouco na maneira como o cliente está recebendo e respondendo a informação. É claro que você deseja estar alerta para os primeiros sinais de que tocou em um ponto complicado; um cliente que parece confuso (procure sinais faciais: um cenho franzido, olhos apertados, lábios cerrados) é um sinal para que você pare e fale algo como "Vejo que não expliquei isso muito bem. Posso dar um exemplo melhor?" Deixe que o cliente fale, ouça atentamente e tente compreender. A referência para o sucesso é um cliente relaxado, sorridente, que acena com a cabeça e que se sente confortável em interromper você para dar seus próprios exemplos e dividir uma história. Uma cliente que está encarando para além de você, se agitando na cadeira com os ombros curvados e tamborilando os dedos é um sinal de que as coisas não estão indo bem. Essa pessoa não está seguindo seu raciocínio e não vê relevância naquilo que você está falando. Se ela colocar isso em palavras, dirá: "Eu não entendi isso e não acho que isso se aplica a mim. Essa não é a maneira na qual eu abordaria nossos problemas de desempenho. Queria que você fosse embora." É claro que existem diferenças de uma pessoa para outra e as pistas podem variar. Para algumas pessoas, um olhar distante significa que estão desinteressadas; para outras, pode significar que estão se concentrando. A mensagem básica é procurar quaisquer sinais de que seu cliente esteja entediado, desinteressado, confuso, incerto, ansioso ou preocupado. Se você não intervir imediatamente, seu cliente se moverá para o próximo estágio: frustrado, saturado e pronto para se desengajar. Essa será a hora em que ele pedirá para o CEO fazer a ligação telefônica para dizer que foi bom trabalhar com você, mas...

O QUE VOCÊ DEVE FAZER?

Ao primeiro sinal de que seu cliente está um pouco infeliz com seu serviço, contate seu supervisor, converse ao telefone e solicite uma reunião assim que possível para discutir a situação. Descreva as circunstâncias desde o início. Não deixe de fora detalhes constrangedores, seja objetivo e não se desculpe. Faça uma afirmação sincera de que você deseja aprender e se aprimorar, e que está ansioso para receber feedback e talvez algum treinamento adicional. Deixe claro seu compromisso com a empresa ou agência.

RECEBENDO FEEDBACK

Passo 1: Peça Feedback

Se essa for sua primeira experiência, você pode sentir certa apreensão, mas tenha em mente: "Isso será bom para mim. Estou pronto para aprender, estou trabalhando com pessoas experientes, estou em boas mãos e estou pronto para crescer como consultor comportamental."

Passo 2: Tome Notas

Sua sessão de feedback pode levar de trinta minutos a uma hora. Muitos pontos serão abordados e você não será capaz de lembrar de tudo. Além disso, você desejará impressionar seu supervisor e mostrar que isso é importante para você, e que terá consequências duradouras.

Passo 3: Ouça Atentamente, Faça Perguntas e Esteja Engajado

Isso não é uma bronca na qual você deve se sentar e ser punido. É sua supervisora compartilhando anos de experiência e você precisa ouvir cada palavra e seguir seus argumentos com atenção, ponto a ponto. Sua linguagem corporal precisa mostrar que você se importa com o que ela fala, que está acompanhando, que entende. Não interrompa. Espere até que ela dê uma deixa para que você responda: "Então, Jamie, alguma pergunta?" Aqui é quando você olha para seu bloco de notas e apresenta sua primeira dúvida. Não responda: "Não, acho que não." Aja de maneira amigável e profissional, não chore e não dê risadas nervosas ou engraçadinhas. Também não fale "mas". Se você agir na defensiva e tentar explicar seu comportamento ao dizer "Mas eu só pensei que...", você cria a impressão de que não consegue acreditar que cometeu um erro. Sua supervisora não está esperando que você se ajoelhe para se desculpar. Ela quer que você mostre que estava prestando atenção, que se importa, e que está disposto a aprender com o erro. Uma pergunta realmente boa deveria dar motivo para sua supervisora fornecer algumas explicações adicionais. Continue a tomar notas e esteja pronto para sua próxima oportunidade de se engajar no diálogo. Não discuta, nem se sinta ofendido ou tente justificar as ações que o levaram a esse ponto. Não fará bem algum e é provável que irrite sua supervisora. Observe a linguagem corporal dela. Você deve ser capaz de dizer quando ela terminará a reunião. No final, passe rapidamente o checklist que você fez para que a supervisora saiba que você conseguiu captar todos os pontos-chave. Dê um aperto de mãos, sorria, fale para ela o quanto você aprecia o tempo dela e mencione que você dará prosseguimento enviando um e-mail com os pontos-chave dessa reunião por escrito. Pergunte quando vocês devem agendar uma reunião de acompanhamento.

"Sua supervisora não está esperando que você se ajoelhe para se desculpar. Ela quer que você mostre que estava prestando atenção, que se importa, e que está disposto a aprender com o erro."

Passo 4: Faça um Registro de sua Sessão de Feedback

Assim que possível, crie um documento por escrito sobre a sessão de feedback com base em suas anotações. Envie para a supervisora como anexo de um e-mail. Novamente, agradeça-a pelo tempo dela. Coloque em suas anotações tópicos com cabeçalhos conforme adequado para que seja fácil para sua supervisora ler. Se você analisou o feedback e percebeu que as coisas que você deve mudar levam tempo, indique isso no documento; por exemplo: "Reparar relacionamento com assistente da professora; início em 10 de nov." Ou: "Marcar reunião com TO na próxima reunião de equipe terapêutica."

Passo 5: Desenvolva um Plano de Ação

Consertar tudo o que estava errado levará vários passos ao longo das próximas semanas. Não os perca de vista. Coloque-os em seu calendário e em uma lista de afazeres. Indique claramente o que você planeja, listando ligações telefônicas a fazer e e-mails a enviar. Esses passos devem ser definidos em termos de processo e resultado.

Passo 6: Reporte

Envie um e-mail para sua supervisora a cada duas ou três semanas para reportar seu progresso. Essas mensagens não precisam ser longos memorandos. Notas curtas indicando que você teve uma reunião, entregou uma avaliação ou almoçou com a diretora são suficientes para que a supervisora saiba que o tempo que ela investiu em você valeu a pena, que você leva tudo a sério e que está dando passos corretivos.

Passo 7: Peça uma Reunião de Acompanhamento

Um mês depois da primeira reunião (ou antes, se a supervisora pedir), será hora de uma segunda reunião presencial com sua supervisora. Essa é sua chance de agradecê-la mais uma vez por seu tempo e aconselhamento e de descrever os passos que você deu e o status da situação. Se fez tudo corretamente, essa reunião será bem curta e você falará na maior parte do tempo. Talvez você tenha algumas perguntas, mas, esperamos, você já terá resolvido a maior parte dos problemas e terá voltado a ficar em bons termos com sua empresa. Sua supervisora deve ficar satisfeita, porque você levou o feedback a sério e agiu prontamente para tomar passos corretivos. Um aperto de mãos firme, um grande sorriso e um "obrigado por tudo" muito sincero no final devem concluir essa série de interações.

RESUMO

Ser um consultor comportamental eficaz é um trabalho complexo, multifacetado que envolve não somente conhecimentos teóricos e técnicos do comportamento humano, mas também uma dose enorme de treinamento em relações humanas. Saber como fazer uma boa apresentação e como manter engajamento ativo e positivo com seu cliente durante meses é essencial para um consultor comportamental. Quanto mais experiência você tiver, melhor será nisso. Preste atenção. Tente bastante. Esteja preparado para aprender a cada encontro. E entenda que você não pode fazer a todos felizes. Seria bom, mas nem todos os clientes precisam amar você. No entanto, você deve se conduzir de modo que seus clientes o respeitem. Ganhar respeito por um trabalho bem feito trará grande satisfação para o analista do comportamento consultor.

PARA LEITURA ADICIONAL

BIXLER, S.; DUGAN, L. S. *5 steps to professional presence*. Avon, MA: Adams Media, 2001.

HARVARD BUSINESS SCHOOL PRESS. *Face-to-face communications for clarity and impact*. Boston: Author, 2004a.

HARVARD BUSINESS SCHOOL PRESS. *Manager's toolkit: The 13 skills managers need to succeed*. Boston: Author, 2004b.

KLAUS, P. *The hard truth about soft skills*: Workplace lessons smart people wish they'd learned sooner. Nova York: HarperCollins, 2007.

SKINNER, B. F. *Verbal behavior*. Englewood Cliffs, NJ: Prentice Hall, 1957.

Seção

Cinco

Estratégias Avançadas de Consultoria

21 Pensamento Crítico

O que resume o pensamento cético são os meios para construir e compreender um argumento fundamentado e — especialmente importante — para reconhecer uma falácia ou argumento fraudulento.

Carl Sagan

Analistas do comportamento são por natureza pensadores críticos, até céticos. Não somos pessimistas ou otimistas. Com frequência, aderimos à frase "Onde estão os dados?", o que faz com que muitas pessoas em serviços humanos pensem que somos meio estranhos. Sempre questionamos tudo e todos, até aqueles com histórias pessoais dramáticas — em especial aqueles com histórias pessoais dramáticas! Por não aceitarmos logo de cara uma narrativa tocante sobre uma nova cura miraculosa revolucionária para um problema comportamental, para alguns pode parecer que somos basicamente cínicos que não acreditam em nada que não seja ciência.

Um pouco disso é verdade. Nós *precisamos* que todos que desejam falar sobre comportamento tenham dados, e não somente isso, mas dados que precisam de medidas repetidas, confiabilidade observacional e, é claro, validação social. E não se esqueça, deve haver uma demonstração clara de controle experimental. E já mencionamos que os dados precisam mostrar efeito socialmente significativo? Não podem ser dados estatísticos preparados e aleatórios de testes quaisquer. Seguindo esse padrão, 98% das evidências sobre o comportamento humano no mundo falham. Nenhuma outra abordagem terapêutica chega perto desse rigor, e isso pode fazer colegas de outras profissões relacionadas e alguns consumidores ficarem constrangidos. Não estamos interessados em descobertas correlacionais gerais (mesmo que sejam significantes estatisticamente) que demonstrem que meninos são melhores em matemática ou de que pessoas que dormem de barriga para cima são reprimidas (ou seria deprimidas?). Nós *estamos* interessados em saber as variáveis causais que cercam o comportamento humano, e compreendemos que algumas são proximais (perto) e algumas são distais (um pouco removidas, como algo que aconteceu há 2 meses). Porque não conseguimos controlar as variáveis distais, enfatizamos as proximais e insistimos que para entender *realmente* o comportamento, devemos fazer manipulações, intervenções, tratamentos e quaisquer modificações no ambiente, sistematicamente. Acreditamos em um tratamento somente quando um número suficiente de replicações foi realizado. Mesmo assim, nós entendemos que esses resultados, talvez publicados por cientistas aplicados de reputação em nosso periódico de referência, podem não se aplicar ao cliente atual. Nesses casos, insistimos em tomar uma linha de base para cada comportamento do cliente, testando a intervenção e determinando para nós mesmos se ela funciona *nesse* cenário para *esse* indivíduo. Como se provou, somos reforçados intermitentemente pelo pensamento crítico, como costuma acontecer no caso de tratamentos que parecem bons demais para serem verdade, e não são verdade. Ademais, e acontece todos os dias, nós testamos um procedimento publicado com um cliente e descobrimos que, por algum motivo, ele não funciona. Temos emoções contraditórias em relação a isso. Ainda que desejemos que o tratamento tenha funcionado e nos sentimos desapontados que ele não funcionou, também ficamos felizes que nossa linha de base e coleta de dados subsequente avaliaram o tratamento de maneira objetiva.

PENSAMENTO CASUAL VERSUS PENSAMENTO CRÍTICO

Grande parte do pensamento que realizamos todos os dias não é um pensamento crítico e sim um *pensamento casual* ou resolvedor de problemas: "É hora de trocar o óleo. Eu passo perto de um Jiffy Lube[1] no caminho de casa todas as tardes, então acho que vou dar uma parada lá e fazer isso hoje." Outro pensamento de rotina pode envolver pedir conselho a um amigo: "Eu quero que você prove este café orgânico da Sumatran Reserve. Ele tem o mais maravilhoso sabor e é cultivado em solo que nunca foi tratado com pesticidas, então nunca te causará câncer." Leva um pouco de esforço para praticar o pensamento crítico sobre assuntos como esse, e dependendo se você compartilha seu pensamento crítico com outras pessoas, você pode não ser muito popular. As pessoas gostam de influenciar as outras e se você analisar as recomendações delas e criticar seus conselhos, há uma boa chance de que elas procurem outras companhias. Em muitos casos, o pensamento casual é perfeitamente normal. Você pode passar o dia sem nenhum dano sério para suas amizades, ainda que possa comprar um saquinho de café muito caro que tem o mesmo sabor de um café mais popular. O verdadeiro problema é quando você se permite ser levado por pensamentos sentimentais e casuais quando um tempo valioso, dinheiro e custos de oportunidade estão em jogo.

"O verdadeiro problema é quando você se permite ser levado por pensamentos sentimentais e casuais quando um tempo valioso, dinheiro e custos de oportunidade estão em jogo."

PENSAMENTO CRÍTICO EM AÇÃO

Nossa versão do pensamento crítico, evoluída diretamente de nosso método experimental de sujeito único e aperfeiçoada durante quatro décadas em cenários aplicados e laboratórios de universidades, nos deixou um legado de ceticismo sobre teorias e tratamentos não comportamentais. Todos os dias, nós nos deparamos com teorias sobre comportamento em nosso papel como profissionais, e novas teorias estão sendo anunciadas com quase a mesma frequência. Manipulações quiropráticas para melhorar o sistema

1 Centro de serviços automotivos nos Estados Unidos. [N. da T.]

nervoso, terapia de quelação para remover metais pesados do corpo, dietas sem glúten e caseína que supostamente reduzem os níveis de peptídeos e melhoram comportamentos e funções cognitivas, e novas teorias não testadas que existem em abundância. Usar o pensamento casual nesses casos pode resultar em perigo para um cliente e um rombo na conta do banco, isso sem mencionar muito tempo desperdiçado. Famílias desesperadas por um mínimo de esperança para a cura do autismo parecem relutantes em se engajar no pensamento crítico sobre a eficácia do tratamento.

Podemos analisar um tratamento muito popular, a integração sensorial [SI, na sigla em inglês], como uma maneira de demonstrar o que estaria envolvido no pensamento casual e crítico acerca de uma teoria não testada. SI, uma teoria amplamente popular, surgiu em 1972 (Ayres, 1972). A afirmação é de que a integração de estímulos do corpo e do ambiente necessita de um "equilíbrio entre os sistemas neurológicos excitatório e inibitório" (Bundy e Murray, 2002). A terapia integrativa sensorial [SIT, na sigla em inglês] inclui realizar atividades para estimular o sistema vestibular, como ser empurrado em um balanço, ou rolado em um tatame, ou andar em scooter boards[2] (Smith, Mruzek, e Mozingo, 2005, p. 331–332). Outras atividades como comprimir o cliente entre colchões de ginástica para fornecer "pressão profunda" ou escová-lo com uma escova de cabelo suave são postulados para estimular, de maneira terapêutica, os sistemas proprioceptivo ou tátil do indivíduo. Por mais inverossímil que essa terapia pareça, apoiadores da SIT, geralmente terapeutas ocupacionais, afirmam que esses tratamentos aumentam a habilidade do indivíduo focar materiais, reduz seus comportamentos mal-adaptativos e levam a melhorias no funcionamento do sistema nervoso (Smith et al., 2005, p. 332).

"Todos os dias, nós nos deparamos com teorias sobre comportamento em nosso papel como profissionais, e novas teorias estão sendo anunciadas com quase a mesma frequência."

O pensamento casual pode surgir assim: "A teoria existe há bastante tempo, existe pesquisa e os terapeutas ocupacionais recomendam. Por que não tentar?"

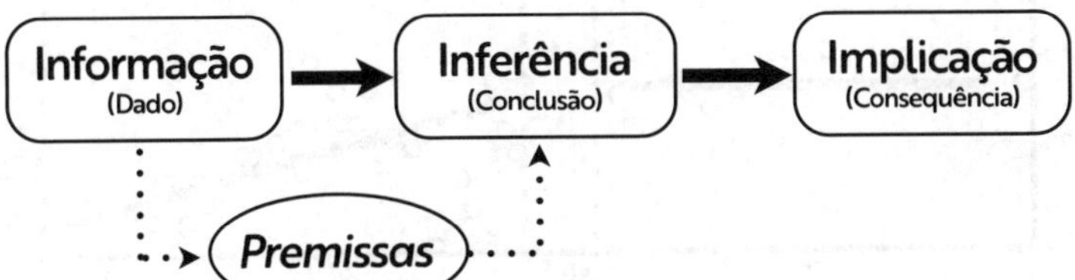

Figura 21.1 Esse fluxograma mostra passos do pensamento crítico, incluindo o papel que as premissas podem ter no processo. Idealmente, temos plena consciência de nossas premissas e podemos desconsiderá-las ao máximo possível para que as inferências que fazemos tenham base apenas nos dados que temos em mãos. Adaptado com permissão de PAUL, R. W.; ELDER, L. *Critical thinking*: Tools for taking charge of your professional and personal life. Upper Saddle River, NJ: Pearson Education, 2002 [sem publicação no Brasil].

2 Um tipo de prancha com rodas usado em terapia ocupacional. [N. da T.]

O pensamento crítico (Paul e Elder, 2002) requer que as pessoas separem as *informações* (dados) de suas *premissas* sobre a informação. Precisamos ser capazes de ver uma linha reta dos *dados* até as *inferências* (conclusões), reconhecendo nossas suposições e as reduzindo ao mínimo. Por fim, temos que entender que as inferências que fazemos têm *implicações* (consequências), neste caso as implicações para o cliente (ver Figura 21.1). Aceitar essa teoria sem investigar criticamente a pesquisa publicada e sem avaliá-la para os clientes individuais é um exemplo claro de pensamento não crítico que pode levar ao desperdício de tempo, de dinheiro e falsas esperanças.

Terapeutas que utilizam a SIT estão trabalhando sem informações que mostrem sob condições de laboratório que os procedimentos propostos são eficazes, e eles estão assumindo que a teoria está correta. Infelizmente, isso faz com que passem horas e horas engajados em escovar, balançar e pressionar seus clientes sem utilidade, o que é um desperdício, além de ser repetitivo. Os consumidores desses serviços claramente não estão se engajando no pensamento crítico, porque se estivessem, perguntariam ao terapeuta ocupacional "Isso é verdade? Você pode me dar mais detalhes sobre isso? Isso realmente faz sentido?" Não se pode esperar que os consumidores sejam conhecedores de metodologia de pesquisa ou teorias envolvendo o sistema nervoso. Eles estão à mercê desses profissionais para caracterizarem a abordagem terapêutica de maneira adequada. Há, ainda, uma certa quantidade de sofisma aqui; os apoiadores da SIT deveriam estar cientes de que sua pesquisa é fraca e inconclusiva.[3] Em uma análise detalhada dessa obra, Smith et al. (2005, p. 345) concluiu: "Estudos indicam que a SIT é ineficaz e que seus fundamentos teóricos e práticas de avaliação não são validados."

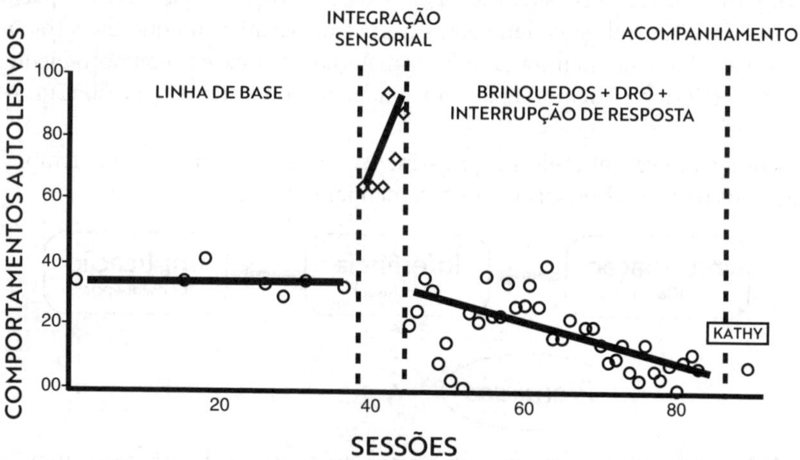

Figura 21.2 Dados de uma participante do estudo de Mason e Iwata (1990). Os dados são redesenhados para ilustrar com mais clareza os efeitos dos procedimentos de integração sensorial. As técnicas utilizadas aqui foram projetadas por terapeutas ocupacionais que as utilizam regularmente. Fonte: MASON, S. A.; IWATA, B. A. Artifactual effects of sensory-integrative therapy on self-injurious behavior. *Journal of Applied Behavior Analysis*, v. 23, 1990, 361–370.

3 *Sofisma* é um argumento ilusório utilizado para enganar alguém. [N. do A.]

Um estudo comportamental realizado com integração sensorial (SI) como variável independente (Mason e Iwata, 1990) foi conduzido com o propósito específico de testar a teoria da SI. Os resultados mostram que nenhum dos três participantes melhorou com tal terapia. Os dados de uma participante são mostrados na Figura 21.2 para propósitos ilustrativos.[4] Kathy mostrou claramente um efeito paradoxal, ou seja, ela apresentou aumento em seus comportamentos autolesivos quando os procedimentos de SI eram implementados, o que não era um resultado esperado e, sim, um que indica que tais métodos não testados, mas que parecem ótimos, podem de fato causar danos.

COMUNICAÇÃO FACILITADA: A GAROTA-PROPAGANDA DO PENSAMENTO CRÍTICO FALHO

Talvez o maior desastre vinculado a uma falha de pensamento crítico envolveu a comunicação facilitada [FC, na sigla em inglês], um tratamento da moda, se é que existiu. A FC teve início na Austrália como um tratamento para indivíduos com paralisia cerebral, e em seguida migrou para os Estados Unidos no início de 1990 como um método de comunicação assistida para pessoas com autismo (Jacobson, Foxx e Mulick, 2005). A premissa é que indivíduos com autismo têm "alfabetização não revelada" e que um facilitador pode ajudá-los a revelar seus talentos literários latentes, auxiliando-os a digitar em um teclado para se expressarem. Não precisaria de muito pensamento crítico para derrubar essa observação (e essa hipótese), então é surpreendente que a FC tenha pegado e se espalhado como fogo no final de 1990. Os consumidores (membros da família, administradores da escola) estavam tão desesperados e crédulos que foram contratados facilitadores às custas do sistema escolar para se sentar ao lado de indivíduos com deficiências mentais severas e ajudá-los a escrever poesia, expressar preferências de estilos de vida e, em vários casos, alegar crimes contra parentes. Até mesmo o sistema judicial falhou em suas habilidades de pensamento crítico para enxergar o óbvio: eram os facilitadores que estavam escrevendo as histórias e resolvendo os problemas de matemática. Uma prova é que os indivíduos que estavam sendo facilitados não pareciam estar minimamente interessados nas tarefas e, com frequência, eram observados olhando para a direção oposta ao teclado (Foxx, 1994). Em vez de fazer perguntas importantes sobre os procedimentos, os defensores da FC se concentravam nos direitos dos indivíduos com deficiências e *supunham* que eles eram capazes de autodefesa, distorcendo, assim, por completo as informações na frente deles. As consequências (ver Figura 21.1) foram devastadoras para famílias que foram destruídas por alegações falaciosas. Vidas foram arruinadas quando pessoas inocentes passaram meses na cadeia até que uma audiência e depoimento de especialistas fossem fornecidos (Maurice, Green, e Luce, 1996).

O PENSAMENTO CRÍTICO ENTRA EM AÇÃO

Para você, como analista do comportamento, as ferramentas de pensamento crítico são essenciais todas as vezes em que entra em ação. Professores, pais e admi-

> **"Para você, como analista do comportamento, as ferramentas de pensamento crítico são essenciais todas as vezes em que entra em ação."**

4 Os dados foram redesenhados para isolar os efeitos em uma cliente, Kathy. Na figura original, o gráfico dela é a do meio entre os três, em um design de múltipla linha de base. [N. do A.]

nistradores descreverão alguma situação horrenda que necessita de sua atenção imediata e o confrontarão, ao menos semanalmente: "Largue tudo e cuide disso!" Geralmente, é uma história contada por um terceiro sobre um indivíduo que está precisando muito de "modificação comportamental". Seu trabalho é manter a calma, revisar a evidência, determinar quais hipóteses foram feitas e por quem, e fazer o melhor que puder para chegar a uma conclusão fundamentada. As pessoas da linha de frente têm sido reforçadas por exagerar suas declarações e embelezar suas histórias. Qualquer coisa a menos receberá um encolher de ombros e um sorriso, e nada mais. Muitas pessoas não possuem dados para fornecer para que você possa quantificar o problema, e o modus operandi são narrativas coloridas cheias de detalhes dramáticos criados para estimulá-lo a agir. Você deve ser especialmente cuidadoso para não acreditar na primeira história que ouvir, e guardar seu julgamento até que tenha ouvido todas as partes. Então, no modo pensamento crítico total, tente resolver o que aconteceu e chegue a uma conclusão. Se você quer se manter fiel à sua tradição na análise do comportamento, precisará estabelecer algum tipo de linha de base antes de tirar quaisquer conclusões. Criar essa linha de base é fundamental para o pensamento crítico em análise do comportamento aplicada e, sem dúvida, causará consternação entre aqueles que querem ação imediata.

O segundo desafio para seu pensamento crítico virá quando você for elaborar uma intervenção com base em sua análise funcional e aplicar um tratamento. Por ser seu plano terapêutico, você estará inclinado a gostar dele e acreditar que funcionará. Você terá que usar pensamento crítico aqui e avaliar seu plano de forma objetiva, deixando de lado sua premissa de que "É claro que funcionará, fui eu quem o criou. Por que não funcionaria?". A correção para evitar ir com calma com você mesmo é submeter seu programa e dados para um comitê de revisão por pares e receber feedback com regularidade.

O pensamento crítico entra em jogo toda vez que você abre um periódico para pesquisar as melhores práticas atuais em análise do comportamento. Ainda que usualmente pensemos em "publicado em um periódico revisado por pares" como padrão para prática com base em evidências, o tempo tem mostrado que um número significativo desses estudos não alcança as expectativas de jeito nenhum. Aplicar o pensamento crítico nesses estudos revela que muitos simplesmente não atendem aos nossos padrões. As linhas de base são muito curtas ou muito variáveis, a variável dependente não é bem definida, a precisão está abaixo de 80%, as condições não são replicadas, a dimensão do efeito é muito pequena para ser socialmente significante etc. Pesquisas conduzidas no Behavior Analysis Research Lab do primeiro autor deste livro (Normand e Bailey, 2006) mostraram que os participantes, todos analistas certificados pelo Board Certified Behavior Analysts®, tomaram decisões precisas sobre apenas 72% dos gráficos que revisaram. Mesmo a adição de linhas de aceleração não melhorou a precisão geral. Se os BCBAs (que, presumivelmente, foram bem treinados em nível de mestrado) são incapazes de analisar de maneira adequada estudos publicados e determinar quais são indicados como base para construir um plano de tratamento eficaz, é evidente que temos um problema de pensamento crítico em nossa profissão.

> **"O pensamento crítico entra em jogo toda vez que você abre um periódico para pesquisar as melhores práticas atuais em análise do comportamento."**

RESUMO

Por fim, devemos salientar que as oportunidades para exercer o pensamento crítico surgem todos os dias durante a prática profissional. Colegas de outras profissões defenderão o uso de suas intervenções favoritas, pais desejarão que você aprove o uso de um tratamento estranho que encontraram na internet e está na moda, e gestores o pressionarão para aprovar menos horas de tratamento que a literatura de qualidade demonstrou ser eficaz. Em todos esses casos, você precisará combinar suas habilidades de pensamento crítico com muitas outras das 25 habilidades abordadas neste livro: assertividade, ética na vida diária, persuasão, *lobby*, lidar com pessoas difíceis e resolução de problemas.

PARA LEITURA ADICIONAL

O pensamento crítico é uma habilidade que pode ser aprendida e existem muitos livros bons disponíveis para aqueles que desejam se aperfeiçoar ou se atualizar.

AYRES, A. J. *Sensory integration and learning disorders*. Los Angeles: Western Psychological Services, 1972.

BUNDY, A. C.; MURRAY, E. A. *Assessing sensory integrative dysfunction*. Em: BUNDY A. C.; LANE, S. J.; MURRAY A. (ed.). *Sensory integration*: Theory and practice, 2. ed., p. 3–34. Filadélfia: Davis, 2002.

FOXX, R. M. Facilitated communication in Pennsylvania: Scientifically invalid but politically correct. *Dimensions*, 1–9, outono de 1994.

JACOBSON, J. W.; FOXX, R. M.; MULICK, J. A. (ed.). *Controversial therapies for developmental disabilities*. Mahwah, NJ: Lawrence Erlbaum Associates, 2005.

MASON, S. A., & IWATA, B. A. Artifactual effects of sensory-integrative therapy on self-injurious behavior. *Journal of Applied Behavior Analysis*, v. 23, 361–370, 1990.

NORMAND, M. T.; BAILEY, J. S. The effects of celeration lines on accurate data analysis. *Behavior Modification*, v. 30, 295–314, 2006.

PAUL, R. W.; ELDER, L. *Critical thinking*: Tools for taking charge of your professional and personal life. Upper Saddle River, NJ: Pearson Education, 2002.

SMITH, T.; MRUZEK, D. W.; MOZINGO, D. Sensory integrative therapy. En: JACOBSON, J. W.; FOXX, R. M. ; MULICK, J. A. (ed.). *Controversial therapies for developmental disabilities*. Mahwah, NJ: Lawrence Erlbaum Associates, 2005.

ZECHMEISTER, E. B.; JOHNSON, J. E. *Critical thinking*: A functional approach. Pacific Grove, CA: Brooks/Cole, 1992.

22

Resolução Criativa de Problemas e Correção de Falhas

A vida é "tentar coisas e ver se elas funcionam".

Ray Bradbury

Quando estamos praticando nossa técnica de consultores comportamentais profissionais, dois repertórios são visíveis para os clientes: resolução de problemas e correção de falhas. Nossos clientes não teriam necessidade de nos contratar se pudessem lidar com seus problemas por conta própria, e eles, sem dúvida, já tentaram todas as soluções óbvias com base em *suas* próprias compreensões do comportamento humano.

O que muitos clientes precisam é de uma solução criativa, e eles esperam que nós sejamos especialistas em desenvolvê-la. Identificar o problema, encontrar um meio de avaliar o comportamento e criar um programa comportamental são todos os passos iniciais envolvidos na resolução criativa de problemas (Fase 1) relacionada a questões comportamentais. Assim que tivermos projetado um plano ético e viável e o tenhamos implementado, podemos ir para a próxima fase.

A Fase 2 é corrigir as falhas do plano. Grande parte do treinamento que oferecemos aos nossos alunos de pós-graduação em análise do comportamento é direcionado à Fase 1. Em cenários de sala de aula e de ensino prático, os alunos aprendem a detectar comportamentos problemáticos, mensurá-los com precisão, encontrar a causa deles por meio de observação e análise funcional, e traçar e implementar programas comportamentais. Ainda que pessoas de fora possam considerar que essa seja uma nova abordagem, para nós é rotina. Em muitos casos, podemos encontrar a função do comportamento e identificar reforçadores; a parte difícil é descobrir como alterar as contingências de modo que modifiquem o comportamento sem causar dano e em um cronograma que seja adequado para nosso consumidor e cliente.

"O que eu faria se tivesse recursos ilimitados?"

FASE 1: RESOLUÇÃO CRIATIVA DE PROBLEMAS

Caso sua prática de consultoria for especializada em problemas comportamentais, há uma grande chance de que você veja problemas de comportamento similares no dia a dia. Você estará apto a desenvolver seus próprios padrões de resolução de problemas. Para comportamento autolesivo [SIB, na sigla em inglês], você deve procurar contingências de autoestimulação; para comportamentos interferentes em sala de aula, você provavelmente procurará por reforçamentos acidentais da professora, atenção dos colegas e fuga de tarefas acadêmicas. Vez ou outra, não haverá nenhuma solução aparente e seu modus operandi padrão o fará falhar. E agora? Felizmente, nós podemos olhar para outras abordagens de fora da análise do comportamento que podem ajudar. Em *Why Not?*, Nalebuff e Ayres (2003) ofereceram várias estratégias de um economista e de um advogado que ajudaram pessoas da área empresarial a desenvolver soluções criativas durante anos. Talvez nosso campo poderia se beneficiar ao pensar de maneira diferente sobre alguns de nossos problemas comportamentais.

Recursos Ilimitados

Uma estratégia para utilizar quando for incapaz de pensar em uma solução é dar um passo para trás e se perguntar "O que eu faria se tivesse recursos ilimitados?" Quando parece que não conseguimos encontrar a função de um comportamento, pode ser útil ficarmos sonhando acordados por um momento sobre termos recursos ilimitados para realizar uma avaliação funcional experimental completa. Se tivéssemos um laboratório bem equipado, repleto de assistentes e um sistema computadorizado de coleta de dados, certamente poderíamos testar variáveis suficientes para chegar à raiz do problema. Em um cenário como esse, você poderia manipular cada variável, embaralhar a ordem, replicar condições e chegar em uma resposta definitiva. Mas na ausência do bom e velho dinheiro, o que você pode fazer? Uma solução é levar seu cliente para um lugar que possui essas instalações. Se o comportamento apresentado for de risco à vida, como no caso de autolesão, às vezes outras fontes de financiamento podem ser encontradas. Ou você poderia trazer alguém de um laboratório como descrito acima para seu cenário e pedir uma consultoria para ajudá-lo a criar alguma aproximação a condições bem controladas. Você também poderia considerar o trabalho de Wilder *et al.* (2006) sobre análise funcional breve e criar condições controladas de durações muito curtas. Certa vez, o primeiro autor deste livro trabalhou com Manny, um jovem rapaz com dano cerebral que tinha crises agressivas e imprevisíveis. Por ser extremamente perigoso, não podia morar em uma casa e foi colocado em uma unidade especial trancada em um hospital para doentes mentais. Ele tinha dois funcionários para cuidarem dele por vez, divididos em dois turnos durante o dia, e um à noite. Esse cliente machucava pessoas com frequência, incluindo sua mãe e seu pai, que iam visitá-lo quase todos os dias. Nossa análise de antecedentes desses comportamentos violentos mostrou que quase qualquer coisa poderia desencadeá-los. Ele poderia entender um comentário ou um olhar errado ou ver alguma coisa que queria e tentar pegar da pessoa sem nenhum aviso. Havia alta taxa de rotatividade de funcionários, e ele era vigiado tal como Hannibal Lecter toda vez que era retirado da unidade. Manny amava beisebol, e uma vez nós combinamos com ele ir a um jogo do Atlanta Braves se conseguisse ficar uma semana sem cometer agressões. Após algumas semanas, ele cumpriu a contingência e, no grande dia, foi levado até o estádio sem nenhum incidente. Ele parecia satisfeito consigo e estava orgulhoso por ter vencido grandes adversidades. Nós tínhamos ótimos lugares e três funcionários para proteger quem estivesse por perto. Manny ficou sentado durante uma parte do jogo, sorrindo e batendo palmas junto com a multidão. Ele pediu um cachorro-quente e uma bebida e, de repente, levantou-se em um pulo e tentou ir embora. Com espectadores assistindo Manny e ignorando o jogo, tivemos que contê-lo na arquibancada e levá-lo até a van. Nós não conseguimos adivinhar o que deu errado. Por que alguém que tinha a habilidade cognitiva de compreender regras se engajaria em um comportamento que claramente acabaria com um reforçador poderoso? Na reunião após o evento, começamos a conversar sobre o jogo. Todos estavam impressionados com o tamanho dos jogadores, como eram musculosos, velozes e poderosos. E se Manny estivesse em um mundo diferente (em vez de estar trancado em uma cela hospitalar), onde ele não poderia ameaçar pessoas ou atacá-las, onde todos eram maiores e mais fortes do que ele? Aquele dia nós sonhamos por alguns minutos e visualizamos ambientes onde Manny não poderia causar nenhum dano. Talvez ele pudesse ser um *batboy*[1] para um time de beisebol profissional. Ou, talvez, um gandula para um time de futebol americano ou de futebol. Quais outros ambientes existem onde todos são grandes, fortes e não tolerarão comportamentos inadequados? Talvez ele pudesse trabalhar em uma fazenda. Nós analisamos algumas dessas possibilidades. Arrumar um ambiente onde Manny pudesse morar certamente seria caro, mas se você pensasse em quanto estava sendo pago em salários e para a direção do hospital, mais acomodação, mais despesas gerais, esse sistema poderia, na verdade, economizar dinheiro. O mais perto que chegamos de colocar nosso plano em ação foi contratar pessoas que foram jogadores de futebol americano na época da faculdade para a supervisão de cuidados diretos de Manny. Na presença dos membros da equipe que eram grandes e fortes o suficiente para controlar Manny, ele era capaz de ter contato com outras pessoas.

Infelizmente, Manny morreu antes que um ambiente no qual ele pudesse estar protegido de si mesmo fosse encontrado. Combinar uma pessoa com o ambiente correto, independentemente do custo, vem sendo exercício contínuo que o primeiro autor deste livro tem recomendado para as outras pessoas ao longo dos anos.

Onde Mais Isso Funcionaria?

Outro exercício que Nalebuff e Ayres recomendam é pegar uma solução que você tomou para um problema e ver em que mais poderia aplicá-la. Essa é a clássica "solução em busca de um problema".

> *Tom Coleman e Bill Schlotter, dois carteiros, estavam inspirados na noite de Halloween de 1987. Eles viram uma criança que pedia doces carregando um desses bastões brilhantes, verde fluorescente, de cyalume. Para o que mais esses bastões de luz poderiam ser usados? Já pensou em doces brilhantes? Se você colocar um pirulito em cima desses bastões, a luz brilharia através do doce, criando um estranho e divertido efeito. Coleman e Schlotter venderam seu Glow Pop*[2] *para a Cap Candy. Sua inovação seguinte foi um sucesso ainda maior.*
>
> **Nalebuff e Ayres, 2003, p. 31–32**

---

1 Jovem que auxilia os times de beisebol, carregando tacos e equipamentos. [N. da T.]

2 Marca de pirulitos que brilham no escuro. [N. da T.]

Quando realizamos consultoria em um centro de desenvolvimento há alguns anos, trabalhamos com um cliente que tinha deficiências profundas (cego, sem deambulação, sem comportamento verbal, não conseguia se alimentar) que exibia SIB severo e periódico. Nós passamos várias semanas tentando adivinhar as variáveis causais. Encontrando um beco sem saída após outro, demos o caso para os enfermeiros. "Deve ser biológico. Não conseguimos encontrar nenhum evento ambiental relacionado ao SIB dele", afirmamos ao fim de uma longa reunião de gestão de caso. O caso foi devolvido à equipe de análise do comportamento uma semana depois. Na reunião, um novo médico da unidade estava presente e sugeriu: "Bem, acho que podemos fazer uma ressonância magnética na cabeça dele." Pareceu uma boa ideia, e o exame foi agendado para dali algumas semanas. A boa notícia é que encontraram uma causa provável para o comportamento de bater a cabeça: um cisto de crescimento lento, do tamanho de uma bola de golfe, na cavidade sinusal do paciente. Os médicos que leram a ressonância disseram que parecia que o cisto estava se desenvolvendo lentamente há algum tempo. A outra boa notícia era que o cisto poderia ser removido com segurança em uma cirurgia de rotina. O efeito imediato do procedimento, que ocorreu cerca de um mês depois, foi de que o comportamento de bater a cabeça parou completamente. Foi tão dramático que começamos a revisar todos nossos outros casos que pareciam intratáveis para determinar se haveria algum comprometimento médico que nós (ou os enfermeiros) tivéssemos ignorado. Começamos a trabalhar mais de perto com a equipe médica e os pressionamos ainda mais para que fizessem encaminhamentos para especialistas. Um paciente que arranhava os braços tinha alergias não diagnosticadas, um que mexia no reto tinha hemorroidas e outro batedor de cabeça tinha alguma coisa entalada no fundo do canal auditivo. Esses casos ensinam uma importante lição: sempre, sempre considere possíveis fatores biológicos para o comportamento.

Reversão

Uma última estratégia sugerida por Nalebuff e Ayres (2003) que parece ser útil para analistas do comportamento que estão procurando uma solução criativa é um exercício chamado "reversão". Nesse exercício, você basicamente examina o que aconteceria se um produto ou serviço padrão fosse revertido ou revirado. Os consumidores perceberam isso nos anos recentes quando designers criativos da Heinz finalmente encontraram uma maneira de nos ajudar a tirar o ketchup de dentro da garrafa. Eles redesenharam a garrafa para que ela ficasse na mesa de cabeça para baixo! Em análise do comportamento, consideramos a contingência envolvendo reforçamento contingente como sendo central para a maneira em que a modificação comportamental é projetada. E se nós virássemos isso de cabeça para baixo de modo que os reforçadores sejam não contingentes? Aliás, isso foi demonstrado em parte na literatura de pesquisa, mas não parece ter feito nenhum progresso em aplicações clínicas e educacionais. Se um indivíduo for trabalhar muito duro e passar por muito sofrimento para ganhar um reforçador, por que simplesmente não o damos para ele e vemos o que acontece? Nós temos um conceito para explicar como isso funciona: a Operação Estabelecedora (EO) ou, mais recentemente, a Operação Motivadora (MO) [siglas em inglês]. Ao reduzir o poder da EO/MO, reduzimos muito a força do comportamento, talvez até onde podemos recomeçar a utilizar o reforçador contingentemente para modelar um comportamento adequado.

E quanto a outros procedimentos operacionais padrão para modificação comportamental, como em uma sala de aula, em que tentamos treinar uma professora para dar reforçadores contingentes a um comportamento interferente de um aluno? E se nós incitarmos a criança a reforçar a professora? E quanto a uma criança sem limites que é enviada à sala da direção? Em vez disso, e se a criança se reportasse à direção todas as manhãs e fizesse suas tarefas lá, e caso as completasse, poderia visitar sua sala de aula por um breve tempo? Em uma tarefa de consultoria, havia um jovem chamado Marc, que não vestia suas calças por nada no mundo. Como parte do programa, ele perdeu privilégios por andar por aí sem as calças ou com elas abaixadas. O resultado foi que ele nunca saía. Um dia, um novo motorista de ônibus que não sabia dessa regra, levou Marc ao shopping junto com seis outros clientes com deficiência mental moderada. Quando o motorista e os clientes voltaram, um funcionário correu até o motorista e gritou "O que aconteceu?" O motorista respondeu: "Nada. Por quê?" Quando ficou sabendo do programa de Marc, o motorista pareceu atordoado e disse: "Marc não deu um pingo de trabalho. Quando chegamos ao shopping, ele puxou as calças para cima e assim ficou. Eu nem o ajudei."

FASE 2: CORREÇÃO DE FALHAS

A diversão começa de verdade quando seu plano é finalmente aprovado. Agora é hora de começar a treinar todas as pessoas envolvidas para exercerem seus novos papéis como *assistentes técnicos juniores em mudança comportamental*. Por trabalharmos com o modelo no qual as intervenções comportamentais são melhor realizadas no ambiente natural por aqueles que vivem ali e trabalham com os clientes, é lá onde devemos olhar quando o programa fracassar. Esses indivíduos naturais daquele local conhecem seu cliente bem e, com frequência, são capazes de colher a informação necessária para redesenhar os elementos-chave. Nossos ajudantes são indispensáveis, inestimáveis e essenciais para o esforço da modificação do comportamento. Eles também podem ser não confiáveis, inconsistentes e sensíveis a contratempos menores que são tão inevitáveis quanto a seca no Saara. Nós subestimamos muito quanto treinamento e suporte nossos assistentes juniores precisam, e a primeira forma de correção de falhas envolve observá-los. Em uma escola, nós, em uma reunião com a direção, trabalhamos com a Srta. Carlton, uma professora do terceiro ano que estava lecionando há um ano e não tinha controle de sua sala de aula. Observações nos mostraram que ela não tinha noção do que estava acontecendo em volta dela, que dava atenção a comportamentos inadequados consistentemente e que não tinha nenhum efeito positivo em sua voz. Após algum tempo de consultoria, ela decidiu tentar um sistema de reforço, mesmo que estivesse relutante. A Srta. Carlton recebeu instruções para o uso de reforçadores. Ela aparentou compreender o conceito, não tinha perguntas e pareceu pronta para começar. Tudo estava indo bem. A direção financiou os reforçadores e a Srta. Carlton começaria o novo programa na segunda-feira seguinte. Fomos conferir com ela na sexta-feira subsequente para ver se tudo estava indo bem. Havia barulho vindo do corredor e as coisas na sala de aula da Srta. Carlton haviam piorado. O analista do comportamento sentou-se no canto da sala de aula e esperou a aula terminar. A Srta. Carlton começou a falar com uma voz uniforme e firme:

> *Eu decidi usar balas em vez de fichas. Fazia mais sentido para mim do que fazer com que eles ganhassem fichas e depois fazê-los trocar por doces. Além disso, meu marido disse que as fichas eram muito confusas. Mas, depois do primeiro dia, eu não dei nenhum doce, e os*

alunos começaram a reclamar porque eu disse que o faria. Então, no dia seguinte, decidi colocar o pote de doces em cima da minha mesa. E disse a eles "Quando completarem suas tarefas, devem se levantar em silêncio e pegar um doce." Bem, todos os doces haviam acabado lá pelas 11h, e no dia seguinte, lá pelas 10h; então, eu só disse que essa coisa de reforço não estava funcionando e parei. Eu tentei, mas realmente é muita coisa quando você já está ocupada lecionando.

O Que Pode Dar Errado?

Conforme descrito anteriormente, muitos planos comportamentais têm muitas partes variáveis e muitas coisas podem dar errado. As pessoas podem se esquecer de fornecer *comandos*, podem ser inconsistentes na entrega de reforçadores, ou podem parear reforçadores com um olhar desagradável ou um comentário sarcástico. Às vezes, seu principal assistente, o auxiliar de um professor, por exemplo, simplesmente não comparece e você não tem um substituto.

"Conforme descrito anteriormente, muitos planos comportamentais têm muitas partes variáveis e muitas coisas podem dar errado."

Em uma sala de aula, criamos uma grande economia de fichas como piloto e estávamos preparados para expandir o modelo para todo o sexto ano quando descobrimos que um estudante empreendedor havia feito fichas falsificadas e as estava vendendo em um mercado negro na cantina. Em outro caso, uma mãe que foi treinada cuidadosamente para utilizar encadeamento de trás para frente com a filha, começando com amarração dos sapatos, desistiu após alguns dias e decidiu que sua filha com deficiência leve poderia usar sandálias para ir à escola. Um professor de educação física que foi ensinado a dar um intervalo para administrar comportamentos interferentes em sua classe foi visto perto de em um banco cheio de jovens do ensino médio, repreendendo-os por não seguirem instruções de "ficarem sentados em silêncio", enquanto o resto da classe estava fora de controle no campo de futebol. Basicamente, a Lei de Murphy se aplica a *todas* as intervenções comportamentais: "Se alguma coisa pode dar errado, ela dará." A análise do comportamento é uma segunda natureza para nós, mas é uma língua estrangeira para quase todas as outras pessoas.

Correção de Falhas Dica 1

Treine seus assistentes de acordo com critérios. Não deduza que, só porque você demonstrou como quer que algo seja feito, e tenha perguntado "Alguma pergunta?", seu trabalho acabou. Mesmo que nenhuma mão se levante quando você perguntar se existem dúvidas, pode apostar que alguém ficou confuso. O treinamento deve seguir esta ordem: descreva o que você quer e a justificativa para tal, demonstre, faça com que os ajudantes pratiquem, forneça feedback, pratique mais, forneça mais feedback, e repita até que os ajudantes estejam acostumados com sua nova rotina.

Correção de Falhas Dica 2

No dia de início do seu tratamento *esteja lá*. Se você deixar que sua nova intervenção comece sem sua presença, terá que confiar em relatos de outras pessoas, o que é, com certeza, bastante inadequado.

Correção de Falhas Dica 3

Sempre faça entrevistas antes do primeiro dia, e do segundo, e do terceiro. Observe seus ajudantes de perto conforme eles descrevem como pensam que foi o dia. Você estará lendo suas linguagens corporais para ver se eles se sentiram confortáveis em seus papéis ou talvez tenham ficado pouco à vontade com as tarefas que lhes atribuiu.

Correção de Falhas Dica 4

Seu plano comportamental também deve ser avaliado pelos dados que estão vindo a cada dia. Faça gráficos dos dados todos os dias e seja crítico com seu próprio trabalho.

Correção de Falhas Dica 5

Sempre tenha um Plano B.

RESUMO

A resolução criativa de problemas e correção de falhas são habilidades essenciais para o analista do comportamento bem-sucedido. Essas são capacidades que requerem atenção aos detalhes, persistência em procurar maneiras alternativas de modificar os comportamentos e diligência em dar continuidade com qualquer plano comportamental. Muitos planos não serão tão perfeitos como se espera quando são criados. Sua habilidade de permanecer calmo, reconsiderar suas hipóteses básicas sobre o caso e retornar com um plano aperfeiçoado são as proficiências base que você usará a cada semana em que exercer sua prática de consultor comportamental.

PARA LEITURA ADICIONAL

DE BONO, E. *Creativity workout*: 62 exercises to unlock your most creative ideas. Berkeley, CA: Ulysses Press, 2008.

MICHALKO, M. *Cracking creativity*: The secrets of creative genius. Berkeley, CA: Ten Speed Press, 2001.

NALEBUFF, B.; AYRES, I. *Why not?* How to use everyday ingenuity to solve problems big and small. Boston: Harvard Business School Press, 2003.

SILBER, L. *Career management for the creative person*. Nova York: Three Rivers Press, 1999.

23
Entendendo e Usando o Poder

Nós aprendemos que poder é uma força positiva se utilizada para propósitos positivos.

Elizabeth Dole

O *poder* certamente tem uma conotação negativa em nossa cultura. Ele sugere pessoas manipuladoras fazendo coisas desagradáveis e de maneiras inconcebíveis contra inocentes indefesos. Nossa história, em especial nossa história recente, sem dúvida nos lembra disso de forma dramática. O personagem Gordon Gekko (do filme *Wall Street – Poder e Cobiça*, de Oliver Stone, 1987), o finado Saddam Hussein e o ainda influente, mesmo que recluso, ditador Kim Jong-il se encontram no topo de nossa lista de pessoas corruptas, desdenhosas e poderosas.

Porém, nos negócios, o termo *poder* é definido mais objetivamente como "o potencial de alocar recursos, e tomar e executar decisões" (Harvard Business School Press, 2005, p. xi). Para analistas do comportamento trabalhando em organizações, agências ou empresas de consultoria, aprender sobre poder é essencial se desejam ser eficazes e ter influência em seu campo. Você pode não desejar uma posição de poder, mas, se você ao menos não compreender o poder no local de trabalho, pode ficar em situação significativamente desvantajosa. Normalmente, a progressão na carreira de uma pessoa envolve promoção, ter mais responsabilidades e maior influência na maneira como os recursos são distribuídos. Aumentos de salário, mais reconhecimento e certas armadilhas profissionais acompanham esses avanços profissionais e, por isso, existem incentivos embutidos para analistas do comportamento adquirirem as habilidades e atitudes associadas a uma extensão de maior controle e influência.

"Normalmente, a progressão na carreira de uma pessoa envolve promoção, ter mais responsabilidades e maior influência na maneira como os recursos são distribuídos."

PODER EM PEQUENA ESCALA

Bastante do que é escrito na literatura empresarial sobre poder tem a ver com a maneira como as corporações muito grandes operam. Vários departamentos competindo por recursos ou competindo um com o outro pela atenção do Conselho de Administração ou

CEO são lutas de poder comuns no nível corporativo. Com muito dinheiro em jogo, as contingências podem trazer à tona o pior das pessoas.

Em seu estágio atual de desenvolvimento, as empresas de consultoria comportamental ou agências que fornecem serviços comportamentais em escolas ou cenários residenciais raramente têm mais do que cem funcionários. Muitas são pequenas empresas ou organizações não governamentais com cinquenta pessoas ou menos. Mesmo assim, existe uma estrutura de poder nessas organizações menores. Se você for o novo contratado em uma empresa de consultoria pequena, aconselhamos muito que permaneça alerta e preste atenção às regras informais do jogo, como são as decisões tomadas e quem dá as ordens. Alguém na organização tem que determinar o quanto as pessoas ganham de salário. As chances são de que essa pessoa ou departamento também desenvolva ou mantenha os recursos necessários para a empresa operar. Uma outra pessoa tem que resolver desentendimentos entre funcionários, servir como representante da organização ou da comunidade, ou motivar os funcionários a apoiar uma nova meta da companhia. Cada papel cria uma oportunidade para que um indivíduo ganhe poder.

FONTES DE PODER

Nome do Cargo

Quando você entra pela primeira vez em uma organização, geralmente começará por baixo e terá um cargo de terapeuta I ou consultor, e um supervisor com um título como gerente, diretor ou administrador. As pessoas que estão em posições de supervisão detêm certa quantidade de poder, pois podem estabelecer sua agenda de trabalho, indicar seus clientes ou determinar o que você pode ou não fazer. Nem todas as pessoas nessa posição são eficazes, e muitas não passam nenhum semblante de autoridade, justamente pela maneira com que lidam com os outros. É aqui que ser um bom observador e compreender como aplicar suas habilidades analíticas de comportamento (Capítulo 13, "A Função de Pensar") entra em jogo. Gestores mesquinhos e autoritários em suas tomadas de decisão desgastam o próprio poder para engajar e influenciar pessoas no trabalho. Por outro lado, aqueles que, nessa posição, o utilizam como uma oportunidade de modelar comportamentos e "obter o melhor das pessoas" (Daniels, 2000) podem causar uma ótima impressão nos responsáveis pela empresa. O cargo por si só não confere muito poder; ele só cria uma oportunidade para que o analista do comportamento utilize suas habilidades de modelagem (Capítulo 14, "Utilizando Eficazmente a Modelagem") para causar uma impressão positiva na gerência. Quando você tiver avançado para uma posição de supervisão básica, seu cargo começará a conferir mais autoridade. Ser um diretor, diretor de departamento ou consultor sênior dá ao analista do comportamento uma oportunidade de se envolver em decisões estratégicas que influenciam as políticas, de detectar oportunidades para fazer a empresa crescer e de ter um papel importante na seleção e treinamento de funcionários. Essa subida na escada organizacional ou corporativa concede poder considerável para que um indivíduo tenha a possibilidade de contratar e demitir pessoas e direcionar recursos da companhia para determinados projetos de sua preferência. Pode levar cinco anos para se chegar a esse nível de liderança em uma organização, e aqueles que exercem o poder como instrumento de submissão costumam ser eliminados. O alto escalão não gosta de gestores que utilizam seu poder para avançar com crueldade ou abusar daqueles que estão abaixo deles. Analistas do comportamento em especial deveriam trabalhar bem em posições de autoridade porque eles entendem que, quanto mais alto se moverem na escada organizacional, mais reforçadores poderosos terão que distribuir (Capítulo 16, "Gestão de Desempenho").

Poder Relacional

Conforme descrito em *Power, Influence, and Persuasion* (Harvard Business School Press, 2005) [sem publicação no Brasil], uma segunda forma de influência eficaz deriva diretamente de sua parceria com outros indivíduos em sua organização. Ao formar alianças com pessoas com pensamentos parecidos, você consegue ter mais influência do que teria sozinho. Isso começa com um networking eficaz para aprender quem são seus colegas e como eles se sentem sobre determinados assuntos. Ao se juntar a eles em projetos de interesse comum, você pode começar a criar laços e, quando precisar do suporte deles, pode pedir e contar com eles. Analistas do comportamento que são sensíveis às necessidades das outras pessoas e fornecem o que seus colegas necessitam para alcançar seus objetivos costumam ser bem-vindos como colegas. Reciprocidade é a moeda implícita que impulsiona a eficácia em muitas organizações. Procure essas oportunidades e você se moverá rapidamente pela trilha da gestão.

> **"Reciprocidade é a moeda implícita que impulsiona a efetividade em muitas organizações."**

Poder Pessoal

Uma última fonte de influência em muitas organizações é puramente relacionada às características pessoais que fazem de você um parceiro desejável sob todas as circunstâncias: confiança, especialização, carisma, conquistas, entusiasmo e autoconfiança (Harvard Business School Press, 2005). Na falta dessas qualidades, você pode encontrar dificuldades para chegar em uma posição de liderança e influência, porém, saber antecipadamente de sua importância dá tempo para você trabalhar em tarefas de autoaprimoramento, se necessário. Esse autoaprimoramento pode necessitar de uma séria autocrítica. Muitas pessoas recuarão diante dessa tarefa, acreditando que sua personalidade está definida e que deveriam ser aceitas do jeito que são. Analistas do comportamento não deveriam permitir que nada seja uma barreira para o autoaprimoramento. Nós sabemos como identificar habilidades-chave e como monitorar e acompanhar o sucesso. Podemos fazer isso com clientes e podemos fazer isso para aprimorar nossa própria performance.

Poder Brando

O uso patente de poder para forçar pessoas a cumprir o que lhes é solicitado é incompatível com a maneira com a qual os analistas do comportamento devem se relacionar com as pessoas. Se estivermos ativando plenamente nossa tecnologia de modificação do comportamento em nossas rotinas, devemos ser sutis em

> **"Se você se estabelecer como um reforçador poderoso com seus subordinados e se deixar claro o que deseja que eles façam, certifique-se de que são capazes de fazê-lo e forneça reforço intermitente; você nunca mais terá que levantar sua voz, fazer ameaças ou persuadi-los."**

nossas tentativas de influenciar as outras pessoas para que elas desejem responder a pedidos plausíveis. Se você estiver em uma posição de poder ou for uma pessoa reforçadora que é apreciada, os outros podem se sentir interessados em atender seus pedidos para impressionar ou deixá-lo feliz. Tudo isso parece descrever o que significa "poder brando" (Bixler e Dugan, 2001). Se você se estabelecer como um reforçador poderoso com seus subordinados e se deixar claro o que deseja que façam, certifique-se de que eles são capazes de fazê-lo e forneça reforço intermitente; você nunca mais terá que levantar sua voz, fazer ameaças ou persuadi-los. Você não precisará dominar uma reunião ou demandar atenção, lealdade ou respeito com palavras ríspidas ou comentários intimidantes. Um analista do comportamento poderoso de verdade deve ser capaz de descrever suas metas e objetivos com calma para uma sala cheia de associados; peça a opinião deles, sugestões e maneiras de alcançar as metas; e, com acenos de cabeça sutis, sorrisos e elogios descritivos suaves, obtenha uma promessa implícita de suporte e compromisso. Como analista do comportamento, sem dúvida, você já teve alguma experiência com o lado oposto: uma importunação barulhenta e abusiva de quem demanda respeito e conformidade e que não permite que ninguém dê nenhuma ideia além da própria. Você pode utilizar esse tipo de pessoa como referência para o outro extremo.

Quem É Você? Quais São seus Objetivos?

O tópico sobre poder e como ele é utilizado nas organizações deixa muitos analistas do comportamento desconfortáveis. É como se o conceito de poder não devesse ser discutido com companhias bem-educadas. Nós acreditamos que os analistas podem e deveriam ter um papel maior em guiar organizações e influenciar a sociedade. Achamos que temos uma importante mensagem para disseminar: analistas do comportamento podem ser uma força poderosa e positiva em nossa cultura. Somente por intermédio da compreensão sobre como o comportamento humano funciona, somos capazes de produzir contingências culturais que apoiam comportamentos cooperativos, não aversivos e produtivos (Skinner, 1957). Precisamos divulgar nossa palavra, e uma maneira para isso, claro, é fazer com que os analistas do comportamento se tornem parte da estrutura de poder das organizações, corporações e sociedade. Não há motivos para que os analistas não participem da diretoria da escola de sua comunidade ou das atividades governamentais estaduais ou locais.

Em alguns cenários, nós olhamos à nossa volta e vemos pessoas de outras profissões tendo influência, posicionando-se em tópicos importantes e agindo como se nosso papel fosse limitado aos técnicos comportamentais. É comum que outras pessoas definam nossas pautas e ditem as regras; temos que ouvir e seguir a liderança delas. Todavia, se estabelecermos logo de início durante a pós-graduação que esperamos que nossos estudantes se tornem os líderes do futuro e os encorajarmos a estudar as práticas das pessoas poderosas, devemos ser capazes de reverter essa triste situação.

"Em sua forma mais simples, o poder nada mais é do que o uso de reforçadores para modificar o comportamento."

Conforme você começa a compreender como o poder é adquirido e quais são os benefícios de tê-lo à disposição, você deve, esperamos, se engajar em um diálogo de descobertas sobre assuntos maiores do que simplesmente trabalhar com clientes ou realizar consultoria com pais, professores ou CEOs. A tecnologia sobre a qual você está adquirindo conhecimento proporciona grande quantidade de poder. Você possui uma especialização que pouquíssimas pessoas têm, que é um entendimento do motivo pelo qual as pessoas fazem o que fazem. Inúmeros livros fornecendo explicações teológicas, cognitivas, sociológicas etc. sobre comportamento lotam as estantes das livrarias. Por não poderem ser observadas, medidas ou replicadas, nenhuma dessas explanações chega perto da ciência do comportamento com base em evidências que alcançamos nos últimos quarenta anos.

Por que não tivemos maior influência? Acreditamos que, em parte, é porque acabamos negligenciando o estudo do poder individualmente e, também, não encorajamos que nossos alunos dessem os passos necessários para adquiri-lo e fazer uso dele. Em sua forma mais simples, o poder nada mais é do que o uso de reforçadores para modificar o comportamento. Uma contingência *poderosa* é aquela que tem alta probabilidade de produzir determinado comportamento. Nós sabemos como planejar esses tipos de contingências. O que você pode fazer para desenvolver essa parte da ciência? Está preparado para fazer mais em seu emprego do que simplesmente sua função? Consegue se ver como um tomador de decisões, alguém que tem a visão de um futuro diferente para sua empresa ou comunidade? Isso só acontecerá se você conseguir aproveitar a energia e eficácia dos colegas à sua volta. Você consegue começar a usar seu comportamento a fim de influenciar outras pessoas para que todos em seu departamento se tornem tão engajados, entusiasmados e comprometidos quanto você? Esse é o primeiro passo para desenvolver uma personalidade que seus amigos e colegas desejarão imitar.

RESUMO

Poder é "o potencial de alocar recursos, e tomar e colocar decisões em prática" (Harvard Business School Press, 2005). Uma observação minuciosa das maneiras pelas quais o poder pode ser adquirido mostra que o processo de sua aquisição é completamente comportamental e há pouco mistério envolvido. Aprender a adquirir poder por meio da ascensão dentro da organização, da conquista de aliados e do cuidado com suas próprias características de liderança são essenciais se você pretende se tornar um analista do comportamento consultor. Após aprender a usar seu poder, você deve ser capaz de adicionar um valor considerável não somente à sua organização, mas à sua comunidade também.

PARA LEITURA ADICIONAL

BIXLER, S.; DUGAN, L.S. *5 steps to professional presence*. Avon, MA: Adams Media, 2001.

HARVARD BUSINESS SCHOOL PRESS. *Power, influence, and persuasion*. Boston: Author, 2005.

SKINNER, B. F. *Verbal behavior*. Englewood Cliffs, NJ: Prentice Hall, 1957.

24

Treinamento, Coaching e Mentoria

Você recebe o melhor esforço dos outros, não por acender uma fogueira sob seus pés, mas por acender o fogo dentro deles.

Bob Nelson

Treinamento, coaching e mentoria são três estratégias essenciais para modificar o comportamento humano no local de trabalho. Em alguns casos, você trabalhará com mentores, dando a eles as habilidades que precisam para fazer parte de sua equipe de modificação do comportamento. Em outras ocasiões, a meta do coaching será aprimorar a atitude de um indivíduo, especialidade técnica, eficácia geral ou habilidades de interação social. E em algum ponto de sua carreira, um colega júnior pode lhe pedir para mentor dele. Cada regra ou método é adequado sob determinadas circunstâncias e cada um incorpora todos os elementos da análise do comportamento. Se você for um estudante pós-graduado que está apenas aprendendo o básico ou um analista do comportamento sênior, aprender mais sobre como essas estratégias de modificação do comportamento são utilizadas fará de você um profissional mais efetivo.

TREINAMENTO

"O sucesso da análise do comportamento aplicada [ABA, na sigla em inglês] é completamente dependente da modificação do comportamento de mediadores, como funcionários, colegas e pais." (Sturmey, 2008, p. 159). Nada pode ser mais verdadeiro, e nosso sucesso depende de um conhecimento minucioso e fluente das técnicas de treinamento disponíveis. Nós costumamos pensar em treinamento como se fosse composto por um conjunto empacotado de habilidades ensinadas de uma maneira padrão para mediadores da linha de frente. Esses mediadores podem ser da equipe de cuidados diretos, pais biológicos ou adotivos, professores e auxiliares, e outros que lidam com gestão de comportamento e instruções durante o dia todo. O treinamento desses mediadores se tornou rotina e devido a uma grande demanda ou alta rotatividade, treinadores especializados frequentemente fazem esse tipo de trabalho.

Antes de você aplicar o treinamento, deve ter certeza de que essa é a solução correta para um problema de desempenho. É frequente presumir que todo deficit comportamental tem o treinamento como resposta quando, na verdade, a gestão de desempenho

(Capítulo 16) é mais adequada. Após determinar que o treinamento é a resposta, é provável que seja uma boa ideia questionar: "Como eu saberia se o treinamento funcionou?" Muitos workshops de treinamento predefinido são aplicados juntos, executados e depois colocados na estante até que o próximo grupo compareça. Nossa abordagem é determinar antecipadamente se o treinamento é necessário (sempre fazemos uma linha de base). Kirkpatrick (1994), que defendia realizar uma avaliação do treinamento assim que ele fosse realizado, também utilizou nossa abordagem em tecnologia instrucional.

Isso, é claro, levanta a questão sobre como o treinamento é avaliado. O modelo de Kirkpatrick consiste em quatro níveis. Nível 1: O que os participantes acharam do treinamento? Nível 2: Os aprendizes adquiriram alguma habilidade? Nível 3: Eles generalizaram suas novas habilidades para o ambiente no qual elas são utilizadas todos os dias? Nível 4: Houve alguma demonstração de que as novas capacidades, agora demonstradas em lares, em salas de aula ou em ambientes empresariais, resultam em qualquer efeito sobre o comportamento ou resultado final? Os níveis 3 e 4 representam desafios muito grandes para analistas do comportamento que trabalham como treinadores ou supervisionam empresas de treinamento. Quando chega a hora de revisar recomendações de melhores práticas, esses padrões devem ser adotados para nosso campo.

Treinamento Tradicional

As organizações treinavam suas equipes muito antes de surgirem os analistas do comportamento aplicado. Em geral, os modelos de treinamento tradicional não compartilham do nosso respeito em fazer uma linha de base antes do treinamento iniciar para determinar quanta aquisição de comportamento ocorreu, e eles não acompanham após a aplicação para determinar se o treinamento é eficaz. "Era necessário, foi feito, acabou" é a resposta padrão que alguém recebe se perguntar sobre políticas de treinamento e procedimento. O treinamento tradicional quase sempre envolve instrução em grupo em um cenário tipo sala de aula. Ele consiste em comunicação oral, alguns materiais entregues para suplementar o workshop e um procedimento de encerramento que responsabiliza todos que participaram pelo que ouviram (não importando se entenderam ou não). A suposição desse estilo de treinamento é de que os participantes podem ouvir uma apresentação, talvez até ver um vídeo, e traduzir em uma resposta adequada que será entregue na hora certa para um cliente. Eu sei, você está dizendo "É claro que não é assim?", mas, sim, é verdade. Essa é a hipótese e esse é o método que tem sido utilizado em educação, saúde mental, deficiências de desenvolvimento, reabilitação e cenários vocacionais durante no mínimo trinta anos.

Modelo de Treinamento Comportamental

Nosso modelo traz um bom contraste. Profissionais da área envolvidos em treinamento têm uma tradição diferente: enfatizamos a necessidade de evidências para o que fazemos, e isso inclui nossas práticas de treinamento. Frequentemente chamada de "treinamento de habilidades comportamentais", nossa abordagem costuma envolver quatro componentes distintos.

Passo 1: Instruções e Motivação Analistas do comportamento mantêm o mínimo de instruções verbais, o que contrasta com o treinamento tradicional; nessa fase, eles descreverão a parte racional do treinamento, delinearão os passos das habilidades que serão adquiridas (mostrando visualmente em uma análise de tarefas), e responderão a perguntas antes de passar para o Passo 2. Um objetivo primário dessa fase é motivar o aprendiz a querer participar. Descrever histórias de sucesso de participantes anteriores ou clientes que se beneficiaram com o treinamento é um dos métodos utilizados para motivar os aprendizes. O treinador precisa ser uma pessoa animada, com muito entusiasmo em sua voz e maneirismos bem compatíveis com o grupo de participantes.

Passo 2: Modelagem Ainda que muito do que ensinamos a nossos mediadores envolva comportamento verbal (ideias sobre o imediatismo do reforço e como a extinção funciona), o verdadeiro sistema de entrega precisa de uma pessoa que possa *desempenhar* corretamente (comportamento motor) sob as circunstâncias corretas. A aquisição de habilidades motoras começa com observar como o comportamento é conduzido, ou seja, modelar o desempenho. Idealmente, isso seria feito sob as circunstâncias reais nas quais o comportamento é necessário. Isso pode ser difícil ou impossível, então uma alternativa pode ser um *role-play* com um companheiro ou um vídeo (ou CD ou vídeos disponíveis na internet). É importante que o comportamento sendo treinado esteja bem definido e apresentado. Ele também deve ser separado de outras habilidades para que os aprendizes não fiquem confusos. Cada passo que está sendo modelado deve combinar com a análise de tarefas do Passo 1.

Passo 3: Prática Com Feedback Uma característica distintiva do modelo de treinamento de habilidades comportamentais é que os aprendizes devem *demonstrar* a habilidade modelada no Passo 2. É aqui que o treinador aprende se seu método está realmente funcionando. Acenos de cabeça demonstrando aprovação e sorrisos nem se comparam a realmente observar os alunos demonstrando o novo comportamento. E eles não podem fazê-lo apenas uma vez. Em um treinamento eficaz, os treinadores devem demonstrar o comportamento necessário diversas vezes até que esteja claro que os alunos estão fluentes. Por estarmos ensinando uma habilidade que deve ser emitida sob circunstâncias específicas, o treinador precisa incluir os SDs (estímulos discriminativos) e SΔs (pronunciado "S-Delta" e, às vezes, chamado de estímulo de extinção, é um estímulo que estabelece a ocasião para um declínio da resposta operante); ou seja, os treinadores precisam aprender exatamente quando aplicar um reforçador positivo e quando *não* aplicá-lo. Praticar até que os aprendizes sejam fluentes costuma levar mais tempo que no treinamento tradicional, por isso o treinador deve utilizar todas suas habilidades sociais e de reforço para manter todos motivados. Muitas pessoas hesitam em se engajar em treinamentos como esse por causa da potencial exposição ao ridículo na frente dos outros na sala de aula caso façam alguma coisa errada. Outra exigência de um bom treinador é a habilidade de administrar a sala de aula de maneira que não aconteça o que foi descrito acima.

Passo 4: Acompanhamento, Feedback Corretivo e Manutenção O mais rápido possível, o treinador precisa organizar o ambiente para que os alunos retornem e se engajem em comportamentos recém-adquiridos. O treinador, não o supervisor dos estudantes (embora seja desejável que ambos sejam a mesma pessoa), precisa reservar um tempo para observá-los executar a nova habilidade e providenciar o reforço e as correções (se necessário). Idealmente, o treinador deveria ter observado os aprendizes antes do treinamento e será capaz de perceber uma diferença significativa no desempenho.

Essa diferença no desempenho é o reforçador mais importante para um treinador e pode dar apoio aos alunos por muito tempo. Vendo que os aprendizes recém-treinados são capazes de demonstrar a habilidade de forma admirável, o treinador se reúne com o supervisor em seguida, relatando o sucesso e descrevendo como o supervisor pode assumir a próxima fase do treinamento. Ela envolve a manutenção da habilidade. Comportamentos que não possuem feedback automático embutidos necessitam de observação sistemática feita por um supervisor dedicado e de reforço intermitente (ver Capítulo 16, "Gestão de Desempenho").

COACHING

Ray é um analista certificado pelo Board Certified Behavior Analyst® (BCBA) com dois anos de experiência em transtornos do neurodesenvolvimento e com "boas" avaliações de desempenho como consultor segundo seus supervisores. Denise, sua supervisora, não estava completamente satisfeita com Ray, porque precisou solucionar os problemas causados por seu estilo um pouco brusco de interação. Ray deu a impressão de ser bastante direto, embora, ao receber feedback, tenha dito: "Eu estava apenas sendo honesto com as pessoas. Gosto de ser sincero." Ray completaria 30 anos em 6 meses e Denise acreditava que já era hora de ele "crescer e agir como um adulto" quando estava próximo dos clientes, colegas e outros profissionais.

Esse é o cenário ideal para preparar o ambiente para uma intervenção de coaching. O comportamento está definido, tem um impacto nos clientes e é uma preocupação e um aborrecimento para o supervisor. Denise poderia apenas ter dado uma nota baixa para Ray em sua avaliação de desempenho, que aconteceria em poucos meses, mas lhe ocorreu que o coaching poderia ser uma boa solução. Como era uma BCBA-D (uma BCBA com nível de doutorado) com 10 anos de experiência em supervisão, Denise possuía as credenciais necessárias e estava confiante de que conseguiria fazer aquilo.

Em ambientes empresariais em todo os EUA, o uso do coaching está se tornando mais frequente. Esse é, provavelmente, o resultado do aumento do reconhecimento de que as avaliações tradicionais de desempenho são instrumentos de submissão. Além disso, a avaliação anual vem com muito atraso para ter qualquer impacto. Aconselhamento tem sido uma opção há anos, mas não possui credibilidade para uma situação como essa. O coaching costuma ser dividido em quatro passos (Harvard Business School Press, 2004).

Passo 1: Observação Como o coaching é um processo comportamental, é óbvio que deve ser iniciado com a observação direta do indivíduo. Você não pode trabalhar baseado apenas em comentários informais que ouviu durante pausas. Denise precisa se organizar para observar as interações de Ray com clientes e colegas no ambiente em que elas naturalmente ocorrem. Ela precisará fazer anotações não somente dos erros de desempenho e dos deficits de habilidades, mas também das habilidades valiosas que ele tem em seu repertório.

Passo 2: Discussão Antes do coaching em si acontecer, Denise precisa se sentar com Ray e conversar sobre as preocupações que ela tem. Ela deve solicitar a Ray sua autoavaliação. Se Denise detectar uma atitude intransigente da parte dele, deve decidir demiti-lo em vez de gastar tempo para melhorar seu repertório. A meta desse passo é mostrar a Ray o que a supervisora enxerga como um problema. Ela escutará a versão de Ray e depois tentará persuadi-lo a entrar no processo por vontade própria (verificar o Capítulo 9 sobre persuasão). Mostrar a situação de um modo que Ray encare o processo como um exercício útil que enriquecerá seu desempenho como consultor e possivelmente melhorará sua posição na organização é uma meta essencial para o Passo 2. O coaching deve ser visto não como punitivo ou ameaçador, mas sim como um método objetivo e comportamental de aumentar a eficácia do colaborador.

Passo 3: Coaching Ativo Essa etapa começa com ambas as partes concordando que o coaching é necessário e que certas metas e objetivos foram alinhados. Esse não deve ser um problema para Denise visto que ela é uma boa observadora, faz notas detalhadas e é capaz de articular um conjunto de critérios de mudanças comportamentais observáveis para Ray. A partir da concordância, o coaching pode começar de fato. Normalmente, a coach iniciaria com um comportamento que é muito claro e, em sua opinião, fácil de mudar. Denise deseja começar com algumas mudanças que Ray pode fazer sem muitos problemas, o que lhe dá a oportunidade de ser bastante reforçadora e mostrar que o processo não é punitivo. Denise pode modelar e encenar situações com Ray. E a encenação será programada para acontecer antes de uma oportunidade em que Ray terá de praticar sua nova habilidade. O coaching ocorrerá aos poucos durante várias semanas, envolvendo discussão, encenação, prática, feedback e chances para aplicar a habilidade. Cada ciclo terá uma dificuldade mais acentuada, mas, à medida que Ray obtiver sucesso, ele ganhará a confiança para continuar trabalhando com sua supervisora. Denise também se beneficiará com a experiência, pois ela poderá ver imediatamente se o coaching está funcionando, sendo seu maior reforçador vindo de todo esse exercício.

Passo 4: Acompanhamento Os analistas do comportamento descobrirão que o coaching é uma maneira natural de resolver problemas com colaboradores. Ele também pode ser usado para melhorar as habilidades dos colaboradores que conseguiriam contribuir mais se pudessem assumir algumas responsabilidades adicionais. A fase de acompanhamento após o processo de coaching é um processo natural dentro do que os analistas do comportamento realizam. Como profissional que fornece treinamento para outros, você desejará saber se as contingências naturais em seu ambiente de trabalho são capazes de manter habilidades. Você deve estar preparado para modificar o ambiente se precisar adicionar reforçadores que manterão os comportamentos de fato. No mundo dos negócios, a característica essencial da manutenção do comportamento não é bem reconhecida, e qualquer analista do comportamento envolvido em coaching deve adicionar essa manutenção na lista de tarefas do processo.

MENTORIA

Como novo membro do clube de analistas do comportamento, você pode se sentir perdido ou sozinho em algumas ocasiões. Pode ter dúvidas que seus outros colegas iniciantes não conseguem responder. Pode sentir que está destinado a ter um impacto maior em sua empresa ou organização, mas não tem certeza de quais movimentos fazer ou como fazê-los. Você pode não saber disso, mas está procurando por um *mentor*, uma pessoa com experiência, habilidades e especialização úteis, que pode oferecer conselhos, informações ou orientação para ajudá-lo a melhorar seu desenvolvimento profissional e pessoal (Harvard Business School, 2004). O *protégé* [protegido] é a pessoa que inicia a busca por um mentor que estabelecerá um relacionamento de longo prazo com o protegido, provendo apoio, que irá desde abrir algumas portas até fornecer aconselhamento de carreira. Em alguns casos, o mentor pode dar proteção em situações políticas complicadas entre setores, ou servir como conselheiro para novas ideias. Mentores desafiam protegidos a expandir seus horizontes e desenvolver capacidades e potenciais como consultores. O mentor está familiarizado com os conjuntos de habilidades do protegido e pode até recomendar que ele considere outras áreas nas quais doutorado ou MBA são exigidos.

Entrar em um relacionamento de mentoria não é uma decisão fácil. O tempo destinado para isso pode ser enorme, então o mentor deve considerar se o investimento vale a pena. O protegido em potencial deve ser qualificado, além de faminto por conhecimento, ambicioso e engajado com os aprendizados. Um relacionamento de mentoria pode durar de dois a cinco anos inicialmente, portanto, ambas as partes devem ter personalidades compatíveis. E é claro que o mentor deve ser um ótimo analista do comportamento que se sente preparado para retribuir a alguém mais jovem, trazendo o profissional novato para perto e ajudando a alavancar sua carreira.

RESUMO

Treinamento, coaching e mentoria são estratégias para mudanças comportamentais. Elas são usadas em uma ampla gama de circunstâncias, desde instrução em grupo até aconselhamento de carreira. Para ser eficaz como consultor profissional, analistas do comportamento precisam ser proficientes em treinamentos e preparados para atuar como coach quando necessário. Analistas mais jovens podem considerar a possibilidade de procurar um mentor se sentirem necessidade de aconselhamento para suas carreiras.

PARA LEITURA ADICIONAL

HARVARD BUSINESS SCHOOL PRESS. *Coaching and mentoring*. Boston: Author, 2004.

KIRKPATRICK, D. L. *Evaluating training programs*: The four levels. São Francisco: Berrett-Koehler, 1994.

O'NEILL, M. B. *Executive coaching with backbone and heart*: A systems approach to engaging leaders with their challenges. São Francisco: Jossey-Bass, 2000.

REID, D. H.; PARSONS, M. B. *Working with staff to overcome challenging behavior among people who have severe disabilities*. Morganton, NC: Habilitative Management Consultants, 2002.

STURMEY, P. Best practice methods in staff training. Em: J. K. LUISELLI, *et al* (edit). *Effective practices for children with autism*. Nova York: Oxford University Press, 2008.

25 Curiosidade Agressiva

O importante é não parar de questionar.

Albert Einstein

Iniciamos este capítulo sobre curiosidade agressiva com comentários de Jon Bailey:

Na Ilha Sapelo, no sudoeste da Geórgia, com acesso somente por balsa ou barco privado, fica a comunidade de Hog Hammock. Quero ir para lá um dia. Tenho curiosidade em relação ao lugar, porque lá existe um local histórico de 200 anos onde enterravam escravos originários da África Ocidental, chamado de Behavior Cemetery [Cemitério do Comportamento, em tradução livre]. Se eu conseguir ir para lá, posso procurar um pescador chamado Maurice Bailey, e ele pode me proporcionar uma excursão guiada. Com sorte, consigo conversar com Cornelia Bailey (2000), que escreveu uma história sobre Hog Hammock. Eu gostaria de aprender mais sobre como essa comunidade Gullah-Geechee de escravos acabou dando esse nome tão diferente ao cemitério. Quem sabe podemos até ser parentes.

Passando para outra parte do país e outro assunto, eu também gostaria de visitar Joshua Klein um dia. Ele tem uma apresentação maravilhosa no TED.com na qual demonstra uma máquina automática de vendas para corvos.[1] Ele treinou corvos para recolher trocados perdidos em troca de amendoins. Klein não chama o que ele faz de condicionamento operante e ele não parece saber que existe uma rede internacional de análise do comportamento que compartilha da paixão dele por entender o comportamento.

Sou fascinado por comportamento desde que me apresentaram ao assunto em 1961, durante a aula de Introdução ao Comportamento, de Jack Michael. Jack tinha jeito para contar histórias. Quando ele falava sobre descobertas no laboratório de animais e suas interações com Ted Ayllon, ativava minha imaginação. Essas eram histórias fascinantes de cientistas realizando descobertas sobre como funciona o comportamento. Eu estava surpreso em aprender que o comportamento poderia ser observado e medido sistematicamente e que ele poderia ser modificado. As vidas das pessoas poderiam ser melhoradas simplesmente ao alterarmos as contingências de reforço. Isso era um afastamento radical do pensamento tradicional de que as pessoas faziam o que faziam porque queriam ou havia um traço genético que as tornavam agressivas, submissas ou manipuladoras. Jack incutiu em mim uma curiosidade só pelo modo como descrevia com entusiasmo os cenários, as pessoas neles e como ele e Ted pensaram

1 Ver ted.com/index.php/talks/joshua_klein_on_the_intelligence_of_crows.html [conteúdo em inglês]. [N. do A.]

em como ajudá-las. Jack e Ted não tinham muita base sobre a qual trabalhar. Eles tinham Walden II: Uma Sociedade do Futuro, Ciência e Comportamento Humano e O Comportamento Verbal de B.F. Skinner. Mas eles não se prendiam à tradição, estavam explorando novos territórios e sabiam disso. Promoveram o campo com sua curiosidade agressiva. Foi um período empolgante.

Para ser um analista do comportamento eficaz é necessária uma curiosidade persistente sobre pessoas em cenários exóticos e normais. O que faz com que uma jovem mulher amarre uma bomba em seu corpo e entre em um mercado lotado no Iraque, matando 38 civis inocentes? Como um piloto da U.S. Airways permanece absolutamente calmo e aterrissa um avião quebrado no rio Hudson, salvando 155 vidas? Os históricos de reforço que levam a esses desempenhos respectivamente depressivo e encorajador merecem ser estudados. Como analistas do comportamento, devemos ser curiosos sobre esses tipos de comportamento. É provável que poderíamos aprender muito sobre processos comportamentais básicos se soubéssemos mais sobre como os terroristas são selecionados e treinados, e poderíamos ser capazes de salvar vidas com esse conhecimento. Existem fenômenos instigantes à nossa volta que valem a pena ser analisados, problemas para resolver e ideias interessantes para se levar em conta de uma perspectiva comportamental.

Para estimular sua curiosidade, você precisa começar com uma boa fonte. Uma das melhores fontes é a coluna "*Ideas and Trends*" da *New York Times Magazine* que aparece regularmente. Na metade de dezembro, a revista (um suplemento do jornal de domingo do *New York Times*) publica o *Annual Year in Ideas*, no qual esquemas inventivos e criativos são descritos.[2] Eles podem resolver uma grande variedade de problemas incomuns, reais ou fictícios. Aqui estão apenas alguns, com comentários comportamentais.

Airbags para idosos: muitas pessoas mais velhas têm um medo de cair que não é injustificável. Já foi relatado que as quedas são a principal causa de morte em pessoas com mais de 65 anos (BBC News, 2008). Uma empresa no Japão criou um airbag vestível inflável que parece um colete de pescaria e pode inflar em um décimo de segundo quando ativado por um sensor de movimento. O preço de US$1,4 mil está fora do alcance de muitas pessoas. Poderia haver uma solução comportamental mais barata? E se as pessoas mais velhas propensas a cair usassem somente o sensor de movimento e ele fornecesse feedback a elas sobre suas posturas? O'Brien e Azrin (1970) sonharam com essa solução, sob a categoria geral de engenharia comportamental, em 1970. Talvez seja hora de revisitar essa abordagem para outros assuntos comportamentais.

Ciência do goleiro: cientistas de Israel analisaram o comportamento de goleiros de futebol e descobriram que "94% das vezes os goleiros pulavam para a direita ou para a esquerda", mesmo que a melhor alternativa fosse estar no centro, ou seja, eles não deveriam ter feito nada. Os autores generalizaram seus resultados para as estratégias de CEOs corporativos durante épocas econômicas turbulentas. CEOs tendem a mudar abruptamente de direção quando o curso de ação mais sensato seria permanecer firme. Se analistas estivessem trabalhando nas empresas da Fortune 500, elas talvez estivessem

2 *New York Times Magazine* [conteúdo em inglês], 14 dez. 2008. [N. do A.]

aptas a detectar essas mudanças de comportamento e planejar sistemas de monitoria e feedback com base em tendências históricas anteriores.

O ônibus escolar de um assento: Muitas crianças passam até três horas por dia em um ônibus de ida e volta até a escola. Isso é claramente perda de tempo. Além disso, algumas de nossas pesquisas analítico/comportamentais têm indicado que longas viagens de ônibus produzem alguns problemas sérios com os quais os motoristas precisam lidar. Dr. Billy Hudson, um professor na Universidade Vanderbilt, teve uma ideia de transformar um ônibus, agora com cabos de internet, em uma sala de aula móvel. Alunos de Grapevine, Arkansas, podem se matricular em cursos online e fazer as tarefas em seus notebooks. Se essa iniciativa estivesse articulada com analistas do comportamento que trabalham em escolas, eles poderiam também avaliar os efeitos desse programa sobre o comportamento no ônibus e, depois, na escola. Um analista curioso poderia perguntar que outras aplicações poderiam haver para o conceito de oportunidades de aprendizagem móvel. Um analista do comportamento com *curiosidade agressiva* entraria em contato com o Dr. Hudson da Vanderbilt e marcaria uma reunião para conhecer o programa. O analista voltaria para casa e trabalharia fervorosamente para determinar se a tecnologia poderia ser replicada na escola rural local na qual os encaminhamentos mais frequentes para programas comportamentais eram de crianças que enfrentavam longas horas diárias de viagem de ônibus.

CURIOSIDADE VERSUS CURIOSIDADE AGRESSIVA

Ainda que a curiosidade ordinária seja muito comum em nossa cultura, a leitura de jornais está em declínio. Isso acontece porque as pessoas estão recebendo suas notícias mais rápido e de uma variedade mais ampla de fontes do que nunca ("*Newspaper Circulation Rising Globally, Down in U.S.*", 2008). Sites estimulam a curiosidade por meio de links de divulgação embutidos no artigo que você está lendo para que você possa encontrar histórias e dados relacionados. O custo de resposta para saciar a sede de sua curiosidade por ideias e informações é menor. Teoricamente, isso deveria reforçar sua pesquisa por novas ideias. Se você tiver *curiosidade agressiva*, há uma necessidade de compreender como as coisas funcionam e, por isso, devotará um bom tempo de sua pesquisa atrás de uma resposta, e então agirá. Como um analista do comportamento, você prestará um serviço melhor a seu cliente se ficar completamente imerso na situação.

Uma analista do comportamento novata teve a oportunidade de trabalhar com uma empresa de consultoria de sistemas para melhoria de segurança na Austrália. Essa tarefa pode ser desanimadora se você souber que irá trabalhar em fábricas de aço, carvão, gás e alumínio, e nunca viu nenhuma delas de perto. Após três meses pesquisando dia e noite em busca de informações e lendo manuais de segurança e documentos da empresa, nossa analista apareceu para trabalhar tão bem preparada que conhecia mais sobre essas indústrias pesadas do que muitos funcionários da gestão. Sua nova especialidade, repleta de curiosidade agressiva, a levou direto ao coração da oportunidade de consultoria e da aventura de sua vida.

COMO AUMENTAR SUA CURIOSIDADE AGRESSIVA

Se você estiver moderadamente curioso sobre sua cultura e o comportamento humano que a guia, e os resultados disso, e quer se aprofundar, aqui estão algumas atividades para que você analise.

Leia Bastante

Uma maneira de aumentar sua curiosidade é ler o que outras pessoas em outras profissões e partes do mundo estão lendo. Você precisa de muito estímulo, muitas coisas para pensar e ponderar e assuntos para relacionar entre si para ativar a curiosidade. Como eles chegaram a essa ideia? Por que lidaram com tal problema dessa maneira? Você se pegará falando: "Se eles me contratassem, isso é o que eu faria para resolver aquele problema." Se fizer isso rotineiramente e adquirir o hábito de falar com seu jornal ou tela do computador, ideias relacionadas a esse problema que você está tendo no momento em sua organização ou com um cliente surgirão.

Tenha um Bloco de Notas

Você terá ideias durante a semana com base em alguma coisa que ouviu na National Public Radio (NPR), viu na internet, leu no jornal ou pegou de uma conversa. Se for novidade ou atingir você como algo diferente ou engraçado, anote e indique a data e talvez onde ouviu isso para poder encontrar a anotação mais tarde. O primeiro autor deste livro mantém um pequeno bloco de notas e caneta em seu carro e para em um recuo na beira da estrada para fazer uma anotação sobre alguma coisa que ele ouviu no *All Things Considered* da NPR. Esse era o início de uma série de comportamentos que começou com uma entrevista com Amy Sutherland, a autora de *Kicked, Bitten, and Scratched* (2006) [sem publicação no Brasil]. A entrevista por telefone fez com que ela aceitasse um convite para dar a palestra principal em 2008 no encontro anual da Florida Association for Behavior Analysis. Ela estimulou o pensamento de quase mil analistas do comportamento com sua palestra baseada em seu best-seller de 2008 intitulado *O Que a Baleia Shamu Me Ensinou Sobre Vida, Amor e Casamento.*

Assista a Filmes Indies

Os filmes blockbuster que ocupam 90% das telas nos Estados Unidos quase nunca alimentam nosso pensamento; filmes independentes, sim. Frequentemente feitos com baixos orçamentos por pessoas criativas com uma perspectiva única do mundo, esses filmes retratam o comportamento humano em toda sua vasta e gloriosa diversidade. Eles capturam o comportamento humano sob circunstâncias que nunca poderíamos imaginar e que nos desafiam a compreender como e por que as pessoas fazem o que fazem.

"Os filmes blockbuster que ocupam 90% das telas nos Estados Unidos quase nunca alimentam nosso pensamento; filmes independentes, sim."

Conheça Novas Pessoas

Se vocês tiverem um grupo regular e fazem tudo juntos, logo começarão a pensar de formas tão uniformes que terminarão as frases um do outro. De vez em quando, considere fazer um novo amigo de uma diferente área de atuação, religião ou cultura. Use isso como oportunidade para ver como essa pessoa reage aos desafios que você enfrenta, e aprenda como seu novo amigo lidaria com tais desafios. Isso pode ser estimulante e revigorante, e é capaz de levá-lo a direções que nunca imaginou.

Questione a Sabedoria Convencional

A cultura comercial na qual vivemos tem um interesse poderoso em fazer com que você opere (o que quer dizer consuma) de maneira padrão, convencional, sem pensar no que está fazendo. Esteja preparado para desafiar isso de tempos em tempos no trabalho e em sua vida pessoal. No entanto, seja cauteloso quando o assunto for relacionado a trabalho, a menos que você tenha certeza de que tem uma solução muito melhor do que a utilizada naquele momento.

"A cultura comercial na qual vivemos possui um interesse poderoso em fazer com que você opere... de maneira padrão, convencional, sem pensar no que está fazendo."

Questione o Funcionamento

Nossa cultura nos faz lavagem cerebral para aceitarmos soluções padrão para problemas comuns, e é fácil ser sugado pela rotina do pensamento convencional. Como um analista do comportamento, você está treinado para perguntar sobre a função do comportamento. Agora faça essa mesma pergunta sobre assuntos maiores com os quais tem que lidar todos os dias. Os pais pedem ajuda para os comportamentos interferentes, fora de controle; nós não deveríamos nos perguntar como e por que isso aconteceu? Escolas utilizam suspensão como punidor, mas não parece funcionar. Quais são as alternativas? Costumamos ser pagos por hora, mas em vez disso, não deveríamos ser recompensados pelos resultados que alcançamos?

Desafie o Status Quo

O teste de curiosidade agressiva é se você consegue fazer a diferença com uma nova ideia que descobriu. Pesquisar muito atrás de uma resposta; dizer "não" para uma proposta convencional; levar à mesa uma nova pessoa ou uma nova perspectiva; e se forçar a barra são atitudes que o deixarão e aos outros desconfortáveis, esse é, provavelmente, um bom sinal de que você tem um pensamento que logo o levará a uma grande ideia. Você está respeitando seu cliente empresarial se aprender tudo que puder sobre a história da empresa dele, tiver memorizado a hierarquia de organização e tiver lido os relatórios anuais dos últimos cinco anos. Em uma consulta recente, fomos chamados para adivinhar o que seria preciso para fazer com que vendedores de hardware de computador promovessem complementos de software. Não demorou para identificarmos que a empresa tinha incentivos há algum tempo para vendas de hardware, mas nenhum para software. Os gestores da empresa nunca imaginaram que o problema seria essa ausência de incentivo e não a teimosia por parte dos vendedores. Os gestores da empresa estavam trancados em uma teoria do comportamento que fomos capazes de desafiar, e podíamos ver os cenhos franzidos em seus rostos expressando "Por que não pensamos nisso?"

RESUMO

Como um analista do comportamento, você tem uma perspectiva única do mundo e muito para aprender sobre como as outras pessoas abordam os mesmos problemas que você. Estará fazendo um favor a si e ao cliente se trabalhar para aumentar sua própria curiosidade, permitir-se pensar de maneira ampla sobre problemas comuns comunitários e culturais e se familiarizar com os pontos de vista dos outros.

PARA LEITURA ADICIONAL

BAILEY, C. *God, Dr. Buzzard, and the Bolito Man*. Nova York: Anchor Books, 2000.

BAR-ELI, M., *et al*. Actim bias among elite soccer goal keepers: The case of penalty kicks. *Journal of Economic Psychology*, v. 28(5), 606–621, 2005.

BBC NEWS. http://news.bbc.co.uk/2/hi/asia–pacific/7633989.stm. 24 set. 2008.

DE BONO, E. *Serious creativity*: Using the power of lateral thinking to create new ideas. Nova York: HarperCollins, 1992.

GELB, M. J. *How to think like Leonardo da Vinci*: Seven steps to genius every day. Nova York: Bantam Dell, 2004.

GELB, M. J.; CALDICOTT, S. M. *Innovate like Edison*: The success system of America's greatest inventor. Nova York: Penguin Group, 2007.

GERSHENFELD, N. *When things start to think*. Nova York: Henry Holt, 1999.

Circulação de jornais aumentando globalmente, caindo nos EUA. (2 de junho de 2008). *USA Today*. Obtido em www.usatoday.com/news/world/2008-06- 02-newspaper_N.htm.

O'BRIEN, F.; AZRIN, N. H. Behavioral engineering: Control of posture by informational feedback. *Journal of Applied Behavior Analysis*, v. 3, 235–240, 1970.

PENN, M. J.; ZALESNE, E. K. *Microtrends*: The small forces behind tomorrow's big changes. Nova York: Grand Central Publishing, 2007.

SUTHERLAND, A. *Kicked, bitten, and scratched*: Life and lessons at the world's premier school for exotic animal trainers. Nova York: Penguin, 2006.

SUTHERLAND, A. *What Shamu taught me about life, love, and marriage*. Nova York: Random House, 2008.

Conclusões:

Plano de Ação para Analistas do Comportamento

Agora, mais do que nunca, é importante para nós, como analistas do comportamento, revisarmos e atualizarmos nossas habilidades profissionais. Competimos com muitas outras profissões que dão uma ênfase muito maior em especialização empresarial, comunicações pessoais e habilidades de resolução de problemas, tópicos considerados essenciais no mercado atualmente. Consumidores precisando desesperadamente de serviços costumam ignorar a análise do comportamento, porque não estão conscientes de que existimos. Às vezes, nós não resistimos ao escrutínio minucioso e de clientes discriminadores.

Apresentar uma conduta profissional muito confiante em reuniões, conferências e sessões exclusivas com clientes nos dá a oportunidade de explicar nossa abordagem para o tratamento em questão. Porém, as habilidades da análise do comportamento, sozinhas, não são suficientes. Precisamos estar dispostos a aprender com outras pessoas das áreas de negócio, comunicação e consultoria. A questão é que esses profissionais têm muito a oferecer, porque atraem consumidores e atuam aos olhos do público durante, no mínimo, os últimos cinquenta anos. No início de nosso campo, na metade da década de 1960, acreditávamos que, se construíssemos um chamariz maior, então, a sociedade viria correndo adotar nossa tecnologia do comportamento e nos contratar para aplicá-la. É hora de admitir que estávamos errados sobre essa hipótese. Nós devemos vender nossa abordagem e colocá-la em competição com todas as outras, muitas das quais oferecem consistentemente uma apresentação mais estruturada, sofisticada e vendável do que aquela que nosso campo oferece.

Iniciamos no laboratório de animais e ainda utilizamos muito daquela terminologia em nossos acordos com professores, pais e CEOs. Precisamos nos aprimorar e analisar com mais cuidado os consumidores que desejamos abordar. Devemos compreender suas necessidades e apreciar sua apreensão face à nossa visão atual do comportamento, que pode ser bem contrária àquela que foram ensinados a acreditar. Falamos sobre "tratamento com base em evidências" enquanto os clientes pensam e falam sobre apenas desejar "alguma coisa que funcione". Nós queremos dados; eles querem confiança. Nós gostaríamos de demonstrar controle experimental; eles simplesmente querem que seus filhos melhorem as notas ou que seus funcionários aprimorem o serviço prestado ao cliente.

Se você for um estudante de pós-graduação em um programa de estudos em análise do comportamento aplicada, deverá achar útil fazer o teste no apêndice. Você pode dar uma nota a seu conjunto de habilidades atual e determinar em que precisa se esforçar um pouco mais para desenvolver suas capacidades profissionais.

Posfácio

Uma das coisas mais trágicas que sei sobre a natureza humana é que todos nós tendemos a adiar a vida. Estamos todos sonhando com algum jardim de rosas mágico no horizonte — em vez de apreciar as rosas que estão florescendo no lado de fora de nossas janelas hoje.

Dale Carnegie

Depois de enviar nosso manuscrito para publicação, comemoramos embarcando em uma aventura para encontrar o Behavior Cemetery [Cemitério do Comportamento].

Apêndice:

Avalie Suas Habilidades Profissionais

Instruções: você pode usar esta lista como um guia para avaliar suas habilidades profissionais. Analise cada item e se avalie honestamente em cada um deles. Para aqueles itens em que você se avalia como "médio" ou abaixo da média, desenvolva um plano pessoal para melhoria, começando com os materiais na seção "Para Leitura Adicional" no final de cada capítulo.

25 Habilidades e Estratégias	Forte	Boa	Média	Fraca	Inexistente
1. Habilidades Essenciais de Negócios					
1. Etiqueta Empresarial					
2. Assertividade					
3. Liderança					
4. Networking					
5. Relações Públicas					
6. Competência Total					
7. Ética no Dia a Dia					
2. Repertório Básico de Consultoria					
8. Comunicação Interpessoal					
9. Persuasão e Influência					
10. Negociação e Lobby					
11. Falar em Público					
3. Aplicando Seu Conhecimento Sobre Comportamento					
12. Lidando com Pessoas Difíceis					
13. A Função de Pensar					
14. Utilizando Eficazmente a Modelagem					
15. Você Pode me Mostrar Isso?					
16. Gestão de Desempenho					

4. Hábitos de Trabalho Vitais					
17. Gestão de Tempo					
18. Torne-se um Profissional Confiável					
19. Aprenda a Lidar com o Estresse					
20. Saiba Quando Pedir Ajuda					
5. Estratégias Avançadas de Consultoria					
21. Pensamento Crítico					
22. Resolução Criativa de Problemas e Correção de Falhas					
23. Entendendo e Usando o Poder					
24. Treinamento, Coaching e Mentoria					
25. Curiosidade Agressiva					

Referências e Leituras Recomendadas

ABERNATHY, W. B. *Managing without supervising*. Memphis, TN: PerfSys Press, 2000.

ALLEN, D. *Getting things done*: The art of stress-free productivity. Nova York: Penguin, 2001.

ATKINSON, C. *Beyond bullet points*. Redmond, WA: Microsoft Press, 2008.

AYRES, A. J. *Sensory integration and learning disorders*. Los Angeles: Western Psychological Services, 1972.

BAER, D. M.; WOLF, M. M.; RISLEY, T. R. Some current dimensions of applied behavior analysis. *Journal of Applied Behavior Analysis*, 1, 91–97, 1968.

BAILEY, C. *God, Dr. Buzzard, and the Bolito Man*. Nova York: Anchor Books, 2000.

BAILEY, J. S.; BURCH, M. R. *Ethics for behavior analysts*: A practical guide to the Behavior Analyst Certification Board Guidelines for Responsible Conduct. Mahwah, NJ: Lawrence Erlbaum Associates, 2005.

BAILEY, J. S.,; BURCH, M. R. *How to think like a behavior analyst*: Understanding the science that can change your life. Mahwah, NJ: Lawrence Erlbaum Associates, 2006.

BECKWITH, H. *Selling the invisible*: A field guide to modern marketing. Nova York: Warner Books, 1997.

Behavior Analysis in Practice. Kalamazoo, MI: Association for Behavior Analysis International.

BEHAVIOR ANALYST CERTIFICATION BOARD. Guidelines for Responsible Conduct, ago de 2004.

Behavioral Interventions. Nova York: John Wiley & Sons.

BIXLER, S.; DUGAN, L. S. *5 steps to professional presence*. Avon, MA: Adams Media, 2001.

BLANCHARD, K.; JOHNSON, S. *The one minute manager*. Nova York: Berkley Books, 1982.

BLOCH, J. P. *Handling difficult people*. Avon, MA: Adams Media, 2005.

BLOCK, P. *Flawless consulting*: A guide to getting your expertise used. São Francisco: Jossey-Bass, 1981.

BRACEY, H. *Building trust*: How to get it! How to keep it! Taylorsville, GA: HB Artworks, 2002.

BUNDY, A. C.; MURRAY, E. A. *Assessing sensory integrative dysfunction*. Em: A. C. BUNDY, S. J. LANE, & A. MURRAY (edit.). *Sensory integration*: Theory and practice, 2. ed., p. 3–34. Filadélfia: Davis, 2002.

CARLSON, R. *Don't sweat the small stuff*—and it's all small stuff. Nova York: Hyperion, 1996.

CARNEGIE, D. *How to win friends and influence people*. Nova York: Pocket Books, 1936.

CARNEGIE, D. *The quick and easy way to effective speaking*. Nova York: Simon & Schuster, 1962.

CARNEGIE, D. *How to win friends and influence people*. Nova York: Simon & Schuster, 1981.

COVEY, S. R. *The 7 habits of highly effective people*. Nova York: Free Press, 1989.

DANIELS, A. *Performance management*. Tucker, GA: Performance Management Publications, 1989.

DANIELS, A. C. *Bringing out the best in people*: How to apply the astonishing power of positive reinforcement. Nova York: McGraw-Hill, 2000.

DANIELS, A. C. *Other people's habits*: How to use positive reinforcement to bring out the best in the people around you. Nova York: McGraw-Hill, 2001.

DANIELS, A. C., & DANIELS, J. E. *Performance management*: Changing behavior that drives organizational effectiveness. Atlanta, GA: Performance Management, 2004.

DANIELS, A. C., & DANIELS, J. E. *Measure of a leader*: An actionable formula for legendary leadership. Atlanta, GA: Performance Management, 2005.

DARLING, D. C. *The networking survival guide*: Get the success you want by tapping into the people you know. Nova York: McGraw-Hill, 2003.

DAWSON, R. *Secrets of power negotiating*: Inside secrets from a master negotiator. Franklin Lakes, NJ: Career Press, 2001.

DE BONO, E. *Serious creativity*: Using the power of lateral thinking to create new ideas. Nova York: HarperCollins, 1992.

DE BONO, E. *Creativity workout*: 62 exercises to unlock your most creative ideas. Berkeley, CA: Ulysses Press, 2008.

DETZ, J. *It's not what you say, it's how you say it*. Nova York: St. Martin's Griffin, 2000.

DOYLE, M.; STRAUS, D. *How to make meetings work*. Nova York: Jove Books, 1976.

DUARTE, N. *Slide:ology*: The art and science of creating great presentations. Sebastopol, CA: O'Reilly Media, 2008.

FOXX, R. M. Facilitated communication in Pennsylvania: Scientifically invalid but politically correct. *Dimensions*, 1–9, outono de 1994.

GELB, M. J. *Present yourself*: Transforming fear, knowing your audience, setting the stage, making them remember. Rolling Hills Estates, CA: Jalmar Press, 1988.

GELB, M. J. *How to think like Leonardo da Vinci*: Seven steps to genius every day. Nova York: Bantam Dell, 2004.

GELB, M. J., & CALDICOTT, S. M. *Innovate like Edison*: The success system of America's greatest inventor. Nova York: Penguin Group, 2007.

GERSHENFELD, N. *When things start to think*. Nova York: Henry Holt, 1999.

GLADWELL, M. *The tipping point*: How little things can make a big difference. Nova York: Little, Brown, 2000.

GLADWELL, M. *Blink*: The power of thinking without thinking. Nova York: Little, Brown, 2005.

GOLDSTEIN, J. J.; MARTIN, S. J.; CIALDINI, R. B. *Yes!* 50 scientifically proven ways to be persuasive. Nova York: Free Press, 2008.

GOTTFREDSON, M.; SCHAUBERT, S. *The breakthrough imperative*: How the best managers get outstanding results. Nova York: HarperCollins, 2008.

GREENE, B. F.; BAILEY, J. S.; BARBER, F. An analysis and reduction of disruptive behavior on school buses. *Journal of Applied Behavior Analysis*, v. 14, 177–192, 1981.

GREENWOOD, M. *How to negotiate like a pro*: 41 rules for resolving disputes. Nova York: iUniverse, 2006.

GROSS, T. S. *Why service stinks*. . . and exactly what to do about it. Chicago: Dearborn Trade Publishing, 2004.

GRUWELL, E., & MCCOURT, F. *The gigantic book of teachers' wisdom*. Nova York: Skyhorse Publishing, 2007.

HALL, P. The new PR: An insider's guide to changing the face of public relations. Potomac, MD: Larstan, 2007.

HARVARD BUSINESS SCHOOL PRESS. *Coaching and mentoring*. Boston: Author, 2004a.

HARVARD BUSINESS SCHOOL PRESS. *Dealing with difficult people*. Boston: Author, 2004b.

HARVARD BUSINESS SCHOOL PRESS. *Face-to-face communications for clarity and impact*. Boston: Author, 2004c.

HARVARD BUSINESS SCHOOL PRESS. *Manager's toolkit*: The 13 skills managers need to succeed. Boston: Author, 2004d.

HARVARD BUSINESS SCHOOL PRESS. *Power, influence, and persuasion*. Boston: Author, 2005.

HARVARD BUSINESS SCHOOL PRESS. *Giving feedback*: Expert solutions to everyday challenges. Boston: Author, 2006.

HARVARD BUSINESS SCHOOL PRESS. *Giving presentations*. Boston: Author, 2007.

HEINRICHS, J. *Thank you for arguing*: What Aristotle, Lincoln, and Homer Simpson can teach us about the art of persuasion. Nova York: Random House, 2007.

HENDERSON, J.; HENDERSON, R. *There's no such thing as public speaking*. Nova York: Prentice Hall, 2007.

HOFF, R. *I can see you naked*. Kansas City, MO: Andrews and McMeel, 1998.

HUNSAKER, P. L.; ALESSANDRA, A. J. *The art of managing people*. Nova York: Simon & Schuster, 1980.

JACOBSON, J. W.; FOXX, R. M.; MULICK, J. A. (edit.). *Controversial therapies for developmental disabilities*. Mahwah, NJ: Lawrence Erlbaum Associates, 2005.

Journal of Applied Behavior Analysis. Bloomington, EM: Society for the Experimental Analysis of Behavior.

Journal of Organizational Behavior Management. Filadélfia, PA: Taylor & Francis Group.

KELLEY, R. E. *Consulting*: The complete guide to a profitable career. Nova York: Charles Scribner's Sons, 1981.

KIRKPATRICK, D. L. *Evaluating training programs*: The four levels. São Francisco: Berrett-Koehler, 1994.

KLAUS, P. *The hard truth about soft skills*. Nova York: HarperCollins, 2007.

KRATOCHWILL, T. R.; BERGAN, J. R. *Behavioral consultation in applied settings*: An individual guide. Nova York: Plenum Press, 1990.

LAERMER, R. *Full frontal PR*: Building buzz about your business, your product, or you. Princeton, NJ: Bloomberg Press, 2003.

LAKEIN, A. *How to get control of your time and your life*. Nova York: Signet, 1973.

LATTAL, A. D.; CLARK, R. W. *Ethics at work*. Atlanta, GA: Performance Management, 2005.

LIEBERMAN, D. J. *Get anyone to do anything*. Nova York: St. Martin's Press, 2000.

LOVAAS, O. I. Behavioral treatment and normal educational and intellectual functioning in young autistic children. *Journal of Consulting and Clinical Psychology*, v. 55, 3–9, 1987.

MARTIN, G.; PEAR, J. *Behavior modification*: What it is and how to do it. Nova York: Prentice Hall, 2006.

MASON, S. A.; IWATA, B. A. Artifactual effects of sensory-integrative therapy on self-injurious behavior. *Journal of Applied Behavior Analysis*, v. 23, 361–370, 1990.

MAURICE, C.; GREEN, G.; LUCE, S. (ed.). *Behavioral intervention for young children with autism*. Austin, TX: Pro–Ed Publisher, 1996.

MCINTYRE, M. G. *Secrets to winning at office politics*: How to achieve your goals and increase your influence at work. Nova York: St. Martin's Griffin, 2005.

MCQUAIN, J. *Power language*: Getting the most out of your words. Nova York: Houghton Mifflin, 1996.

MICHALKO, M. *Cracking creativity*: The secrets of creative genius. Berkeley, CA: Ten Speed Press, 2001.

MILTENBERGER, R. *Behavior modification*: Principles and procedures. 3. ed. Belmont, CA: Thompson, 2003.

NALEBUFF, B.; AYRES, I. *Why not*? How to use everyday ingenuity to solve problems big and small. Boston: Harvard Business School Press, 2003.

NATIONAL INSTITUTE FOR OCCUPATIONAL SAFETY AND HEALTH. Publicação n. 99–101, 1999. Disponível em: www.cdc. gov/niosh/stresswk.html.

Circulação de jornais aumentando globalmente, caindo nos EUA (2 de junho de 2008). *USA Today*. Obtido em www.usatoday.com/news/world/2008-06- 02-newspaper_N.htm

NORMAND, M. T.; BAILEY, J. S. The effects of celeration lines on accurate data analysis. *Behavior Modification*, v. 30, 295–314, 2006.

O'BRIEN, F.; AZRIN, N. H. Behavioral engineering: Control of posture by informational feedback. *Journal of Applied Behavior Analysis*, v. 3, 235–240, 1970.

OLIVER, D. *How to negotiate effectively*. Filadélfia: Kogan Page, 2004.

O'NEILL, M. B. *Executive coaching with backbone and heart*: A systems approach to engaging leaders with their challenges. São Francisco: Jossey-Bass, 2000.

PACHTER, B.; MAGEE, S. *The power of positive confrontation*. Nova York: Marlowe, 2000.

PANDE, P.; NEUMAN, R.; CAVANAGH, R. *The Six Sigma way*: How GE, Motorola, and other top companies are honing their performance. Nova York: McGraw-Hill, 2000.

PARKINSON, J. R. *How to get people to do things your way*. Lincolnwood, IL: NTC Business Books, 1997.

PAUL, R. W.; ELDER, L. *Critical thinking*: Tools for taking charge of your professional and personal life. Upper Saddle River, NJ: Pearson Education, 2002.

PENN, M. J., & ZALESNE, E. K. *Microtrends*: The small forces behind tomorrow's big changes. Nova York: Grand Central Publishing, 2007.

REID, D. H.; PARSONS, M. B. *Working with staff to overcome challenging behavior among people who have severe disabilities*. Morganton, NC: Habilitative Management Consultants, 2002.

REYNOLDS, G. *Presentationzen*: Simple ideas on presentation design and delivery. Berkeley, CA: New Riders, 2008.

RISLEY, T. R.; HART, B. Developing correspondence between the non-verbal and verbal behavior of preschool children. *Journal of Applied Behavior Analysis*, 1(4), 267–281, 1968.

ROBERTS, W. *Leadership secrets of Attila the Hun*. Nova York: Warner Books, 1987.

ROBINSON, D. G.; ROBINSON, J. C. *Performance consulting*: Moving beyond training. São Francisco: Berrett-Koehler, 1995.

RUMMLER, G. A.; BRACHE, A. P. *Improving performance*: How to manage the white space on the organizational chart. São Francisco: Jossey-Bass, 1995.

SAGEN, C.; DRUYAN, A. *The demon-haunted world*: Science as a candle in the dark. Nova York: Ballantine Books, 1997.

SILBER, L. *Career management for the creative person*. Nova York: Three Rivers Press, 1999.

SKINNER, B. F. *Science and human behavior*. Nova York: Macmillan, 1953.

SKINNER, B. F. *Verbal behavior*. Englewood Cliffs, NJ: Prentice Hall, 1957.

SMITH, T. C. *Making successful presentations*: A self-teaching guide. Nova York: John Wiley & Sons, 1984.

SMITH, T.; MRUZEK, D. W.; MOZINGO, D. Sensory integrative therapy. Em: J. W.

JACOBSON; R. M. FOXX; J. A. MULICK (edit.), *Controversial therapies for developmental disabilities*. Mahwah, NJ: Lawrence Erlbaum Associates, 2005.

STONE, W. *Reach for your dreams graduate*: Rechange your life with true and courageous stories of individuals who would not accept defeat. Lakeland, FL: White Stone Books, 2005.

STURMEY, P. Best practice methods in staff training. Em: J. K. LUISELLI, *et al* (edit.). *Effective practices for children with autism*. Nova York: Oxford University Press, 2008.

SUTHERLAND, A. *What Shamu taught me about life, love, and marriage*. Nova York: Random House, 2008.

VANDEVEER, R. C.; MENEFEE, M. L. *Human behavior in organizations*. Upper Saddle River, NJ: Prentice Hall, 2006.

WALTON, M. *The deming management method*. Nova York: Dodd, Mead & Company, 1986.

WEISMANN, J. *Presenting to win*: The art of telling your story. Upper Saddle River, NJ: Pearson Education, 2006.

WHITMORE, J. *Business class*: Etiquette essentials for success at work. Nova York: St. Martin's Press, 2005.

WILDER, D. A., *et al*. Brief functional analysis and treatment of tantrums associated with transitions in preschool children. *Journal of Applied Behavior Analysis*, v. 39, 103–107, 2006.

WOODEN, J.; JAMISON, S. *Wooden on leadership*. Nova York: McGraw-Hill, 2005.

ZECHMEISTER, E. B.; JOHNSON, J. E. *Critical thinking*: A functional approach. Pacific Grove, CA: Brooks/Cole, 1992.

ZEMKE, R.; WOODS, J. A. *Best practices in customer service*. Nova York: HRD Press Amherst, 1999.

Índice

A

acordo negociado, 73
análise
  ABC, 151
  de tarefas, 19
  do comportamento, 56
  funcional, 40, 65
  processual, 124
aparência, 28
apresentação Zen, 87
área de competência, 41
assertividade, 12, 20
atitude acolhedora, 56
auto-aprimoramento, 56
avaliação funcional, 92

B

BACB, 36, 38, 41, 45

C

celebração, 61
coaching, 185
código de ética, 20, 38, 52
coleta contínua de dados, 49
competência total, 42, 44
comportamentos
  de alta probabilidade, 137
  decifráveis, 143
  de cooperação, 108
  inadequados, 118
  mensuráveis, 91
  negligentes, 119
  problemáticos, 65
comunicação
  assistida, 167
  facilitada, 167
  interpessoal, 56
  oral, 81
conduta
  amigável, 56
  do cliente, 50
confiança, 141
confidencialidade, 47, 62
contato visual, 20, 56, 103, 111, 139, 144, 154
contingência
  ambiental, 122
  de reforço, 102, 188
  Falar–Fazer, 145
controle
  antecedente, 19
  estatístico de processos, 125
correção de falhas, 170
cultura comercial, 192
curiosidade, 190

D

delegar tarefas, 22
desafios éticos, 46

avaliação funcional, 48
competência, 47
confidencialidade, 47
direito ao tratamento eficaz, 48
integridade, 46
relacionamentos duais, 48
desempenho do mediador, 60
desperdício de tempo, 134
dessensibilização, 82
diálogos regulares, 41
diretrizes de conduta, 46
discurso de elevador, 27

E

educação continuada, 41
efeitos da intervenção, 60
empolgação, 19
empreendimento social, 156
encerramento de caso, 49
escuta ativa, 65
especialidade técnica, 67
estabilidade emocional, 18
estresse, 147
estudos de caso, 38
ética, 46
etiqueta empresarial, 4, 20
exercício de modelagem, 22
experiências de liderança, 19

F

feedback, 24, 154
fobias sociais, 80
fofoca, 62
fontes
de informação verdadeiras, 47
de poder, 178
fórmula da credibilidade, 68
Função de Pensar, 102

G

gestão
de desempenho, 119, 182
de tempo, 133
gestos encorajadores, 65

H

habilidades
essenciais, 133, 176
interpessoais, 56
sociais, 18, 57

I

ideias criativas, 23
influência, 64
informações factuais, 66
integridade, 19, 46
comprometimento, 47
responsabilidade, 47
sem danos, 47
interação social, 25

L

liderança, 18
em reuniões, 23
visionária, 23
limites das competências, 47
linguagem corporal, 56, 154
lobby, 76

M

mentoria, 186
metodologia de mensuração e intervenção, 49
modelagem, 23, 106
modificação comportamental, 56, 67

monitoramento da prática, 43
mudança organizacional, 148

N

negociação, 71, 77
  comportamental, 72
networking, 25, 179

O

observação direta, 118

P

palavras-chave, 34
palavras de conforto, 65
pensamento
  casual, 164
  criativo, 24
  crítico, 163
pensar fora da caixa, 23
percepção do público, 34
persuasão, 64
  comunicar-se de maneira eficaz, 68
  entender seu público, 68
  gentil, 67
  ter argumentos sólidos, 68
  ter credibilidade, 68
pinpointing, 122
poder, 177
  brando, 179
  pessoal, 179
  relacional, 179
ponto inegociável, 78
primeira impressão, 4
princípio de Premack, 137
profissional confiável, 142
programa comportamental, 43, 49
projetos voluntários, 19
proposta, 78
  comportamental, 57
punição, 49

R

reciprocidade, 179
recomendações
  avaliação funcional, 57
  observações informais, 57
  revisão do arquivo, 57
recursos
  ilimitados, 171
  retóricos, 69
reforçador, 76, 180
reforçadores
  nocivos, 49
reforçamento, 23
reforço
  contingente, 20
  positivo, 19
relacionamentos duais, 62
resolução
  criativa, 170
  de problemas, 60
reversão, 173
revisão
  de dados, 43
  por pares, 168

S

simpatia, 55

T

temperamento estável, 141
terapia integrativa sensorial, 165
tratamento com base em evidências, 195
treinamento, 182

V

variáveis causais, 122
  análise processual, 124
  antecedentes, 122
  contingências de reforço, 126
  de equipamento e ambientais, 124
  treinamento, 125
variáveis funcionais, 122